삼국시대 사람들은 어떻게 살았을까 2

삼국시대 사람들은 어떻게 살았을까 2

한국역사연구회 지음

초판 1쇄 펴낸날 1998년 3월 14일
개정판 1쇄 펴낸날 2005년 7월 4일
전면개정판 펴낸날 2022년 7월 14일 초판1쇄
펴낸이 김남호 | 펴낸곳 현북스
출판등록일 2010년 11월 11일 | 제313-2010-333호
주소 07207 서울시 영등포구 양평로 157 투웨니퍼스트밸리 801호
전화 02)3141 7277 | 팩스 02)3141-7278
홈페이지 http://www.hyunbooks.co.kr | 인스타그램 hyunbooks
ISBN 979-11-5741-321-8 04910 ISBN 979-11-5741-287-7 (세트)

편집 전은남 이영림 | 디자인 박세정 | 마케팅 송유근 함지숙

ⓒ 한국역사연구회 2022

한국역사연구회

삼국시대 사람들은 어떻게 살았을까

|전면 개정판|

경계와 사회 그리고 사상 **2**

 현북스

전면 개정판을 내며

역사학자들이 역사 대중화의 기치를 내걸고 대중과 소통하던 열정 넘치는 시대가 있었다. 1990년대 치열했던 역사 대중화를 위한 연구 활동과 열정, 그리고 그 성과로 '어떻게 살았을까' 시리즈가 시대별로 잇달아 나왔다. 부담 없이 무겁지 않게 옛사람들의 삶의 이야기를 담은 이 시리즈는 역사 대중화를 선도하여 스테디셀러가 되었다.

그로부터 20년이 넘게 흐른 지금, 역사는 여전히 무겁게 느껴진다. 21세기에 들어서 본격화되었던 역사 전쟁이 국정교과서 파동을 정점으로 잠시 잠잠해졌지만, 교과서 문제는 언제 폭발할지 모르는 휴화산에 가깝다. 하지만 역사 전쟁에서 싸움터가 되는 것은 정치사이지 생활사가 아니다. 그러다 보니 삶의 역사에 관한 관심도 잦아들어 가는 듯하다. 삶의 역사를 놓고는 역사 전쟁이 일어나지 않는다는 사실도 많은 생각을 하게 한다.

삶의 역사를 들여다본다는 것은 그 삶을 살아가는 사람들의 말과 행동에 관심을 가진다는 것을 의미한다. 흔히 생활사라고 하면 사람들의 의식주 또는 사람들을 둘러싼 물질세계를 떠올린다. 또한 삶에 기운을 북돋우거나 삶을 제약하기도 하는 정신세계를 떠올리기도 한다. 하지만 생활사는 그 물질 세계와 정신세계를 빚고 엮어 가는 사람들의 이야기이다.

한편으로 생활사는 과거를 살았던 사람들과 오늘날을 살아가는 현대인을 이어 주는 연결고리이기도 하다. 어떤 점에서는 우리와 너무나 다른 것 같지만, 또 크게 변하지 않는 과거 사람들을 만나는 시간여행이기도 하다. 따라서 생활사는 결코 '작고 시시한' 이야기가 아니다. 그 안에서도 시대적 특징을 고스란히 드러내는 진중한 역사를 만날 수 있다.

첫 번째 책이 발간된 1996년으로부터 26년이 지난 2022년, '어떻게 살았을까' 시리즈는 새로운 개정판으로 다시 세상에 나오게 되었다. 이번 개정판의 기획은 지난 2020년 당시 여호규 회장(고대사분과)의 발의로 시작되었다. 정요근 회원(중세사 1분과)이 기획위원장을 맡고 각 분과 소속의 기획위원들이 내용 구성의 기획과 필자 섭외를 담당하였다. 정동준 회원과 권순홍 회원(이상 고대사분과), 정동훈 회원(중세사 1분과), 박경 회원과 최주희 회원(이상 중세사 2분과), 한승훈 회원과 고태우 회원(이상 근대사분과), 이정은 회원(현대사분과) 등 모두 8명이 기획위원을 맡아 주었다. 전상우 회원(고대사분과)은 간사로서 출판사와의 연락 등을 비롯한 잡다한 실무를 도맡아 처리하였고, 위가야(고대사분과) 회원은 미디어·출판위원장으로서 기획위원회 활동에 최선의 지원을 다해 주었다. 현 김정인 회장(근대사분과)의 배려와 지원역시 이번 개정판 출간에 큰 동력이 되었다.

이번 개정판의 출간과 관련해서는 나름의 복잡한 과정이 담겨 있다. 그 내용을 간략히 기록으로 남기고자 한다. '어떻게 살았을까' 시리즈는 지난 1996년 조선시대 편 1, 2권이 청년사에서 발간된 이래, 1997년에 고려시대

편 1, 2권, 1998년에 고대사(삼국시대) 편이 청년사에서 출간되었다. 이로써 이른바 '전근대 생활사' 시리즈가 총 5권으로 완성되었으며, 2005년에는 5권 모두 개정판이 발간되었다. 한편 '근현대 생활사' 시리즈는 역사비평사를 통해서, 1998~99년에 《우리는 지난 100년 동안 어떻게 살았을까》라는 제목으로 3권의 책이 발간된 바 있다.

그런데 지난 2020년 청년사의 폐업으로 '전근대 생활사' 시리즈의 출간이 더는 어렵게 되었다. 그러나 다행히도 현북스의 제안으로 새로운 개정판의 출간이 가능하게 되었다. 나아가 역사비평사의 양해를 얻어 근현대 편 3권의 판권을 인수하였고, 이 역시 현북스를 통해 개정판을 발간하기로 하였다. 이에 두 시리즈를 합쳐서 전근대와 근현대의 생활사 모두를 아우르는 '어떻게 살았을까' 시리즈의 '통합' 개정판 출간이 실현되기에 이른 것이다. 이 지면을 통해 역사비평사 정순구 대표에게 다시 한번 깊은 감사의 뜻을 표한다. 아울러 이 과정에서 여호규 전 회장의 수고와 노력이 큰 역할을 하였음은 두말할 나위 없다.

기획위원회에서는 최초 발간으로부터 20년이 넘은 원고를 그대로 실어 개정판을 내기에는 부담이 있었다. 다행히도 검토 결과, 기존의 원고들이 여전히 생명력을 가지고 있다고 판단되어 대부분의 기존 원고를 그대로 싣되, 필자들에게는 필요한 부분에 대한 수정을 요청하여 반영하였다. 한편 기존의 원고에서 다루지 못한 주제 가운데, 그동안 연구가 축적되어 원고 집필이 가능한 사례도 여럿 확인되었다. 그리하여 이번 개정판에서는 기존에 1권이었던 고대사(삼국시대사) 분야를 2권으로 늘리고 기존에 3권이었던 근현대사 분야를 4권으로 늘렸다. 이를 통해 한국사 전체를 아우르는 '어떻게 살았을까' 시리즈를 모두 10권으로 구성하였다. 다만 논의되었던 모든 주제를 원고로 포함하지 못한 점이 아쉬울 따름이다.

기존 원고의 필진 중에는 현역에서 은퇴하여 일선에서 물러난 연구자도 있다. 화살같이 빠른 세월의 흐름을 새삼 느낀다. 새로 추가된 원고는 학계에서 왕성하게 활동하는 40대 전후의 연구자들이 맡아서 집필하였다. 따라서 이번 개정판은 신구 세대를 아우르는 회원들로 필진이 구성된 셈이 된다. 어느덧 한국사학계의 중추가 된 한국역사연구회의 연륜과 위상을 실감하게 하는 대목이다.

책을 처음 낼 때만큼은 아니겠지만, 기존 책의 개정판을 내는 것 또한 결코 쉬운 작업은 아니다. 특히 '어떻게 살았을까' 시리즈는 20년 넘게 스테디셀러로 명성을 쌓은 터라, 개정판의 발간을 추진하는 일은 부담이 작지 않았다. 기존 원고에 비하여 새로운 원고가 많은 편은 아니라서, 독자들의 반응이 어떠할지도 걱정이 앞선다. 하지만 소박하게 한 걸음을 더한다는 태도로 용기를 내어 출간에 이르게 되었다. 출판계의 어려운 상황 속에서도 흔쾌히 출간을 맡아 좋은 책으로 만들어 준 현북스 김남호 대표와 전은남 편집장, 이영림 편집자에게 깊은 감사의 뜻을 표한다.

2022년 2월 한국역사연구회

머리말

2년여의 준비 끝에《삼국시대 사람들은 어떻게 살았을까》의 전면 개정판이 출간된다. 한국역사연구회가 고대부터 현대에 이르기까지 한국 역사의 전 시기를 망라하여 기획한 '어떻게 살았을까' 시리즈의 고대 편이다. 내용은 삼국 이전의 고대사회까지 포괄하면서도, 제목을 삼국시대라고 한 이유는 고려시대, 조선시대 등과 함께 시리즈 총서로서의 일관성, 통일성을 높이기 위해서였다.

1998년의 초판에서는 '삶의 밑바탕', '삶의 애환', '생업과 터전', '나라의 경계를 넘어서', '고대사회의 이모저모'라는 소주제 아래, 총 23편의 글을 통해 한국 고대사회의 생활, 풍속, 경제, 대외관계, 사회, 사상 등을 한 권에 담아 냈다. 20년이 넘게 흐른 지금, 한국고대사 연구는 주제의 확장과 연구의 심화가 거듭되어 왔다. 개정판에는 그동안 축적된 연구 성과와 새롭게 밝혀진 내용들을 담아 낼 필요가 있었다. 시리즈의 구성에 따라, 권수도 두 권으로 확대 기획되었다. 다행히도 여전히 생명력을 갖고 있다고 판단된 기존 글들에 더해서 그간의 연구 성과와 학계의 지향, 문제의식을 반영할 수 있는 새로운 주제들을 추가하였다.

'삶의 밑바탕'과 '삶의 애환', '생업과 터전', '나라의 경계를 넘어서'의 구성과 글들은 그대로 유지하되, 새로운 필진의 글이 1편씩 추가·교체되었다. '고대사회의 이모저모'는 '고대사회의 사람들'과 '고대사회의 정신세계'로 확대 개편되었다. 이에 더해 최근의 문제의식이 반영된 두 개의 소주제가 추가되었다. '생태와 환경'과 '경계를 오가는 사람들'이다. 전자는 생산력 증대만을 추구하는 서구 근대문명에 대한 비판과 함께 그 대안을 고민하는 주제이다. 예컨대, '신화를 통해 본 인간과 자연, 만남과 이별'에서는 인간과 자연이 공생하는 고대의 신화적 사유를 재조명하고, '숲 벌채와 인간 공간의 확대'에서는 역사서술이 자연환경과 인간사회의 상호관계 속에서 재구성될 필요가 있다는 점을 강조한다. 한편, 후자는 근대 이래의 배타적 민족주의를 반성하고, 공동체의 의미를 재고하는 주제이다. 가령, '이민족으로 살아간다는 것'에서는 고구려라는 울타리에 속해 있던 말갈인에 주목한다. 기존 23편의 글 가운데 20편을 기존 필진이 수정·보완하고, 그 외의 20편의 글을 새로운 필진이 집필하였다. 이로써 전면 개정의 구색을 갖추게 되었다.

20여 년 전, 초판 집필 당시 30~40대의 소장 연구자였던 기존 필진들은 어느덧 50대 이상의 중견 연구자가 되거나, 은퇴를 앞두고 있기도 하다. 한편, 새로운 필진은 현재 30~40대의 소장 연구자가 대부분이다. 주제뿐 아니라, 집필진 구성에서도 신구의 조화를 이루려고 노력하였다. 번거롭고 무리한 부탁에도 흔쾌히 원고의 수정과 집필을 맡아 주신 39명의 필자들께 이 지면을 통해 깊은 감사의 마음을 전한다.

끝으로, 이번 전면 개정판 발간에 큰 역할을 하신 분들을 언급하지 않을 수 없다. 발간 기획위원으로 참여한 정동준 회원과 권순홍 회원은 전체적인 기획, 신규 주제 발굴과 필자 섭외 등을 도맡아 수고해 주셨다. 원고 수합과 편집 실무 등은 전상우 회원이 도맡아 헌신해 주셨다. 세 분 회원에게 진심으로 고마움을 표한다. 아울러 출판계의 어려운 상황 속에서 흔쾌히 출간을 맡아 주신 현북스 측에도 감사의 말씀을 드린다. 이번 전면 개정판이 학계와 시민사회가 소통할 수 있는 하나의 창구로서 기능하길 기대한다.

2022년 7월 한국역사연구회 고대사분과

2005년
개정판 서문

지난 몇 해 동안 나라 안팎에서 '역사 전쟁'이 벌어지는 것을 보며, '역사란 무엇일까?'에 대해 새삼스럽게 생각을 해 본 이가 한둘이 아닐 것이다.

일본이 역사 교과서에 과거 일본 제국주의에 의해 정신적으로나 물질적으로나 엄청난 피해를 입은 한국과 중국 그리고 동남아시아 여러 나라 국민들의 자존심을 짓밟으며 왜곡된 내용을 담으려 할 때에도, 그에 대한 반발이 강력했었지만 그것을 '역사 전쟁'이라고 부르지는 않았었다. 그런데 중국이 고구려의 역사를 자기 나라의 역사로 편입하려 한다는 사실이 알려지면서 '역사 전쟁'이라는 말이 자주 입에 오르내리게 되었다. 중국의 시도는 단순한 역사 왜곡을 넘어서 한 왕조의 역사를 통째로 빼앗는 것으로 판단되었고, 이로부터 '역사 전쟁'이라는 말이 공공연히 쓰이게 되었던 것이다.

자세히 살펴보면 역사 전쟁은 나라와 나라 사이에서만 벌어지고 있는 것이 아님을 알 수 있다. 참여정부가 출범한 이래로 격화된 과거 청산을 놓고 벌어지고 있는 다툼도, 한국 근현대사 교과서의 서술을 놓고 전개된 갈

등도 모두 역사 전쟁이다. 이렇게 안팎의 역사 전쟁으로 다시금 역사에 대한 관심이 높아지고 있는 것은 역사를 연구하고 가르치는 사람 중의 하나로서 한편으로는 씁쓸하면서도 불행 중 다행이라는 생각을 떨쳐 버리기 쉽지 않다.

한국역사연구회에서 각 시대 각 분야 전문 연구자들의 힘을 모아 우리 역사 속에서 조상들이 과거에 '어떻게 살았을까'를 살펴 책으로 묶어 내기 시작한 지 어느덧 햇수로 10년이라는 시간이 흘렀다. 첫 성과물로 나온 것은 《조선시대 사람들은 어떻게 살았을까》였으나, 실제 먼저 작업에 들어간 것은 《고려시대 사람들은 어떻게 살았을까》였다. 그리고 기획에 들어간 때로부터 치자면 이미 10년을 더 넘긴 시점에 이르렀다. 그 사이에 우리 사회도 여러 굵직굵직한 사건을 겪으며 성장하였고, 한국 역사 연구도 여러 측면에서 새로운 진전이 이루어졌다. 이러한 까닭으로 수십만의 독자 여러분께서 삼국시대에서 조선시대까지 선조들의 삶의 자취를 묶어 펴낸 이 책자들을 애독해 주신 것에 대한 고마움이 미안함으로 바뀌어 가던 차에 출판사로부터 개정판을 내자는 제안을 받고 선뜻 응하게 되었다.

새삼스럽지만 다시금 이 '어떻게 살았을까' 시리즈를 소개하기로 한다. 새로 나온 국사 교과서나 한국 근현대사 교과서가 전보다 내용이 풍부해지기는 했으나, 아직도 커다란 정치적 사건과 주요 제도 및 인물 중심으로 내용이 짜여 있다. 그 반면에 근래에 쏟아져 나오다시피 출간된 역사 대중서 중에는 흥미를 끄는 단편적인 사실에 치우친 것들이 적지 않다. 이와 달리 이 '어떻게 살았을까' 시리즈는 각 시대 사람들의 삶에 초점을 맞추면서 당시의 역사상을 어느 정도 재구성할 수 있도록 내용을 갖추었다. 예를 들어《삼국시대 사람들은 어떻게 살았을까》를 보면, 당시의 농민들이 어떻게 밭과 논을 만들어 농사를 지었고, 어떤 집을 짓고 무엇으로 옷을 만들어 살았는지를 소상히 밝히어 사회와 경제의 전체적 모습을 볼 수 있도록 되어 있다. 이와 동시에, 평범한 한 사람이 태어나서 사랑하는 사람을 만나 결혼을 하여 가정을 이루어 살아가는 과정, 나아가 죽음을 어떻게 이해하였는지도 담고 있다. 특히 원시사회와 고대사회를 살아가던 사람들만의 고유한 특질이 무엇이었는지를 알 수 있도록 했다는 점, 삼국 문화의 동질성 문제를 탐구한 점 등은 다른 책에서는 쉽게 찾아보기 어려운 장점이다. 이번 개정판에서는 그림과 유물 등의 사진 자료를 보강하는 데 많은 노력을 기울였다. 이렇게 지배층만의 역사가 아닌 당시 사회 구성원 전체의 역사로, 딱딱한 제도의 틀에 갇히지 않고 삶의 실상을 알려 주는 역사로, 흥미 위주로 매몰되지 않고 과학적으로 탐구한 진실을 전하는 역사로 만드는 일 역시 하나의 '역사 전쟁'이었다. 아무튼 이로써 독자들이 조상들의 삶을 전보다 더 생생하게 이해하기를 바라 마지않는다.

워낙 많은 연구자들이 함께 한 일이어서 개정 작업도 처음 책을 낼 때만큼이나 쉽지 않았다. 필자 대부분이 전보다 훨씬 바쁜 삶에 몰리고 있었고, 외국에 나가 있는 이도 있었으며, 이제는 다른 사회 활동으로 몹시 분주한 이도 있었다. 연구회 회원 몇 분이 중간에서 애를 써 준 덕분에 개정판 작업이 마무리될 수 있었다. 독자 여러분이 새 책을 보고 흡족해할지에 대한 걱정이 앞서기는 하나, 바쁜 와중에도 글을 다시 손봐 준 필자 여러분, 청년사의 정성현 대표와 사진 자료를 구하느라 또 더 예쁜 책으로 꾸미느라 고생한 편집부 여러분께 감사의 말씀을 전하지 않을 수 없다.

2005년 6월
한국역사연구회

머리말

    지난 연말 돌연히 닥친 외환 위기로 온 나라가 시끄럽다. 정부 수립 후 50년 만에 처음 여야 간 정권 교체가 이루어졌지만, 새 정부에 거는 기대에 앞서 대량 실업과 물가앙등에 대한 두려움으로 마음이 무겁기만 하다. 이러한 어려운 시기에 한국역사연구회 고대사 분과에서는 '세상 물정 모르고' 이 책을 펴내게 되었다.

    그렇지만 어려운 시기일수록 우리 역사를 올바로 이해할 수 있는 잣대가 더욱 필요하다는 생각을 하게 된다. 특히 우리는 지금 계층 간, 지역 간의 갈등과 남북 분단이라는 과제를 안은 채 흔히 '세계화'라는 말로 표현되는 세계사적 전환기를 맞고 있다. 냉철한 역사적 통찰력이 그 어느 때보다 절실히 요구되는 시대에 살고 있는 것이다. 이러한 때 사람들이 이 책을 통해 우리 역사와 문화를 올바르게 성찰하여 오늘의 난관을 극복할 지혜를 얻고, 세계사적 전환기를 헤쳐 나갈 비전을 얻을 수 있다면, 그것만으로도 이 책의 발간 의의는 충분하다고 믿는다.

    이 책은 바로 이러한 점을 염두에 두고 일반 대중을 대상으로 쓰였다. 집필자들도 일반 대중에게 다가가기 위해 최대한 눈높이를 맞추려고 애썼다. 가능한 쉬운 용어와 평이한 문장을 사용하고, 때로는 소설적 기법을 가미하거나 강의 형식을 빌려 현장감을 살리려고 노력하였다. 그리고 여러 가지 사례를 중심으로 내용을 구성하고, 관련 그림과 사진 자료를 풍부하게 활용하여 흥미롭게 읽어 내려갈 수 있게 하였다.

고대사 분과에서는 지난 1994년에도 위와 같은 생각을 갖고 《문답으로 엮은 한국고대사 산책》이라는 책을 펴낸 바 있다. 그때에는 주로 일반인들이 궁금해하는 중요한 역사적 사실이나 주제를 다루었다. 그러다 보니 자연히 고대인의 실생활에 관한 이야기는 거의 다룰 수 없었다. 그래서 《문답으로 엮은 한국고대사 산책》을 보완하고, 또 조선시대와 고려시대에 이어 '어떻게 살았을까' 시리즈를 완결 짓는다는 뜻에서 고대인의 실생활을 다룬 이 책을 내놓게 되었다.

이 책은 '삼국시대'라는 제목을 달고 있지만, 실제로는 우리 역사의 첫 장인 원시·고대사회를 일구었던 고대인들의 삶 전체를 담고 있다. 독자들은 이 책을 펴는 순간 고대인들이 무엇을 먹고 입고 어디에서 잠을 잤는지 생생한 삶의 모습을 접할 수 있을 것이다. 아울러 그들이 어떤 과정을 거쳐 오늘날 우리와 비슷한 모습으로 살게 되었는지도 알게 될 것이다.

그렇지만 이 책에는 고대인들의 평범한 삶의 모습만 담겨 있는 것은 아니다. 원시·고대사회만이 간직하고 있는 고유한 특질을 비롯하여 오늘날 우리로서는 상상하기 힘든 고대사회의 건강성을 만날 수 있고, 고대인들의 삶에 깃들인 역사적 의미도 하나하나 곱씹어 볼 수 있을 것이다. 그러한 가운데 고대사는 아득히 먼 옛날의 '죽은 역사'가 아니라 바로 우리 곁에서 살아 숨

쉬고 있는 '산 역사'라는 사실을 깨닫게 될 것이다. 계층 간 갈등의 뿌리를 비롯하여 남북 분단의 극복 주체인 민족의 형성, 급변하는 국제 질서에 슬기롭게 대응하던 고대인들의 지혜 등을 보면서 '고대사는 바로 현재 역사의 시작이었구나.'라는 느낌을 받을 것이다.

이 책의 집필자들은 이 한 권의 작은 책에 위와 같은 내용을 담기 위해 1년 이상 많은 노력을 기울였다. 1997년 봄과 여름에 여러 의견을 수렴하여 전체 윤곽을 잡고, 가을에는 항목과 필자를 선정하여 집필에 들어갔다. 그리고 지난 겨울, IMF 한파를 녹일 정도의 뜨거운 열기로 교열·윤문 작업에 박차를 가하여 생명의 탄생을 알리는 새봄과 함께 이 책을 펴내게 되었다. 이처럼 혼신의 노력을 기울였지만, 아직 공부가 부족한 젊은 연구자들만의 힘으로 책을 만들다 보니, 어려움도 많았고 부족함도 많이 느꼈다.

그럼에도 불구하고, 우리 역사를 사랑하는 일반 대중들의 소리 없는 성원과 연구회 회원들의 아낌없는 격려 덕분에, 우리들은 1년 이상 이 책에 온 정열을 쏟을 수 있었다. 이 자리를 빌려 성원해 주신 모든 분께 깊이 감사 드린다. 아울러 집필자를 비롯하여 기획·교열로 지난 1년을 정신없이 보낸 강종훈·고경석·김창석·여호규·전덕재, 윤문을 도와준 임기환·하일식, 삽도 수집을 담당한 구문회 등의 수고에도 고마움을 표한다. 끝으로 어려운 상황에서도 이 책의 출판을 선뜻 맡아 주신 청년사의 정성현 대표와 책을 예쁘게 꾸미느라 애쓰신 편집부 여러분께 감사 드린다.

1998년 3월 한국역사연구회 고대사 분과

차례

차례

1부 나라의 경계를 넘어서

전쟁에도 역사가 담겨 있다

삼국 간에 말이 통했을까?

물 건넌 물건

일본으로 간 신라 무역선

신라 사람들의 중국 여행

전쟁에도 역사가 담겨 있다

여호규

끊임없이 울리는 총성과 포성 그리고 죽어 가는 병사들의 신음소리와 울부짖음. 전쟁이라고 하면 누구나 금방 떠올릴 장면이다. 그렇다. 전쟁은 고통이다. 사랑하는 가족과 연인에게 생이별을 강요하고 무수한 인간의 삶을 파괴할 뿐 아니라, 인류가 이룩한 모든 성과를 하루아침에 잿더미로 만들기도 한다. 그래서 많은 사람들은 전쟁이라는 말을 입에 올리기조차 꺼리고 애써 외면하려 한다.

그렇지만 역사상 무수한 국가들이 전쟁으로 명멸하였고, 각 지역이나 세계 질서도 전쟁을 통해 끊임없이 재편되었다. 때로는 전쟁이 문화 교류나 과학기술의 발달을 추동하기도 하였다. 전쟁의 주체는 인간 자신이며, 전쟁에는 나무 몽둥이에서 핵무기에 이르는 온갖 물질문명과 인간의 다양한 행위와 사유 방식이 담겨 있다. 그래서 전쟁을 '역사의 아픈 거울'이라고도 한다. 비록 떠올리고 싶지 않은 아픈 기억이지만, 우리는 전쟁을 통해 지난 역사를 되돌아보고 인류의 현재와 미래를 비추어 볼 수 있다.

특히 여러 나라가 흥망을 거듭했던 고대의 역사는 전쟁으로 점철되었다고 해도 과언이 아니다. 고대 시기에 각 나라는 각종 물자를 획득하거나 영토를 넓히기 위해 끊임없이 전쟁을 벌였다. 고대 전쟁터에서는 왕이나 귀족의 자제 등 오늘날 전쟁터에서는 볼 수 없는 다양한 인간 군상을 만날 수 있다. 화약 무기가 없었기 때문에 병사들은 자신의 근력만으로 싸워야 했고, 군량을 운반할 트럭이나 성을 쌓을 중장비도 없었기에 수많은 민간인이 동원되었다. 전쟁과 전쟁터는 고대인의 또 다른 삶의 현장이었다.

무장한 인간의 탄생

전쟁은 언제 시작되었을까? 최초의 인류라 하는 오스트랄로피테쿠스도 전쟁을 하였을까?

한때 오스트랄로피테쿠스는 '살인 원숭이'로 명명되기도 하였다. 인류는 공격 본능을 지녔기 때문에 유인원에서 진화하여 직립보행을 하는 순간부터 전쟁을 하였다는 것이다. 그렇지만 최근 오스트랄로피테쿠스는 용감한 사냥꾼이 아니라 맹수에게 쉽게 잡아먹히는 나약하고 불쌍한 존재였다는 사실이 밝혀졌다. 또한 유전학적으로도 인간은 공격성과 아울러 공격 조절 능력을 지녔으며, 조절 능력이 공격성보다 고차원적 기능이라는 사실이 밝혀지고 있다. 실제 구석기시대 후반의 동굴벽화가 수천 개 발견되었지만, 사람이 사람을 살해하는 장면은 아직 보고된 바 없다.

우리나라에서는 신석기시대에도 전쟁의 씨앗이 싹트지 않았다. 적의 침공을 막기 위한 방어 시설이나 집단적으로 살해된 인골 유적은 아직 발견된 바 없다. 오히려 화살촉 등 무기로 전용할 수 있는 도구보다 어망추 등의 비율이 높고, 농경이나 사냥보다 물고기 잡이와 채집의 비중이 높았다. 이에 따라 먹고 남거나 저장할 식량은 거의 없었다.

맹수도 포식한 상태에서는 먹이를 사냥하지 않는다. 먹이를 저장할 줄 모르는 동물로서는 당연한 일이다. 마찬가지가 아닐까. 전쟁은 개인 간 복수나 싸움과는 분명히 다르다. 전쟁의 정의는 다양하지만 최소한 '집단적으로 그리고 조직적으로 싸우는 행위'라는 데에는 이견이 없다. 약탈할 잉여생산물도 없고, 인간을 노획하여도 잉여생산물을 생산하지 못하는데, 누가 목숨을 잃을지도 모르는 전쟁이라는 위험한 짓을 하겠는가!

그런데 청동기시대에 접어들면서 상황이 급변하였다. 농경의 발달로 잉여생산물이 늘어나고, 빈부 차도 커졌다. 단 한 차례의 약탈로 엄청난 양의 식량을 마련할 수 있는 길이 열린 것이다. 더욱이 무게가 수십 톤인 고인돌에서 보듯이 인간 노동력을 동원하고 지휘·감독하는 권력자가 등장하였다. 이에 이들은 사람들을 조직하여 무장하고, 이웃 마을을 침공하여 식량, 나아가 노동력을 가진 인간을 노획하기 시작하였다. 물론 이러한 조건이 일찍 갖추어진 문명의 발상지에서는 신석기시대에 이미 전쟁의 기운이 무르익었다. 근동 지역에서는 기원전 8000~7000년 전에 성벽으로 둘러싸인 도시가 등장하였고, 황하 유역에서도 신석기시대에 큰 도랑(환호)을 돌린 방어 취락이 출현하였다.

우리나라에서는 이러한 방어 시설이 청동기시대에 출현하였다. 울주 검단리에서는 깊이 20~150센티미터, 폭 50~200센티미터, 둘레 380미터인 큰 도랑으로 둘러싸인 주거지 유적, 부여 송국리에서는 지름 1미터가 넘는 나무 울타리의 기둥 구멍이 수십 개 발견되었다. 큰 도랑이나 나무 울타리

청동기시대의 마을(복원 모형, 국립민속박물관 제작)
사람이 건너뛸 수 없을 정도로 폭이 넓은 도랑과 쉽게 오를 수 없는 나무 울타리는 전쟁의 시작을 알린다.

(목책)로 둘러싸인 언덕 위의 마을, 그것은 분명히 적의 침공을 막기 위해 건설한 방어 취락일 것이다. 불에 탔다는 송국리 목책 유적의 나무 기둥에서 화공(火攻)을 하던 전사의 모습을 연상할 수 있다. 실제 청동기시대 움집 가운데 약 40퍼센트는 화재로 폐기된 것이다. 인간들은 식량을 약탈하고 인간 노동력을 노획하기 위해 인간을 죽이는 끔찍스러운 행위를 자행하기 시작한 것이다.

약탈에서 출발한 전쟁은 집단 규모의 증대, 우두머리의 권력 강화와 더불어 우세 집단과 우두머리의 지배력을 강화하고 확대하는 수단으로 변모하였다. 더욱이 국가가 출현하면서 왕으로 대표되는 국가권력이 전쟁 수행 권한을 독점하였다. 왕의 승인을 받지 않은 조직적인 폭력 행위는 '반란(叛亂)'이라는 이름으로 다스려졌다. 그리하여 전쟁은 '국가나 그에 준하는 정치집단 간의 조직적인 폭력 행위'라는 양상을 띠게 되었다.

참전, 특권에서 고달픈 의무로

약탈을 위해 무장한 인간의 운명은 국가 성립 이후 어떻게 되었을까?

오늘날의 병역의무가 그 옛날에는 존재하지 않았다면 누가 가장 반길까?

현재 우리나라에서는 원칙적으로 민간인은 소총을 비롯한 모든 무기를 소유할 수 없다. 무기뿐 아니라 군인이 입고 먹는 모든 물품은 국가에서 지급한다. 그런데 국가 성립 초기의 무기 보유 형태는 지금과 전혀 달랐다. 가령 부여(扶餘)의 경우, 국가에서 무기를 지급한 것이 아니라, 집집마다 따로따로 활·칼·창 등의 무기를 갖추었다. 당시 부여에는 지배 세력인 제가(諸加), 부유한 호민(豪民), 가난한 하호(下戶) 등 여러 계층이 있었는데, 가난한 하호는 무기를 갖추기 힘들었다. 그리하여 제가들이 무기를 갖춘 호민을 거느리고 전쟁을 하였고, 하호들은 군량미를 나르는 보급병으로 동원되었다.

고대 그리스에서도 중장보병의 첫 번째 조건은 무기를 구비할 수 있는 경제력이었고, 건장한 체격은 그 다음이었다. 경제적으로 부유한 상류층이 일종의 특권 전사를 이루었던 것이다. 고구려 초기에 일하지 않고 놀고먹었다는 '좌식자(坐食者)' 1만여 명이나 신라 초기의 부병(部兵)도 이러한 특권 전사로 짐작된다. 국가 성립 초기에는 부유한 계층이 특권 전사로서 참전의 특권을 누렸던 것이다. 병역이 고달픈 의무로 받아들여지는 오늘날의 상식으로는 쉽게 이해하기 힘든 양상이다.

　고대 초기의 전쟁은 식량과 노예를 획득하는 일종의 생산 행위, 곧 약탈전이었다. 처음에는 한 집단의 성인 남자가 모두 참전하여 전리품 분배권을 공유하였지만, 국가 성립 이후 전리품 분배권은 점차 지배 세력의 전유물로 변모하였다. 더욱이 왕을 정점으로 하는 최고 지배층은 권력의 원천인 군사력을 독점하기 위해 전사의 자격을 일정 계층 이상으로 제한하였다. 이에 따라 무기를 갖추지 못한 빈한한 계층은 전쟁에 참여하지 못하였고, 전리품 분배에서도 배제되었다. 또한 국가를 이루는 각 집단의 자치권이 강했기 때문에 국왕이 모든 백성을 전사로 동원하고 싶어도 할 수 없었다. 당시 군대는 아직 여러 집단의 연합군에 가까웠다.

　이러한 전쟁 양상은 삼국시대 중반에 접어들면서 크게 바뀌었다. 우선 전쟁 규모가 엄청나게 커졌다. 고구려의 경우 1만~2만에 불과하던 병력 규모가 4세기 중반 5만 명 이상으로 증가하였고, 백제도 3만 명을 넘어섰다. 당시 각 나라의 인구수를 감안한다면 오늘날 50만 대군을 능가하는 엄청난 규모이다. 그리고 국왕이 이러한 대병력을 직접 지휘하기 시작하였다. 여러 집단의 연합군이 국왕의 군대로 변모한 것이다. 이와 함께 전쟁의 목적도 약탈에서 점령 지역의 지배, 곧 영토 확장으로 바뀌었다.

　그런데 영토 확장 전쟁의 전리품은 새로운 땅과 주민으로, 이는 지방제도와 조세제도 등 지배 기구를 갖춘 국가만 다스릴 수 있었다. 물론 특별한 전공을 세운 자나 귀족에게 일부를 내려줄 수도 있었지만, 종전처럼 전쟁에 참여한 모든 전사에게 일일이 분배할 수는 없었다. 더욱이 삼국 간 각축전이 본격적으로 벌어지고 전쟁 규모가 커짐에 따라 부유한 계층만 무장해서는 영토를 확장하거나 외침을 물리칠 수 없게 되었다. 이에 국왕을 정점으로 하는 지배 세력들은 국가 제도를 정비하면서 새로운 대책을 강구하였다. 바로 외침이나 특정 지배 세력의 자의적 수탈로부터 백성의 생명과 재산을 보호하는 한편, 이들에게 군역이라는 의무를 부여하는 방안이었다.

이로써 삼국의 백성들은 국가로부터 생명과 재산을 보호받는 대신 개인적으로는 아무런 대가도 주어지지 않는 전쟁터로 나가야 했다. 참전의 특권이 고달픈 의무로 전락한 것이다. 《삼국사기》에 나오는 설씨녀와 가실의 애틋한 사랑 이야기는 당시 병역의 의무가 얼마나 고달프고 힘들었는지 잘 보여 준다.

신라 진평왕 대에 설씨(薛氏) 성을 가진 아리따운 아가씨가 있었다. 용모와 자태가 너무 아름다워 어느 누구도 감히 범접할 수 없었다. 그러한 설씨녀에게도 근심거리가 있었다. 늙고 병든 아버지가 수자리를 설 차례가 되었던 것이다. 그때 오래전부터 설씨녀를 흠모하였지만 가난하여 감히 이야기도 꺼내지 못하였던 가실(嘉實)이라는 청년이 그 앞에 나타났다. 두 사람은 결혼하기로 서약하고 거울을 쪼개어 나누어 가진 다음, 가실은 머나먼 변경으로 떠났다. 그런데 수자리 기간인 3년이 끝나고 또 3년이 지났는데도 가실은 돌아오지 않았다. 딸이 노처녀로 늙어 가는 것을 보다 못한 아버지가 설씨녀 몰래 마을 청년과 혼약을 해 버렸다. 이를 안 설씨녀는 도망하리라 마음먹고 마구간으로 가서 가실이 남겨 둔 말을 어루만지며 흐느꼈다. 이때 뼈만 앙상하게 남은 가실이 나타났다. 처음에는 설씨녀조차 그를 알아보지 못하였다. 가실이 거울 반쪽을 내보이자 설씨녀는 더욱 크

게 흐느꼈다. (《삼국사기》 열전8 설씨녀)

전쟁 통에 꽃핀 사랑은 영화나 소설의 영원한 주제이다. 이보다 더 큰 고통을 겪으면서 맺어진 사랑도 있을까. 이제 참전의 특권은 성인 남자라면 아무리 늙고 병들었더라도 반드시 져야 할 의무가 되었다. 참전의 특권이 이렇게 고달픈 의무로 전락하자, 국가에서는 백성들의 자발적인 참전 의지를 고취하기 위해 상무적 기풍을 조성하고, 뛰어난 전공을 세운 자에게는 벼슬과 상을 내려 주었다. 책을 읽고 무예를 닦았다는 고구려의 경당(扃堂)이나 신라의 화랑제도는 이러한 정책의 산물이며, 고구려의 바보 온달이나 관창을 비롯한 신라의 화랑들은 이에 적극 호응한 인물들이라 할 수 있다.

손에는 창, 허리에는 칼

이렇게 해서 전쟁터로 달려 나간 고대 병사들은 어떤 무기를 가지고 싸웠을까?

고대 무기와 현대 무기의 가장 큰 차이는 동력에 있다. 현대 무기가 화약이 동력인 화기(火器)라면, 고대 무기는 인간의 근력이 동력으로서 화약을 사용하지 않는 '냉병기(冷兵器)'라 할 수 있다. 고대 무기는 근력의 이용 방식과 무기의 사정거리에 따라 원거리 무기와 근거리 무기로 나뉜다.

원거리 무기로는 활이 대표적이다. 구석기시대 후기에서 신석기시대 초기에 걸쳐 출현한 활은 작동 부분이 있고, 인간 근력을 역학적 힘으로 전환시켰다는 점에서 인간이 발명한 최초의 기계라 할 수 있다. 고대인들은 활의 원리를 응용하여 발사 장치를 가진 쇠뇌나 투석기 등 강력한 원거리 무기를 개발하였으며, 다윗이 골리앗을 쓰러뜨렸던 돌팔매를 원거리 무기로 애용하기도 하였다.

인간 근력을 직접 이용한 근거리 무기는 길이에 따라 창처럼 긴 장병기(長兵器)와 칼처럼 짧은 단병기(短兵器)로 나뉜다. 창과 칼은 살상 방식에 따라 다양한 형태로 만들어졌다. 창은 돌진하면서 찌르는 모(矛)와 끌어당겨서 베는 과(戈)가 대표적이다. 칼은 찌르는 양날 검(劍)과 내리쳐서 베는 외날 도(刀)로 나뉜다. 한편 근거리 무기 가운데 몽둥이나 도끼처럼 직접 타격을 가하는 무기는 타병기(打兵器)로 분류한다.

이러한 무기의 구성 체계는 시대에 따라 달라졌다. 가령 청동기시대 무기는 대부분 돌로 만들어 창과 칼의 살상력이 높지 않았지만, 철기시대에는 살상력이 아주 뛰어난 1미터 이상의 장검(長劍)이나 대도(大刀), 날이 예리한 창 등이 만들어졌다. 그리하여 청동기시대에는 창과 칼보다는 활을 이용한 원거리 전투가 성행하였고, 근거리 전투에서도 끝이 뾰족한 별도끼와 같은 타격 무기가 주로 사용되었다. 이에 비해 철기시대에는 타격 무기 대신 창과 칼이 근거리 전투의 주요 무기가 되었다. 더욱이 철제 갑옷 등 방어 장비가 화살의 관통력을 능가할 정도로 발달함에 따라 전투 양상도 원거리 전투에서 근거리 전투로 바뀌었다. 고구려 고분벽화에서 활 쏘는 장면은 주로 수렵도에 나오는 반면, 전투도의 무사들이 창과 칼로 무장하였다는 사실은 이를 보여 준다.

이로써 활은 지원 무기로 밀려나고 창과 칼이 기본 무기가 되었다. 그리고 창과 칼 가운데는 장병기로서 살상력이 높은 창이 주력 무기로 사용되었고, 칼은 최후의 육박전에 대비한 보조 무기로 쓰였다. 더욱이 삼국시대 중반 이후 군대 규모가 커짐에 따라 군사훈련이나 전술 운용을 위해 병사들의 무기는 더욱 단순해졌다. 이제 지원부대인 궁수 부대나 쇠뇌 부대를 제외한 대부분의 병사들은 손에는 창을 들고 허리에는 칼을 차는 형태로 무장하게 되었다.

말에게 갑옷을 입혀라

근력이 남달리 세고 신속한 기동력을 자랑하는 말도 고대 전쟁에서 빼놓을 수 없는 존재이다. 우리나라에서는 몽골 초원과 인접한 부여와 고구려 사람들이 먼저 기마술을 익혔는데, 120년경에는 대규모 기병 부대를 동원하기도 하였다. 초기 기병은 주로 활이나 도(刀)로 무장하였고, 창과 검은 거의 사용하지 않았다. 왜 그랬을까?

어릴 때부터 말 타기를 배운 유목민과 달리 농경민은 말 등에서 자유자재로 움직이는 기마술을 쉽게 터득할 수 없었다. 그래서 문명의 발상지에서도 말이 수레를 끄는 전차병(戰車兵)이 먼저 등장하였고, 기병은 유목민으로부터 뒤늦게 도입되었다. 초창기 농경민 기병의 공격력이란 보병처럼 기사의 어깨 힘과 팔 힘을 합친 것에 불과하였다. 더욱이 찌르는 무기인 창과 검은 찔렀다가 뺄 때 생기는 반작용 때문에 기사가 말에서 떨어질 위험성이 높았다.

이러한 약점은 등자(鐙子)의 개발로 획기적으로 개선되었다. 발걸이인 등자로 기사의 발을 고정시킴으로써 균형을 유지하고, 두 다리 사이에 말의 옆구리를 끼워 사람과 말을 한 덩어리로 만들 수 있게 되었다. 아울러 말에게 갑옷을 입히는 변화도 일어났다. 기병의 취약점은 기사보다 무방비 상태인 말에 있었다. 이에 말의 가장 취약한 부분인 가슴을 가리기 시작하여 온몸을 감싸는 말 갑옷이 출현하였다. 무사와 말이 모두 갑옷으로 무장한 개마 무사(鎧馬武士)라는 중장기병이 탄생한 것이다.

이제 말은 탱크와 같은 거대한 무기로 변신하였다. 무사들은 말의 돌격력을 최대한 공격력으로 전환하기 위해 4미터가 넘는 긴 창으로 무장하여 근거리 전투의 새로운 주인공으로 등장하였다. 고구려의 경우 357년에 조영된 안악 3호분 행렬도에서 보듯이 광개토왕 이전에 이미 개마 무사를 도입하였다. 아마 광개토왕(재위 391~412)은 이러한 개마 무사를 이끌고 한반도와 만주 일대를 누볐을 것이다.

말갑옷 출토 모습(경주 쪽샘지구 10호 목곽묘)
무사뿐 아니라 말까지 갑옷을 입혀 무장함으로써 이제 말은 탱크와 같은 거대한 무기로 변신하였다.

안악 3호분 행렬도(황해도 안악군 소재)
공격 무기인 활·칼·창·도끼, 방어 무기인 방패와 갑옷, 그리고 보병과 기병 등 고대의 무기 체계와 병사의 종류를 한눈에 볼 수 있다.

250년경까지 말을 주로 무덤의 부장품으로 사용하고 보병전(步兵戰)을 하였던 한반도 남부의 백제나 신라, 가야 사람들에게 개마 무사는 그야말로 신기한 신무기였을 것이다. 엄청난 살상력과 파괴력에 놀란 이들은 신무기 도입에 온 힘을 기울였다. 함안 마갑총이나 경주 쪽샘지구 등에서 출토된 말 갑옷은 이러한 노력의 유산이며, 신라 화랑 관창도 개마를 타고 긴 창을 휘두르며 적진으로 돌진하였다고 한다.

이로써 기마전이 일상화되고, 보병과 기병을 복합적으로 운용하는 전술이 등장하였다. 더욱이 삼국 각국이 요새지마다 성을 구축하고 방어 체계를 강화함에 따라 전쟁은 더욱 복잡한 양상을 띠게 되었다.

전황 중계 1: 평원 전투(平原戰鬪)

그럼 삼국시대 병사들은 이러한 무기를 가지고 어떻게 싸웠을까?

전쟁을 하기 위해서는 먼저 군대를 동원하여야 한다. 군대 규모는 상황에 따라 달랐겠지만, 국가 운명이 걸린 경우에는 대병력이 동원되었다. 645년 고구려는 당나라의 침공을 저지하기 위해 15만 대군을, 660년 신라는 백제를 정벌하기 위해 5만의 대병력을 동원하였다.

이러한 대병력은 여러 단위부대로 편성되었을 것이다. 가령 645년 고구려의 15만 대군은 대모달(大模達)이 지휘하는 군단과 말객(末客)이 지휘하는 1,000명 단위부대, 그리고 200명, 100명, 50명 등의 소부대로 편성되었을 것이다. 그리고 신라의 각 군단에도 최고 지휘관인 장군을 비롯하여 각급 단위부대를 통솔하는 대관대감, 대대감, 제감, 소감 등의 지휘관이 있었다.

일반 전투부대 외에도 쇠뇌나 공성(攻城) 무기 등으로 무장한 특수부대가 있었고, 군량을 보급하는 치중(輜重)부대, 무기를 수리하고 공급하는 장척(匠尺) 부대 등도 뒤따랐을 것이다. 645년에 고구려는 5만 마리 이상의 소를 동원하여 각종 물자나 군량을 보급하는 치중부대를 조직하였고, 신라의 각 군단에는 대장척당주(大匠尺幢主)가 배치되어 무기를 수리하거나 보급하는 지원부대를 이끌었다.

병사들은 이러한 단위부대별로 대오를 이루어 전투 장소로 행군하였다. 이때 병사들은 무기뿐 아니라 각자가 먹을 며칠 분의 식량을 소지하였고, 고대 중국이나 일본처럼 10인이 한 조를 이루어 취사도구와 천막·괭이 등 여러 장비를 짊어졌다. 모든 병사들이 한곳에서 식사를 하고, 잠을 자고, 용변을 볼 수는 없기 때문이다. 그리고 여름이라면 말이나 소의 꼴은 별도로

준비하지 않고 산야의 풀을 먹였을 것이다.

실제 전투는 평원전(平原戰) 또는 공성전(攻城戰)의 형태로 진행되었다.

대표적인 평원전으로는 645년 안시성 부근에 벌어진 고구려와 당의 주필산 전투, 660년 신라와 백제의 황산벌 전투 등이 있다. 평원전은 대체로 두세 단계로 전개되었다. 양 진영이 일정한 거리를 두고 맞닥뜨리면 먼저 궁수 부대가 쇠뇌나 활로 상대방을 공격하였다. 이때 측면에 포진한 기병 부대가 기습 공격을 전개하기도 하였다. 그러다가 거리가 좁혀져 쇠뇌나 활의 공격력이 무력화되면 궁수 부대는 뒤로 물러나고, 창병이 근거리 전투를 벌이다가 거리가 더욱 좁혀지면 칼을 빼어 들고 육박전을 벌였다.

이때 기병도 가세하였는데, 말과 무사가 완전 무장한 개마 무사의 위력은 대단하였을 것이다. 그리고 뒤로 빠진 궁수는 지원사격을 하거나 허리에 찬 칼을 빼어 들고 직접 육박전에 뛰어들기도 하였다. 이렇게 전투가 진행되는 동안 장수는 북이나 깃발로 끊임없이 작전을 하달하였다. 물론 평원전이 반드시 위와 같이 전개되는 것은 아니다. 상황과 지형에 따라 다양한 형태로 전개되었고, 때로는 유인 전술이나 기습 공격이 구사되기도 하였다.

전황중계 2: 공성 전투(攻城戰鬪)

삼국시대 중·후반에는 평원 전투보다는 공성 전투가 더 많이 벌어졌다. 삼국이 요새지마다 성을 축조하여 물샐틈없는 방어 체계를 확립하였기 때문이다. 만약 어느 한 성이라도 그냥 지나칠 경우, 언제 보급로가 끊기고 퇴로를 차단당할지 몰랐다. 고구려는 바로 이러한 성 방어 체계를 바탕으로 수·당과의 전쟁에서 들에 곡식 한 톨 남기지 않고 성에 들어가 항전하는 청야수성전(淸野守城戰)을 구사하였다. 고구려는 청야수성전을 통해 수 양제의 100만 대군을 무력화시키고, 살수대첩을 거둘 수 있었다.

핵심적인 군사시설이라는 말이 어울릴 정도로 삼국시대 성에는 갖가지 방어 시설이 갖추어져 있었다. 성문은 반원형 또는 장방형 옹성(甕城)으로 튼튼하게 축조되었고, 성벽 바깥에는 참호나 해자와 같은 큰 도랑이 둘러져 있었다. 성벽 위에는 아군의 엄호시설인 성가퀴를 쌓았으며, 성벽 외면에는 치(雉)를 일정 간격으로 설치하였다. 그리고 성문이나 성벽 모퉁이에 망루를 세워 적정을 관찰하고 아군을 지휘하였다.

삼실총 공성도(중국 지린성 지안 소재)와 모사도(아래)
그림 윗부분에는 육박전이, 아랫부분에는 긴 창으로 무장한 개마 무사의 근거리 전투 모습이 묘사되어 있다.

공격군은 이처럼 튼튼한 성을 함락시키기 위해 갖가지 공성 무기를 동원하였다. 가령 612년 수나라는 평지성인 요동성을 공격하는 데 충차(衝車: 성벽을 부수는 무기), 운제(雲梯: 성벽을 기어오르는 사다리), 지도(地道: 성벽 밑으로 통로를 뚫는 장비), 비루(飛樓: 돌을 날리는 포차의 일종) 등을 동원하였다. 그렇지만 삼국의 성은 대부분 산성이었기 때문에 공성 무기를 사용하는 데 많은 제약이 따랐다. 이에 돌을 날리는 포차(抛車)를 이용하여 성곽 시설을 파괴하는 한편, 병사들은 대부분 쇠뇌나 활로 공격하면서 성으로 접근한 다음 창과 칼로 근거리 전투를 벌였다.

이에 방어하는 측에서도 성벽 바깥에 뾰족뾰족한 마름쇠[질려(蒺藜)]를 깔아 적군의 접근을 저지하는 한편, 성벽 위의 성가퀴를 은폐물로 삼아 활이나 쇠뇌를 쏘아 적의 진격을 막았다. 만약 적군이 성벽으로 기어 올라오면 기다란 창으로 찌르거나 돌멩이로 내리쳤으며, 성벽 밖으로 돌출한 치에서 적군의 옆구리나 등을 향해 활을 쏘았다. 또 적의 포차에서 날린 돌에 맞아 성벽이 파괴되면 나무나 가죽으로 급히 보수하였다. 이러한 결사 항전으로 공격이 여의치 않으면 공격군은 성벽보다 높은 토산을 쌓아 성 내부를 공격하고, 방어하는 측에서도 성벽을 더욱 높이 구축하여 맞대응하기도 하였다.

다른 전투도 그렇지만 공성전은 장기전인 경우가 많기 때문에 식량을 비롯한 각종 군수품 보급이 무엇보다 중요하였다. 방어하는 측은 말할 것도 없고 공격하는 측도 군량이 떨어지면 더 이상 공격할 수 없었다. 그래서 방어하는 측에서는 공격군의 보급로를 차단하는 기습 공격을 자주 시도하였고, 추운 겨울이 오기만을 기다리기도 하였다. 아무리 군량이 풍부하더라도 추운 겨울에 여름옷을 입고 싸울 수는 없었고, 풀이 시들면 말이나 소에게 먹일 꼴도 없어지기 때문이었다.

정치와 외교의 각축장

이처럼 참혹한 전쟁은 고대사의 전개 과정에 어떠한 영향을 미쳤을까?

청동기시대 어느 한 집단이 다른 집단을 약탈하면서 시작된 전쟁은 고조선과 삼국을 거치면서 더욱 치열해졌다. 특히 전쟁 목적이 약탈에서 영토 확장으로 바뀌면서 그 규모가 더욱 커졌다. 고대인에게 전쟁은 '먹느냐 먹히느냐'라는 사활이 걸린 문제였고, 여기에서 질 경우 멸망의 길을 걸어야 했다. 고구려, 백제, 신라는 이러한 영토 확장 전쟁의 승리자로서 주변의 수많은 소국을 병합하여 만주와 한반도 일대를 분할 점령하였다. 삼국시대 초기의 전쟁은 고대국가 성립 과정의 산물로 어떤 면에서는 당시의 역사 전개를 추동했던 가장 중요한 동인 가운데 하나였다고 할 수 있다.

삼국 간 전쟁은 550년대 신라의 한강 점령을 계기로 전면전으로 발전하였다. 더욱이 중국 대륙에 수·당이라는 통일 제국이 등장하면서 동아시아 국제전으로 비화하였다. 삼국의 각축전은 각국의 국내 정세와 수·당의 외교 전략이 맞물리면서 복잡하게 전개되었고, 국내 정세와 대외 정책이 승패의 향방에 결정적 영향을 미쳤다. 가령 고구려는 642년 연개소문 쿠데타 이후 대외 강경책을 고집하다가 고립을 자초한 반면, 신라는 당의 외교 전략을 정확히 읽어 내고 648년 나당 군사동맹을 체결함으로써 삼국 통일의 발판을 마련하였다. 신라의 군수 보급과 당의 군사력이 결합됨에 따라 성 방어 체계를 바탕으로 한 고구려의 청야수성전술이 결정적 타격을 입게 된 것이다.

이처럼 신라는 군사력보다는 정치·외교력을 통해 삼국을 통일하였다. 신라의 정치·외교력은 나당전쟁에서 더욱 잘 드러난다. 신라는 한반도 전체를 지배하려는 당의 야욕을 일찍부터 간파하고, 겉으로는 외교 관계를 긴밀하게 유지하는 한편, 안으로는 이를 분쇄하기 위한 준비에 착수하였다. 그리하여 고구려 멸망 이후 고구려 유민과 백제 유민까지 대거 동원하여 당군을 한반도에서 몰아낼 수 있었다.

이로써 수백 년간 지속된 전쟁은 신라의 삼국 통일로 귀결되었고, 삼국민들은 한 국가의 구성원이 되었다. 서로를 적대시하며 목숨을 걸고 전쟁을 하던 삼국민들이 같은 나라의 백성으로 '한민족' 형성을 향한 거보를 내딛게 된 것이다. 사실 한민족 형성의 토대는 삼국 간에 전쟁이 치열해지면서 하나 둘씩 놓이고 있었다. 전쟁을 통해 문물과 문화가 활발히 교류되었고, 영역 변동으로 삼국민 간의 융합도 이루어졌다.

삼국은 점차 동질적인 문화와 사회 상태를 이루게 되었고, 중국인과 같은 외부인이 보았을 때에는 '삼한(三韓)'으로 통칭할 수 있을 정도로 다른 족속과 뚜렷이 구별되었다. 삼국 통일 직후 신라는 이러한 토대를 바탕으로 삼국민은 하나의 족속이라는 의식을 표방하면서 동질화 정책을 적극 추진할 수 있었다. 삼국 간 전쟁은 삼국민에게는 엄청난 고통을 가져다주었지만, 한민족 형성에는 중요한 계기로 작용하였던 것이다.

삼국 간 전쟁의 종식으로 백성들은 항상적인 전시 상태를 벗어나 종전보다 안정된 삶을 누릴 수 있게 되었다. 삼국시대 이후 몇몇 내전을 제외하면 전쟁은 주로 북방민족이나 일본 등 타민족과의 사이에서 벌어졌다. 이것이 삼국시대와 그 이후 전쟁의 가장 큰 차이점이다. 그래서 흔히 삼국시대까지의 전쟁은 국가 형성 또는 민족 형성이라는 관점, 삼국시대 이후 전쟁은 대외 항쟁이라는 관점에서 평가하기도 한다.

이러한 역사적 평가는 매우 중요하다. 그렇지만 이러한 평가가 전쟁 미화론으로 이어져서는 곤란하다. 전쟁은 언제나 인류에게 파멸적 고통을 안겨준다. 우리가 살고 있는 한반도는 여전히 전쟁의 위험이 완전히 사라지지 않은 분단 상태이다. 두 번 다시 동족상잔의 아픔을 되풀이해서는 안 된다. 전쟁의 위험을 정확하게 직시하고, 신라가 부분적으로 발휘했던 것처럼 정치력과 외교력을 통해 한반도에 평화를 정착시키고 궁극적으로 남북통일을 이룩해야 한다. 더욱이 오늘날 모든 전쟁은 핵전쟁으로 발전할 위험성을 안고 있다. 파란 레이저광선이 창공을 가르고 지상 곳곳에 하얀 버섯구름이 피어오르는 가운데 지구가 긴 침묵으로 빠져들게 할 수는 없지 않은가!

여호규 _한국외대 교수

삼국 간에 말이 통했을까?

박찬흥

고구려인과 신라인의 만남

삼국시대 말기인 642년 백제 의자왕은 대대적으로 신라를 침공하여 신라 서쪽의 40여 성(城)과, 김춘추의 사위 김품석이 성주로 있던 대야성을 함락했다. 이에 놀란 신라는 백제를 공격할 구원병을 요청하기 위해 김춘추를 고구려로 보냈는데, 당시 고구려의 실질적인 집권자였던 연개소문이 그를 맞이하여 접대하였다.

이때 보장왕은 이전에 신라가 빼앗은 죽령 이북의 땅을 다시 돌려줄 것을 요구하였다. 그리고 김춘추가 '그것은 왕이 결정할 일이지 자기는 할 수 없는 일'이라고 거절하자 그를 옥에 가두어 버렸다. 이에 김춘추는 보장왕이 총애하는 신하 선도해에게 푸른 베를 뇌물로 몰래 바쳤다. 그러자 선도해는 음식을 차려 와서 같이 술을 마시다가, 한창 분위기가 무르익자 우리가 잘 알고 있는 '거북이와 토끼의 간 이야기(별수부전)'를 농담으로 들려주었다. 김춘추는 단번에 그 뜻을 알아채고 보장왕에게 "그 땅을 돌려주도록 신라왕에게 청하겠다."라는 글을 올리고 풀려나 신라로 돌아올 수 있게 되었다.

김춘추가 연개소문이나 선도해와 대화를 나눌 때 통역이 필요했을까, 아니면 통역 없이도 서로 이야기할 수 있었을까? 위의 기록만으로는 명확한 답을 얻기가 어렵다. 그러면 고구려인과 신라인의 또 다른 만남을 살펴보자.

신라의 거칠부는 어려서 원대한 뜻을 품고 승려가 되어 사방을 유람하였다. 문득 고구려를 엿보고 싶어 국경을 넘어 들어갔다가 혜량법사의 불경 강의를 듣게 되었다. 하루는 혜량이 거칠부를 불러 "어디에서 왔는가?" 하고 묻자 거칠부는 자기가 신라인이라고 대답하였다. 그날 저녁 혜량은 거칠부를 다시 불러 손을 잡고 몰래 말하기를, "그대의 관상이 평범하지 않은데 고구려에도 사람을 볼 줄 아는 이가 있으니 잡힐까 걱정되어 몰래 알려 준다."라고 하면서 빨리 신라로 돌아가라고 하였다.

거칠부가 고구려 사람들 사이에 있으면서도 신라 사람이라는 것을 들키지 않았다는 것을 어떻게 이해해야 할까. 만약 고구려어와 신라어가 서로 달랐다면 거칠부는 고구려로 들어가기 이전에 고구려어를 따로 공부했어야 하는데, 여기에서 그러한 흔적을 찾아보기는 어렵다. 그는 별다른 준비 없이 '문득 고구려를 엿보고 싶어' 고구려로 들어가 승려 혜량의 불경 강의를 들었던 것이다.

신라의 진골 귀족이었던 그가 쓰는 말은 경주 중심의 신라어라고 할 수 있다. 그는 어려서 승려가 되어 사방을 유람하다가 고구려로 들어갔기 때문에 신라 말을 사용하고 있었다고 보아야 할 것이다. 그러한 그가 고구려 사람들 속에 있으면서도 신라인이라는 점을 감출 수 있었던 것은 결국 고구려어와 신라어는 매우 비슷하거나, 달랐다고 하더라도 큰 차이가 없었음을 보여 준다고 해석할 수 있다. 적어도 어떤 사람이 쓰는 말을 가지고 고구려 사람인가 신라 사람인가를 구별해 내기가 어려울 정도로, 혹은 별다른 준비 없이 신라 사람이 고구려 승려의 불경 강연을 들을 수 있을 정도로 두 언어가 비슷했다는 것이다.

고구려어와 삼한어

고구려어와 신라어의 관계를 살펴보기 전에 삼국시대 이전의 언어 상황은 어떠했는지를 먼저 알아보자. 3세기에 쓰인 《삼국지》 동이전에 따르면 현재의 한반도와 중국 동북 지방의 언어 분포는 크게 세 개로 나눌 수 있다. 부여·고구려·옥저·예(濊)의 언어, 읍루어, 삼한 지역의 언어가 그것이다.

고구려가 부여·옥저·예를 통합함으로써 고구려어는 이들 부여어·옥저어·예어를 대표하게 되었다. 한편 신라는 삼한의 하나인 진한에 속해 있던 사로국이 발전한 나라였으므로 부여어 또는 고구려어와, 삼한어 혹은 진한어의 관계를 알면 고구려어와 신라어의 관계를 바로 알 수 있을 것이다. 그러나 아쉽게도 《삼국지》 동이전에는 두 언어 사이의 관계에 대해서 아무런 언급이 없다. 여기에 대해서는 서로 상반되는 두 개의 견해가 대립하고 있다.

먼저 두 언어의 관계에 대해 아무런 언급이 없다는 것은 두 언어가 서로 달랐기 때문이라고 보아, 결국 고구려어와 신라어는 달랐다는 해석이 있다. 이 경우 집단 거주 지역의 지명 어휘에, 고구려어에서는 '홀(忽)'이 많이 쓰이는 반면, 신라어에서는 '불[火]'이 많이 쓰이고, '물[水]'을 뜻하는 고구려어는 '매(買)'이지만, 신라어는 '물(勿)'이라는 점 등의 차이를 그 근거로 들고 있다.

그러나 부여어 또는 고구려어 등의 언어와 삼한 지역의 언어가 같았는지 달랐는지에 관한 언급이 없다고 해서 그것이 곧 두 언어가 서로 달랐다고 볼 수 있는 근거는 될 수 없다는 견해도 있다. 구체적인 검토 없이 서로 같았다고 말할 수는 없지만, 마찬가지로 서로 달랐다고도 말할 수 없기 때문이다.

《삼국지》동이전은 244년 위나라의 관구검이 고구려를 침입했을 때 얻은 지식을 토대로 기록한 것이다. 따라서 위나라 군대의 침입 경로에 있던 부여, 고구려, 옥저, 읍루 등의 지역은 상세하게 기술하였으나, 삼한에 대해서는 아는 것이 별로 없었으므로 자세하게 기록할 수 없었던 것이다. 즉 두 언어 사이의 관계를 몰랐기 때문에 기록하지 않은 것이지, 달랐기 때문에 기록하지 않았다고 보기는 어렵다.

고구려어와 신라어

고구려어의 구체적인 내용은 《삼국사기》 지리지에 보이는 지명 표기를 통해서 유추해 낼 수 있다. 하나의 고구려 지명에 대하여 한자의 음을 이용한 표기와 뜻을 이용한 표기가 함께 기록된 예들이 매우 많다. 그런데 이들 음 표기의 일부분과 뜻 표기의 일부분 사이에 일정한 대응 관계가 발견된다. 예를 들면, 한자로 '성(城)'을 뜻하는 것이 고구려 음으로 '홀(忽)'이고, '내[川]'·'물[水]'을 뜻하는 것으로는 '매(買)'였다. 이렇게 《삼국사기》 지리지에서 유추할 수 있는 고구려 단어는 80여 개이고, 그중 둘 이상의 지명에서 확인된 신빙성이 높은 것은 20여 개이다.

　이들 고구려어의 어휘 가운데에는 신라어의 어휘와 다른 것들도 있지만 서로 일치하거나 비슷한 어휘들도 있다. '샘[泉]'을 뜻하는 고구려어 '어을'과 비교할 수 있는 어휘로 '우물[井]'을 뜻하는 신라어 '을'을 들 수 있고, '둑[堤·隄]'을 뜻하는 고구려어 '토'는 신라어와도 일치된다. 또 '쇠[金]'는 고구려어로 '소' 또는 '소문'인데, 신라어로는 '소'로 그 소리가 같다.

　이렇게 고구려어와 신라어가 서로 비슷하다는 것은 중세국어와의 관계를 통해 비교해 보아도 알 수 있다. 신라의 향가가 전적으로 중세국어를 기준으로 해석되었다는 것을 보면, 중세국어는 신라어를 근간으로 해서 이루어졌음을 알 수 있다.

　그런데 현재 확인할 수 있는 고구려어 어휘는 약 80개 정도인데 그 가운

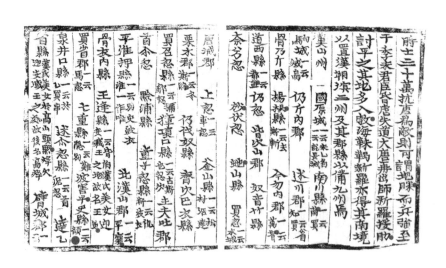

《삼국사기》 지리지의 고구려 지명
고구려어의 어휘를 가장 풍부하게 알려 주는 기록이다.

데 30개에 가까운 예가 중세국어와 유사하거나 일치한다. '바위[巖]'를 뜻하는 고구려 음 '파의'·'파혜'는 중세국어의 '바회'와 일치하고, '봉우리[峰]'를 뜻하는 고구려 음 '술이'·'수니'는 중세국어 '수늙'과 비슷하다는 등의 예를 들 수 있다. 이렇게 80개의 어휘 가운데 30여 개가, 다시 말해 우연히 남아 전하는 어휘의 약 37.5퍼센트가 중세국어와 비슷하거나 일치한다. 이것이 고구려어와 신라어가 같은 언어임을 말해 준다고 보는 것은 지나친 해석일까?

이러한 어휘뿐만 아니라 차자표기법(借字表記法)에서도 공통점이 발견된다. 차자표기법이란 한자의 음과 뜻을 빌려 우리말을 기록하던 표기법으로, 향찰(鄕札)·이두(吏讀)·구결(口訣)·고유명사표기라고 구분하여 오던 것을 통틀어 일컫는 말이다. 고구려의 평양성벽 석각, 중원고구려비 등에 쓰인 이두 표기가 신라의 남산신성비, 임신서기석 등의 비문에도 그대로 쓰이고 있다. 즉 '~에'라고 읽히는 '중(中)', 문장을 끝내는 '~다(라)'라고 읽히는 '지(之)', '때에·이번에·임시에'나 '임시로 어떤 일을 맡아 명령하거나 감독한다'라고 읽히는 '절(節)' 등의 어휘가 서로 같다. 이러한 차자 표기는 고구려에서 처음 사용하기 시작하여 신라에 전해졌다.

더구나 한자를 읽는 고구려의 음과 신라의 음이 비슷하거나 그대로 적용되었다. 그 한 예로 설내입성(舌內入聲)인 한자의 음을 들 수 있다. 신라어에서는 '물(勿)' 자로 '물[水]'을 나타내고, '을(乙)' 자로 '을·를'을 나타내어 설내입성인 한자의 끝음, 즉 받침이 'ㄹ'로 나타난다. 그런데 고구려어에서도 '달'·'홀'·'어을'에서처럼 그 끝음이 'ㄹ'로 나타나는 것이다. 이는 고구려어의 어음체계와 신라어의 어음체계도 서로 비슷하거나 같았다는 것을 보여 준

평양성벽 석각(왼쪽)과 남산신성
비 제4비 탁본의 '절(節)' 자
고구려와 신라의 이두 표기가 같았
음을 보여 준다.(흰 원)

다고 하겠다.

두 언어의 어휘가 많이 일치하고, 차자 표기도 그대로 전해져 쓰였으며, 한자를 읽는 음이 같다는 것은 결국 두 언어가 같았다는 증거라고 할 수 있겠다. 더구나 《삼국사기》 지리지에 보이는 지명 표기와 금석문에 나타난 고구려어와 신라어의 문법 구조와 음운체계가 일치한다는 연구 결과를 참조해 볼 때도 두 나라의 언어는 같다고 볼 수 있다. 그런 점에서 김춘추나 거칠부는 고구려에 들어가 의사소통을 하는 데 별 어려움이 없었을 것이다.

서동은 두 개 국어에 능통했는가?

《삼국유사》 무왕조에는 〈서동요〉의 유래에 대한 이야기가 전하고 있다. 서동이 신라 진평왕의 딸 선화공주가 아름답다는 말을 듣고 신라의 경주에 들어갔다. 그는 선화공주가 서동을 밤마다 안고 간다는 내용의 노래를 지어 아이들에게 부르게 하였다. 이것을 들은 왕은 선화공주를 궁궐에서 내쫓았는데, 길에서 우연히 서동을 만나 결혼하게 되었다.

뒤에 서동은 백제의 왕위에까지 올랐다. 무왕의 어릴 때 이름이 서동이었으므로 현재는 이 향가를 〈서동요〉라고 부르고 있다. 이 이야기를 설화적인 것으로 보아 무왕과는 관계가 없다고 보기도 하지만, 역사적인 사실을 담고 있다고 보기도 한다. 그 경우 서동을 무왕이 아닌 동성왕으로 달리 보기도 하지만 둘 다 백제 사람임에는 틀림없다. 가난한 백제 사람인 서동이 어떻게 신라어로 노래를 지어 부를 수 있었을까.

이 이야기가 역사적인 사실을 반영한 것이고, 또 백제어가 신라어와 달랐다고 한다면 서동은 두 개 국어에 능통했다고 볼 수밖에 없다. 즉 서동은 마를 캐서 생활하는 처지였음에도 신라어까지 능통하여 동요를 만들어 부를 수 있을 만큼 외국어 실력이 있었다는 것이다. 그가 아무리 '기량을 예측하기 어려운' 뛰어난 인물이었다고 할지라도 이를 선뜻 수긍하기는 어렵다. 백제어와 신라어가 당시에 같았다고 보거나 달랐다고 하더라도 서동이 쉽게 배울 수 있을 만큼의 차이밖에는 없었다고 보아야 할 것이다.

마한과 진한의 언어는 서로 다른 언어가 아니라 같은 언어로서 방언적 차이를 가질 뿐이다. 따라서 각각 마한과 진한의 하나였던 백제와 신라의 언어는 서로 같다고 말할 수 있다. 이것은 《삼국사기》 지리지의 지명을 살펴보아도 알 수 있다. 예를 들면, '마을[村]'을 뜻하는 지명 어미가 신라어에서는 '불'·'벌'이 많고, 백제어에서는 '부리'로 그 음이 서로 비슷함을 알 수 있다. 이것은 마한 54개국 이름에 가장 많이 나타나는 '비리(卑離)'에서 유래하는 것이다.

《양서》 신라전에는 법흥왕 때 신라 사신이 백제 사신을 따라 양나라를 방문한 적이 있음을 적고 있다. 신라인을 본 양나라 사람들은 신라인이 "절하는 방법과 걷는 모양이 고구려와 비슷하다."라고 기록하였다. 신라는 이때 처음으로 사신을 보냈으나 고구려는 그 전에 여러 차례 사신을 보낸 적이 있었다. 그렇기 때문에 그들은 신라 사신이 오자 그 행동거지가 고구려와 비슷하다는 인상을 받을 수 있었던 것이다.

이렇게 중국의 입장에서도 삼국은 서로 비슷한 사람들의 나라로 생각되고 있었다. 그런데 《양서》는 당시 신라 사신을 접견할 때 "언어는 백제인의 통역을 거친 뒤에야 통했다."라고 기록하고 있다. 처음 양나라에 온 신라 사신은 중국어에 능통하지 못했던 것이다. 만약 신라어와 백제어가 서로 달라 의사소통에 지장이 있을 정도였다면, 이러한 통역은 쉽지 않았을 것이다. 백제 사신이 신라어에 능통한 인물이었다거나 반대로 신라 사신이 백제어에 능통한 인물이었다고 보아야 하는데, 그렇게 보기는 어렵다. 따라서《양서》의 기록은, 중국인의 눈으로 볼 때 삼국이 서로 공통점이 많은 나라들이며, 백제와 신라의 언어가 서로 같았음을 증명한다고 이해하는 것이 자연스럽다.

백제어와 고구려어

《양서》 백제전에는 백제의 언어에 대하여 "언어와 복장은 대략 고구려와 같다."라고 하였다. 이 기록에 대해서는 서로 다른 두 견해가 대립되어 있다. 먼저 이것을 지배층의 언어에 관한 기술로 생각하면서, 피지배층은 마한의 언어를 사용하였으므로 지배층의 언어와 피지배층의 언어가 상당히 달랐을 가능성이 있다고 보는 견해이다.

백제는 고구려에서 남으로 내려온 세력에 의해 건국되었고, 이 지역에 있었던 마한을 통합하였다. 따라서 백제의 지배층은 고구려와 같은 언어를 사용하고 있었던 반면, 통합된 마한 계통의 피지배층은 마한어를 사용하고 있었다는 것이다. 그 구체적인 근거로 《주서》 백제전에 "왕의 성은 부여씨로 어라하(於羅瑕)라 부르는데, 백성들은 건길지(鞬吉支)라고 부르니, 중국 말로 모두 왕이라는 뜻이다. 왕의 아내는 어륙(於陸)이라고 부르니, 중국 말로 왕비라는 뜻이다."라는 기록을 들고 있다. 그 후 시간이 흐르면서 소수의 지배층은 다수의 피지배층의 언어를 차용하게 되었고, 결국 백제어는 약간의 부여어계 언어를 포함한 마한어였다고 보아 백제어와 고구려어는 서로 다른 언어였다고 이해하고 있다.

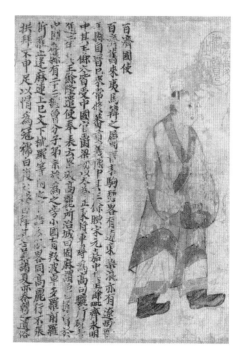

〈양직공도〉의 백제 사신 부분(중국 난징박물관 소장)
526~536년 무렵 양나라에 파견된 백제 사신의 모습을 그리고 해설한 것이다.

그러나 《양서》 백제전의 기록을 그대로 믿어 백제어와 고구려어는 같다고 보는 견해도 있다. 지배층과 피지배층의 언어를 대립시키는 것이 문제라고 보는 것이다. 일반적으로 한 사회 안에서 상류 지배층이 일반 국민들과 다른 언어를 사용하는 경우는 종종 발견된다. 그러나 그것은 전체 어휘에서 얼마 되지 않는 특수 어휘에서만 차이가 나는 것이고, 음운체계와 문법구조에서는 일반 국민의 언어와 차이가 없다. 혹시 백제가 세워진 지 얼마 되지 않은 초기라면 몰라도, 양나라와 통교하던 6세기 전반까지도 이러한 두 언어의 대립 상태가 지속되었다고 보기는 어렵다. 사실 나라를 세운 이후 500여 년간 지배층의 언어와 피지배층의 언어가 달랐다는 것도 의문이고, 660년 망할 때까지 불과 100여 년 사이에 피지배층의 언어로 통합·흡수되었다고 보는 것도 무리인 것 같다.

더구나 어라하·건길지 한 쌍의 어휘를 가지고 지배층의 언어와 피지배층의 언어가 달랐으며, 따라서 고구려어와 백제어가 달랐다고 말하는 것은 심한 논리의 비약이다. 같은 언어 내부에서도 사회계층, 직업 등에 따른 어휘의 분화는 흔한 일이다. 조선시대에도 왕실은 일반 백성들과 다른 특수한 어휘들을 사용하였지만 이들이 서로 다른 언어를 사용하고 있었다고 볼 수 없는 것과 마찬가지이다.

게다가 백제는 중국의 남조와는 아주 밀접한 관계를 맺고 있었고 교류도 매우 활발하였으므로, 《양서》에 보이는 백제에 대한 정보는 정확한 것이라고 보아야 한다. 만약 백제의 지배층이 피지배층과 다른 언어를 사용하고 있었다면 이러한 것을 빠뜨릴 리도 없고, 그러한 상황에서 고구려와 언어가 같다고 기록했을 리도 없다.

언어와 민족

우리가 어떤 언어에 대해서 같다든지 다르다든지 하는 것은 그 기준에 따라서 얼마든지 달라질 수 있다. 평안방언과 경상방언은 일본어나 중국어와 비교할 때에는 같은 한국어라고 할 수 있지만, 한국어 안에서는 서로 다르다고 말할 수 있기 때문이다. 더구나 함경도 사람과 제주도 사람이 서로 말이 통하지 않는다고 함경방언과 제주방언이 다른 언어라고 할 수는 없다. 그러한 경우는 서로 말이 통하지 않는 베이징어와 광둥어를 모두 중국어의 범주에 포함시키고 있는 데에서도 알 수 있다.

삼국시대에 언어가 서로 같았는지 달랐는지, 또는 이와 조금 방향을 달리해서 삼국이 서로 말이 통했었는지 그렇지 않았었는지를 단정적으로 말하기는 어렵다. 그러나 삼국시대 특히 6세기 이후 삼국 간의 빈번한 전쟁과 교류가 이루어진 시기에는 세 나라 국민들은 의사소통에 별 어려움이 없지 않았을까 하고 추정할 수는 있다. 혜량과 거칠부의 만남도 그러하였고, 역사적인 사실로 인정해야 한다는 전제가 있지만 서동의 경우에서도 그러한 면을 살필 수 있었다.

오늘날 경제체제와 국가 체제가 서로 다른 남북한을 하나로 묶는 공통 요소 가운데 첫 번째로 꼽히는 것이 공통의 언어이다. 약간의 차이는 보이고 있지만, 언어와 문자 생활에서 공통성을 가지고 있다. 마찬가지로 삼국의 언어와 문자 생활에서 공통점이 많이 보인다는 것은 이미 삼국이 하나의 민족 구성체로 이루어질 수 있는 토대가 마련되었다고 볼 수 있다. 동질적인 언어의 토대 위에서 삼국 간의 활발한 교류도 이루어질 수 있었던 것이다.

박찬흥 _국회도서관 자료조사관

물 건넌 물건

백다해

세계화, 지구화라는 명목하에 국가의 장벽이 사라지기 시작한 지 어느덧 30년 가까운 세월이 흘렀다. 그 사이 WTO(World Trade Organization, 세계무역기구)가 설립되고, FTA(Free Trade Agreement, 자유무역협정) 체결을 통해 규제를 최소화하는 자유무역이 전 세계 교역시장으로 확산되었다. 이제는 더 많이, 보다 다채로운 방법으로 세계 여러 나라와 교역하는 일이 일상으로 자리 잡은 것이다. 우리나라 역시 변화하는 흐름의 맞춰 세계 여러 나라와 다각도로 교역을 전개하고 있다. 그럼에도 우리의 전체 교역시장에서 중국이 차지하는 비중은 여전히 절대적이다. 2019년에 발표된 수출입통계 자료에 따르면, 우리나라의 대(對)중국 수출액만 1,362억, 원화로 환산할 경우 약 149조에 달한다고 한다. 한 해 양국 사이에 이루어지는 교역의 규모는 감히 상상조차 쉽지 않다.

이러한 일은 최근에 일어난 특수한 현상은 아니다. 중국은 전통적으로 우리의 주요 교역 상대였기 때문이다. 먼 과거부터 황해에는 한반도와 중국 대륙을 오가는 배와 사람이 끊이지 않았다. 그리고 이 과정에서 적잖은 물건들이 '물을 건너' 새로운 세계로 전해졌다. 이 글에서는 고구려, 백제, 신라와 중국 사이에 이뤄진 교역에 대해 살펴보고자 한다. 대략 천오백여 년전, 이 땅에 살았던 사람들은 어떤 방법으로 중국과 교역했을까. 당시 사람들의 눈길을 마음을 훔쳤던 이른바 '잇템(it item)'은 무엇이었을까.

전근대 동아시아의 교역과 조공무역

교역은 차이의 산물이다. 인류는 자신이 처한 환경에 따라 서로 다른 생활방식과 문화를 가지게 되었으며, 서로 다른 것을 생산하고, 소비하였다. 이러한 상황은 '가진 것'과 '가지지 못한 것'이라는 차이를 낳았다. 그러자 인류는 자신이 가진 것을 가지고 가지지 못한 것을 얻고자 길을 나섰다. 교역의 시작이었다. 실제 교역, 무역 등으로 번역되는 영어의 'trade'는 '사람이 지나 생겨난 길'을 의미하는 'track'과 '밟다'는 뜻을 가진 'tread'에서 유래하였다고한다. 인류가 보다 나은 삶을 위해, 혹은 자신의 욕구를 위해 가지지 못한것을 찾아 나선 길, 그 '밟아 간 자취'를 따라 행해진 것이 교역(trade)이었다.

교역이라는 말을 들으면 어떤 이미지가 떠오르는가. 도자기나 비단을 가득 실은 낙타 무리가 사막을 횡단하는 모습을 떠올리는 사람도 있을 것이고, 혹자는 푸른 파도가 넘실거리는 망망대해를 가로지는 범선(帆船), 그 안을 가득 채운 미지의 나라에서 온 향료를 떠올릴 수도 있다. 이처럼 우리가흔히 떠올리는 교역의 이미지에는 희귀한 것을 바라는 사람의 욕망, 그것을채움으로써 부를 얻고자 하는 상인의 모습이 녹아 있다. 하지만 전근대 동아시아에는 이와는 조금 다른 형태의 교역이 존재했다. 바로 국가가 중심이 되어 조공(朝貢)과 회사(回賜)라는 방식으로 이루어진 교역이다. 이를 동아시아, 특히 중국과 주변국의 관계를 규정하는 국제질서인 조공–책봉체제 하에 이루어진 물자의 교환이라는 점에서 조공무역(朝貢貿易)이라고 부른다.

조공무역을 정확히 파악하기 위해서는 먼저 전근대 동아시아 사회, 특히 중국과 주변국의 관계를 규정했던 조공–책봉체제에 대한 이해가 필요하다. 조공과 책봉은 본래 주(周) 천자와 제후 간의 군신관계를 규정하는 내부질서였다. 천자는 제후에게 공(公), 후(侯)와 같은 작위와 함께 일정 지역을 다스릴 수 있는 권한을 위임했으며, 이를 받은 제후는 일정 주기로 천자를 알현하여 각종 공물을 헌납해야 했다. 이때 작위를 주어 권한을 위임하는 행위를 책봉(冊封), 제후가 황제를 알현하기 위해 조정에 오는 것을 조근(朝覲), 공물을 헌납하는 것을 입공(入貢)이라고 한다. 조공(朝貢)은 조근과 입공이 합쳐진 표현으로, 여기에는 천자에게 정치적·경제적으로 신속(臣屬)한다는 의미가 내포되어 있다.

그런데 주 천자와 제후 간의 관계를 규정했던 이 질서가 한(漢)대 이후, 중국과 주변국의 관계를 규정하는 국제질서로 확대·변용되었다. 천자와 주변국의 관계가 마치 주대 군신관계처럼 조공–책봉의 원리로 규정된 것이다. 물론 조공과 책봉으로 표현되더라도 중국 왕조의 성격이나 구심력에 따라 온도차는 있었으며, 특히 이 시기 삼국과 중국이 조공–책봉에 의거하여 실질적인 군신관계를 맺은 것도 아니었다. 하지만 중국은 조공과 책봉이라는 '눈'을 통해 주변 세계를 인식하였으며, 주변국–고구려·백제·신라 포함–역시 이를 활용하여 중국과 관계를 맺어 나갔다. 이런 측면에서 조공–책봉은 동아시아 사회에서 가장 널리, 그리고 오랜 기간 통용된 일반적인 국제·

외교 질서였다고 할 수 있다.

이처럼 조공은 책봉과 짝을 이루어 중국과 주변국의 관계를 규정하는 정치·외교적 질서였다. 단 조공에는 천자(황제)를 알현한 후 공물을 바치는 입공의 과정이 포함되어 있었으며, 공물을 받은 천자(황제)는 이에 대한 답례로 진귀한 하사품(下賜品)을 주어야만 했다. 이 과정에서 중국과 주변국의 물자교환, 이른바 교역이 이루어지게 되었다. 정리하자면 조공무역은 주변 세력의 조공품—주로 토산품—과 중국이 주었던 회사품의 교환이었다. 다만 이것이 조공이라는 국가 간 공식 루트를 통해 이루어졌으며, 그 틀로부터 자유롭지 않았다는 점에서 일반적인 교역과 구분된다. 하지만 그 형태가 어떠하였든, 이 역시 엄연한 물자와 물자의 교환, 즉 교역이었다는 사실을 간과해서는 안 될 것이다.

언제 어떻게 전해졌는가

삼국과 중국의 교역이 조공무역의 형태로 진행되었다는 것은 바꿔 말해 조공의 과정이 곧 교역이었음을 의미한다. 그렇다면 구체적으로 어떤 방식으로 조공과 회사가 이루어졌을까. 안타깝게도 고구려, 백제, 신라나 발해의 사신이 중국에 입조하는 상황을 다룬 구체적인 기록은 남아 있지 않다. 그러므로 여기에서는 당(唐)대 외국 사신의 입조 절차를 묘사한 자료에 입각하여 관련 내용을 추론해 보려 한다.

당대 외국 사신과 관련된 업무를 총괄하는 곳은 예부(禮部)였다. 그러나 세부적인 일들, 예컨대 사신단 접대 및 관리와 같은 대면 업무는 홍려시(鴻

臚寺)와 전객사(典客署)가 맡았다. 일단 사신단이 당의 경계에 도착하면, 변경 주현에서는 사신단의 명단을 작성하여 중앙에 송부하였다. 명단을 받은 홍려시는 수도에 들어올 수 있는 자를 선별하여 주현에 재송부하였다. 전체 사신단 가운데 허락된 일부만 수도에 들어갈[入京] 수 있었던 것이다. 그렇게 입경한 자들은 당 관리의 안내에 따라 정해진 기일에 황제를 알현하였다. 황제는 입조한 사신에 국서를 내리고, 먼 곳에서 온 사신의 노고를 위로하는 연회를 열었는데, 연회까지 마치면 황제를 만나는 핵심 절차는 마무리되었다고 할 수 있다. 이후 사신은 중국 관인과의 교류, 최신 서적 입수나 물품 구입 등 남은 공적 업무와 개인적 용무를 본 후, 정해진 날짜에 귀국 의례를 치르고 다시 본국에 돌아왔다.

일련의 과정 중 조공·회사품의 헌상(獻上)과 하사(下賜)는 언제 이루어졌을까.

> 번주(蕃主)가 문으로 들어오면 서화(舒和)의 음악이 연주되고, 번주가 자리에 이르면 음악이 그친다. 그가 바치는 물건이 있으면 그를 따라 들어와 번주의 앞에 진열되는데 서쪽을 위[上]로 여긴다. 전의(典儀)가 "재배(再拜)"라고 하면, 찬자(贊者)가 받들어 전하니 번주 및 번국의 여러 관인이 모두 재배한다. (중략) 번주가 폐백[贄]을 받들고 말하기를, "모국의 번신 모가 감히 토산물[壤奠]을 바칩니다."라고 말하면 시중이 받들어 아뢴다. 또 시중이 (황제의) 뜻을 받들어, "짐이 그것을 받겠다."라고 말하면, 시중이 번주의 동쪽에 두고 서쪽을 바라보며, "유제(有制)"라고 하면, 번주가 재배한다.

(중략) 연회를 마치면, 통사사인이 번주 이하에게 알리니 번주 이하는 모두 엎드렸다가 일어나서 자리 뒤에 선다. (중략) 만약 하사품[筐篚]이 있으면, 사인(舍人)이 먼저 뜻을 받들어 칙을 내리니 번주 이하는 모두 재배한다. 태부(太府)가 (휘하의) 관리를 거느리고 옷과 물품을 차례대로 하사하면, 번주 이하는 또 재배한다. 통사사인이 (이들을) 이끌고 나갈 때, 음악이 시작되고 문에 이르면 음악이 멈춘다.

제시한 글은 당의 예제를 규정한 《대당개원례(大唐開元禮)》의 일부를 발췌한 것이다. 해당 내용은 주변국의 군주[蕃主]가 직접 조공한 사례지만, 사신이 파견된 경우도 비슷했을 것이다. 이를 통해 지참한 조공품은 황제를 알현하는 순간 헌상되었음을 알 수 있다. 다만 모든 조공품이 황제 앞에 진열된 것은 아니었다. 조공품으로서 가치가 떨어지는 것, 사자·코끼리·코뿔소 등 생소하거나 위험하다고 판단되는 것들은 변방 주현에 남아 있기도 하였다. 한편 황제가 주는 회사품은 연회를 마친 뒤 번주나 각 사신에게 전해졌다. 회사품은 천하의 중심을 자처하는 중국 황제의 위엄과 덕을 상징하는 물건이었다. 이에 조공품보다 더 많이, 보다 진귀한 물건으로 꾸려지는 것이 일반적이었다. 하지만 조공품의 가치와 정도에 따라 회사품의 종류와 구성에도 편차가 있었다고 한다. 바로 여기에 조공의 경제적 면모—가치 판단에 따른 교환—가 담겨 있다고 할 수 있다.

이처럼 조공은 삼국과 중국, 나아가 동아시아 여러 국가들이 교역하는 공식 절차이자 방법이었다. 비록 정치·외교 질서라는 틀을 완전히 극복할 수는 없었지만, 이 과정에서 물자의 이동이 일어났다는 측면은 상당히 중요하

오대 남당 고덕겸모 양원제번객입조도(五代南唐顧德謙摹梁元帝番客入朝圖)에 묘사된 고구려(왼쪽)·백제(중앙)·신라(오른쪽) 사신의 모습

다. 실제 삼국을 비롯하여 동아시아의 여러 국가들은 조공무역을 기반으로 교역을 확대, 재생산하였다. 이후 이것은 동아시아만의 주요 교역 루트 중 하나로 정착하게 되었다.

조공이 다가 아니야

공식 조공 절차를 마친 사신은 남는 체류 기간 동안 무엇을 하였을까. 사신은 황제의 알현과 조공품 헌상 외에도 여러 가지 일들을 맡았던 것으로 여겨지는데, 그중 하나가 비공식 교역을 진행하는 것이다. 관련하여 삼국의 사례는 아니지만 동시기 남북조시대 사신의 사례를 살펴보자.

주지하듯이 5~6세기 중국은 남과 북에 이질적 왕조가 공존하는 남북조 시대였다. 남쪽의 왕조들—송(宋)·제(齊)·양(梁)·진(陳)을 말한다—과 북쪽의 북위(北魏)는 각자의 정통성을 주장하며 대립하는 한편, 공식 사신을 파견하여 교류하기도 하였다. 눈여겨봐야 할 것은 사신의 활동이다. 남조와 북조의 사신은 상대국 황제에게 입조하는 공적 업무를 수행한 후, 상대국의 고위층이나 상인을 만나 은밀히 교역을 진행하였다. 당시 남조와 북조 모두 호시(互市)를 통한 교역을 제외한 사적 교역은 엄금하고 있었다. 그럼에도 사신단은 암묵적으로 교역을 진행하였는데, 여기에는 본국 권력자의 은밀한 부탁, 또는 압력이 있었다.

실례로 북위·북제대 고관이었던 고륭지(高隆之)는 양에 사신으로 다녀온 왕흔(王昕)과 위수(魏收)에게 남쪽의 물품을 요구하였으나 받지 못하자 이들을 양과 교역한 죄로 고발하였다. 왕흔과 위수는 법을 어긴 죄로 처벌받았다. 역시 북위 때 사람인 이회(李繪)는 남조에 사신으로 파견되었으나 일절 교역을 하지 않아 세간의 존경을 받았다. 하지만 세간의 평과 달리 그는 정작 낮은 벼슬만 전전하였는데, 이는 그가 윗사람에게 남조의 귀한 보물을 바치지 않았기 때문이었다고 한다. 제시된 두 사례는 남북을 왕래하던 사신의 교역이 공공연한 일이었음을 보여 준다. 단, 각광받던 상품이 자국에서 구할 수 없는 진귀한 상품이면서 동시에 은밀하게 운반하고 또 보관이 용이한 금, 옥, 불경 등이었다는 점은 사신의 교역이 공공연하게 행해졌지만 비합법적인 것이었음을 보여 준다.

이보다 후대로 가면 사신이 제3자의 요구가 아닌, 개인의 이익을 위해 교역을 전개하였던 사례도 확인할 수 있다.

대력(大曆) 연간 초에 신라왕이 죽었기 때문에 (귀)숭경을 창부낭중(倉部郎中) 겸어사중승(兼御史中丞)에 제수하고 자금어대(紫金魚袋)를 주어 (전왕에 대한) 조문과 (신왕을) 책립하는 사신을 맡게 하였다. 바다 한가운데에 이르렀는데 파도가 휘몰아쳐 배가 파괴되고 물이 새니 (함께 있던) 무리가 모두가 놀랐다. 뱃사람[舟人]이 작은 배로 옮겨가 (귀)숭경에게 화를 피하라고 하였으나 (귀)숭경이 말하기를, "배 안에 수백 사람이 있는데, 나만 어찌 홀로 살겠는가?"라고 하고, 나아가지 않으니 파도가 점차 잠잠해져 마침내 화를 면하게 되었다. 예로부터 신라에 사신으로 간 자들은 바다 동쪽에 이르면 구하는 것이 많았으니, 더러는 재물과 비단을 가지고 가서 무역을 하여 이익을 얻는 것을 꾀하였다. (그러나) (귀)숭경이 일체 그것을 거절하였으니 동이 사람들이 그의 덕을 중히 여겨 칭송하였다.

귀숭경은 768년(혜공왕 4) 신라에 사신으로 왔던 당의 관리다. 《구당서》 열전에는 그가 신라에 사신으로 오게 된 경위와 과정을 기록하고 있는데, 이 가운데 흥미로운 내용이 보인다. 바로 그보다 앞서 신라의 사신으로 왔던 자들이 개인적으로 재물과 비단을 가지고 와 교역을 행하며 이익을 꾀하였다는 내용이다. 이는 결코 당(唐) 사신만의 일탈은 아니었을 것이다. 이처럼 당시 사신은 공적으로든, 혹은 개인의 이익을 위해서든 상대국에 가서 교역을 진행하였다. 상인 집단이 주도하는 사무역이 발달하기 전까지, 삼국과 중국 간 교역의 키를 쥐고 있던 사람은 사신이었던 것이다.

고대 사람들의 '잇템(it item)'

교역의 방법과 절차도 중요하지만 교역의 핵심은 무엇보다 주고받은 물건에 있다. 삼국과 중국의 경우 조공무역이라는 공적 교역을 추진했으므로, 다른 형태보다 교역품에 제약을 두었던 것은 분명하다. 또한 조공-회사품과 교역품의 경계가 불분명한 것도 사실이다. 하지만 조공과 회사가 가치판단에 따른 교환의 형식을 띠고 있으므로 조공·회사품을 교역품으로 치환해 보는 데 큰 무리가 없을 듯하다. 그리고 이것이 물자의 교환이라는 교역의 성격을 가지고 있는 한, 당시 사람들의 필요와 완전히 분리될 수는 없었을 것이다. 사람들의 욕구를 충족시킬 수 없다면, 조공·회사품으로서 가치가 떨어지기 때문이다. 이 장에서는 삼국과 중국의 교역품, 이른바 '물[水] 건넌 물건[物]'을 추적해 보자.

먼저 삼국에서 중국으로 건너 간 것에는 어떤 것이 있었을까. 관련 문헌에는 대체로 '(고구려/백제/신라가) 사신을 보내 방물을 바쳤다.'라고만 기록되었을 뿐, 물품의 구체적인 종류나 구성, 수량 등이 자세히 기록되어 있지 않다. 하지만 흩어진 사료를 모아 보면, 대체로 다음의 물건들이 전해졌음을 알 수 있다.

첫째, 철(鐵), 금(金), 은(銀)과 같은 광물이다. 시기가 조금 이르긴 하지만 변진(弁辰)의 경우, 양질의 철이 나와 한(韓)·예(濊)·왜(倭)뿐만 아니라 중국의 군현에서도 철을 사 갔다고 한다. 또한 고구려와 신라의 관련 기록에는 금, 은에 대한 이야기가 자주 확인된다. 실제 《위서》 고구려전에는 고구려가 북위에 해마다 황금 200근, 백은(白銀) 400근을 바쳤다는 기록이 있다. 북위시기 1근이 대략 550그램 정도라고 하니, 매년 상당량의 금·은이 중국으로

1692년 니콜라스 비천이 출간한 《북동타타르지(Noord en Oost Tartarye)》에 수록된 인삼(nisi) 삽화

건너갔음을 알 수 있다. 더구나 금과 은은 화폐 대용으로 사용되었기 때문에 더욱 선호되었을 것이다.

둘째, 약재류이다. 최근 K-뷰티의 열풍으로 화장품에 그 자리를 내주었지만, 얼마 전까지만 해도 인삼은 한국을 대표하는 산물이었다. 인삼의 인기는 과거에도 다르지 않았는데, 삼국 중에서 백제 인삼에 대한 평가가 좋았다. 전북 금산(錦山)이 오늘날까지 인삼의 대표 산지로 유명한 것이 우연만은 아닌 듯하다. 인삼 외에도 다양한 약재들이 중국에 전해졌다. 남조 송·양대 살았던 도홍경은 자신의 저작에 고구려, 백제 등 삼국의 약재 정보를 상세하게 기록해 두었다. 특히 도홍경은 고구려산 금가루[金屑], 은가루[銀屑], 오미자(五味子), 다시마[昆布], 백부자(白附子), 느릅나무 열매[蕪荑] 등을 언급하며 그 효능과 품질의 우수성을 논하고 있다. 또한 신라가 당에 보낸 조공품에 인삼, 우황(牛黃), 두발(頭髮)이 빠지지 않았다. 이로 보아 약재는 중국에서 각광받은 교역품이었음을 알 수 있다. 이 밖에 담비가죽[貂皮]이나 각종 비단과 같은 직물류도 삼국에서 중국으로 건너간 대표 산물이었다.

한 가지 흥미로운 사실은 삼국이 중국에 보낸 물품 중에는 자국의 산물이 아닌 것도 포함되었다는 점이다.

정시(正始) 연간 세종이 동당(東堂)에서 (고구려의) 사신 예실불(芮悉弗)을 불러 보았는데, 예실불이 말하기를, "저희는 천극과 같은 북위를 정성으로 이으며, 여러 대에 걸쳐 지극한 정성으로 하여 이 땅에서 난 산물을 왕부의 공물로 빠뜨린 적이 없었습니다. 다만 황금은 부여에서 나고, 흰 옥돌[珂]은 섭라에서 나오는데, 지금 부여는 물길에게 쫓겨났고, 섭라는 백제에게 병합되었습니다. 국왕인 신 (고)운은 끊어진 것을 잇는 의를 생각하여 (부여와 섭라의 사람들을) 모두 경내로 옮겼습니다. 두 가지 물품이 왕부에 오르지 못하는 것은 실로 두 도적 때문입니다."

제시한 글은 고구려 문자명왕대 사신으로 간 예실불과 북위 세종 간의 대화 내용이다. 고구려가 북위에 보낸 것 중 황금과 흰 옥돌이 있음이 언급되어 있는데, 눈여겨봐야 할 것은 이 물품들의 산지다. 예실불은 황금은 부여, 흰 옥돌은 섭라에서 난 것이라고 하였다. 섭라의 경우 실체를 두고 논쟁이 있지만, 확실한 것은 두 곳 모두 고구려 강역 밖에 있는 주변이었다는 점이다. 이처럼 고구려가 북위에 가져간 것 중에 주변국 산물도 섞여 있었다.

다른 기록에서도 비슷한 사례가 확인된다. 백제·고구려의 인삼에 대해 서술한 《본초경집주(本草經集注)》를 보면, 백제가 고구려에 신속되어 있으므로 고구려가 자국뿐 아니라 백제의 인삼도 공물로 바쳤다고 되어 있다. 실제 백제가 고구려에 신속되었는지의 여부를 차치하더라도, 고구려가 보낸 물품에 백세에서 난 인삼이 포함되었음을 알 수 있다. 남조에서 고구려 특산품으로 유명한 담비가죽도 마찬가지다. 이중 일부는 고구려에서 난 것도 있었지만, 그보다는 북방 유목국가에서 생산한 가죽이 훨씬 많았다. 실제

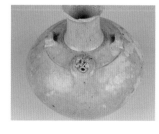

1990년대 중반 러시아 베흐르 칼진 2호 고분에서 출토된 모피코트(왼쪽)
2018년 하남 공동주택지구 조성사업부지에서 발굴된 청자호수호(靑磁虎首壺)

고구려는 유목 세력의 특산품을 그대로 활용하거나, 혹은 이를 2차 가공하여 자신들의 산물인 양 이용하기도 하였다. 여기에서는 주로 고구려의 사례를 들었지만, 백제, 신라도 이와 다르지 않았을 것이다. 이처럼 삼국은 자국뿐 아니라 주변에서 구한 특별한 물품들을 교역에 적극 활용하였다.

삼국의 경우, 중국이 생산하거나 중국에 모여든 진귀한 것들을 원하였는데, 각종 장신구나 고급 견직류, 도자기 등이 이에 해당한다고 할 수 있다. 그중 발굴 조사 등을 통해 비교적 그 흔적을 확인할 수 있는 것이 도자기이다. 다량의 도기와 자기편이 몽촌토성, 풍납토성에서 발견되었으며, 이보다 양은 소략하나 고구려 국내성 유지에서도 관련 물질 자료가 확인되었다. 2018년에는 하남 공동주택지구 조성사업부지에서 완전한 형태에 가까운 닭 머리 모양 청자항아리[靑磁鷄首壺]와 호랑이 머리 모양 청자항아리[靑磁虎首壺]가 발견되어 많은 이들을 관심을 받았다. 특히 하남에서 출토된 것은 국내 최초로 발견된 청자 계수호·호수호라는 점에서 더욱 주목받았다. 이와 같은 물질 자료는 삼국, 특히 백제가 중국 남조로부터 다량의 물품을 입수한 정황을 보여 주는 실제 사례이다. 물론 이것이 조공에 따른 회사품인지, 아니면 다른 루트를 이용한 교역의 산물인지 정확히 알기는 어렵다. 다만 출토 양이나 상태 등을 종합적으로 검토했을 때, 당시 도자기는 많은 이들이 하나쯤 소유하고 싶어했던 '잇템'이었다고 할 수 있다.

중국에서 온 것 중에는 물건이 아닌 것도 있었다. 주지하듯이 삼국에게 중국은 그동안 알지 못했던 새로운 세계와 마주할 수 있는 일종의 창구였다. 당시 지배층이나 지식인들은 이 창구를 활용, 물질적 욕구뿐 아니라 학문이나 기술, 신앙 등 비물질적인 면도 충족시키고자 하였다. 특히 수요가 컸던 것은 불교와 관련된 것이었다. 일례로 백제 성왕이 양무제에게 사신을 보내《열반경》등 경전의 의소(義疏)를 요청하자 무제가 이를 보내 주었다는 내용이《양서》백제전에 전한다.《열반경》이 5세기 초 한역(漢譯)된 경전이었음을 고려할 때, 관련 내용과 정보가 상당히 빨리 삼국에 전해졌음을 생각해 볼 수 있다. 실제 6세기 중반 이후가 되면, 인도에서 중국에서 전해진 불교 신앙이나 경전, 학설, 의례나 관련 용구는 거의 시간 차 없이 삼국에 전해졌다고 한다.

지면과 사료의 한계로 간략하게 살펴보았지만, 이 밖에도 많은 것들이 삼국과 중국 사이를 오갔을 것이다. 사실 교역은 그 출발부터가 자신이 속한 테두리, 경계를 벗어나 새로운 세계로 나가는 일이다. 즉 어떤 방식으로 어떠한 물건을 주고받든지 간에 교역을 행하는 그 과정 자체가 어제와는 다른 곳으로 나아가는 길이었다. 삼국과 중국이 비록 조공무역이라는 다소 제한적인 형태로 교역을 전개했던 것은 분명하다. 하지만 새로운 세계를 향해

한 발 내딛었다는 점, 그를 통해 새로운 것을 받아들이고, 결과적으로 스스로를 변화시켜 나가려 했다는 것만으로도 교역의 진정한 의미를 이미 체득하였던 것은 아닐까.

백다해_이화여대 강사

일본으로 간 신라 무역선

윤선태

요즘 '한류(韓流)'가 세계 시장을 지배하고 있다. 'BTS' 열풍에서부터, 삼성전자의 반도체 시장 석권에 이르기까지, 세계의 남녀노소 모든 사람에게 한류가 새로운 문화 코드로 등장하였다. 그런데 오래전 8~9세기에도 신라의 교역품이 아시아인들의 마음을 사로잡았다. 그야말로 날개 돋친 듯 팔려 나갔다. 섬 소년 장보고가 일약 청해진의 해상왕으로 성장할 수 있었던 것도 중국과 일본 사이의 중계무역을 장악했기 때문이었다.

이렇게 말해도 당시 신라의 상품이 해외에서 얼마나 호평을 받았는지 실감이 나지 않을 것이다. 그러나 이 문제는 그 시절 신라의 '히트 상품' 하나만 살펴보면 쉽게 풀린다.

안성맞춤보다는 '신라맞춤'

8세기에 신라의 대표적 수출품은 놋쇠로 만든 유기(鍮器)였다. '안성맞춤'이라는 말까지 만들어 낸, 조선의 뛰어난 유기 기술도 실은 신라에서 비롯된 것이다. 신라의 장인들은 대접이며 쟁반, 숟가락 등 놋쇠로 만들지 못하는 것이 없었다. 화려한 금빛의 신라 유기는 일본의 귀족층을 유혹하는 제일의 상품이었다.

신라에서는 이 유기를 '삽라(迊羅)'라고 불렀는데, 일본은 이것을 수입하면서 삽라라는 이름도 그대로 받아들였다. 이로 인해 8세기 이후 일본에서는 유기를 '사후라'라고 불렀다. 사후라는 삽라를 일본식으로 발음한 것이다.

그러나 시간이 흐르면서 일본인들은 이 말이 어디에서 왔는지도 모르면서 사용하게 되었다. 재미있게도 10세기경의 일본 문헌에는 이 사후라의 원래 뜻이 유기 생산으로 유명한 '신라(新羅)'를 뜻하는 말이라고 설명하고 있다. 마치 중국의 도자기에 흠뻑 빠져 버렸던 영국이 도자기를 '차이나(중국)'라고 불렀던 것처럼, 이때의 일본도 유기를 '신라'라고 부르면서, 한반도에서 건너 온 유기에 온통 마음을 빼앗겼다.

더욱 흥미로운 점은 이와 비슷한 인식이 중국에서도 확인된다는 것이다. 중국에서는 12세기경에 유기를 '시라(廝羅)'라고 불렀다. 그런데 당시 중국의 어떤 학자는 신라와 고려의 막대한 구리 생산과 유기 제작에 관한 글을 읽고, 자신들이 사용하는 '시라'가 혹 유기 생산으로 유명한 신라의 옛 이름인 '시라(斯羅)'에서 온 것이 아닐까라고 추측했다. 이처럼 당시 일본과 중국은 모두 '유기 하면 신라'라고 인식하고 있었다. 그만큼 신라의 유기는 동아시아에서 '없어서 못 파는' 유명 상품이었다.

이러한 신라의 유기 외에도 당시의 교역 과정을 엿볼 수 있는 자료는 의외로 많이 남아 있다. 1,200년 전 일본에 수출했던 신라의 교역품들이 빛깔도 선명하게, 당시의 포장 그대로 남아 있다고 한다면, 여러분들은 아마 믿지 않을 것이다. 그러나 이 말은 조금도 보탬이 없는 사실이다. 백문이 불여일견! 이제 그 물품들을 하나하나 살펴보도록 하자.

천 년의 유물을 간직한 쇼소인

8세기 대에 일본의 수도였던 나라[奈良]에는 18미터나 되는 거대한 노사나대불로 유명한 도다이사[東大寺]가 있다. 일본은 이 절과 대불을 나라시대 일본 불교의 상징으로 자랑하고 있지만, 실은 신라의 승려 심상(審祥)과 백제 유민의 후손인 국군마려(國君麻呂)가 빚어 낸 작품이다. 이처럼 고대 일본의 '나라 문화'는 삼국의 선진적인 사상과 기술에 강한 세례를 받고 있었다.

그런데 도다이사에는 이를 더욱 구체적으로 확인시켜 주는 곳이 더 있다. 바로 도다이사의 보물 창고인 쇼소인이다. 놀랍게도 이 창고는 천 년이 훨씬 넘은 나라시대 일본 왕실과 도다이사의 일상 용품들을 현재까지도 손상 하나 없이 보존해 왔다. 9,000여 점이나 되는 이 유물들은 거짓말처럼 처음 만든 그대로의 빛깔을 간직하고 있다.

나라시대의 일본 지배층이 사용한 이 쇼소인의 유물에는 일본산도 있지만, 실크로드나 바닷길을 통해 들어온 아라비아나 중국, 동남아시아산의 유물들이 상당한 비중을 차지하고 있다. 일본은 이를 통해 자신들을 '실크로드의 종착지'로 선전하며, 고대 일본이 세계 문화와 호흡하고 있었음을 자랑한다.

당시 일본 지배층은 이 이역의 물품들을 어떻게 손에 넣을 수 있었을까?

쇼소인 전경
쇼소인은 천 년도 훨씬 넘은 나라시대의 보물들을 손상 없이 깨끗하게 보관해 온 곳이다. 현재 이 유물들 일부를 1년에 한 번씩(10월경) 나라국립박물관에서 전시한다.

현재 일본은 이 유물들이 중국에 갔던 일본의 사절단이나 승려 등에 의해 구입된 것이라고 설명하고 있다. 물론 쇼소인의 유물 중에는 이러한 경로로 들어온 것도 있을 것이다. 그러나 당시 일본은 항해 기술이 뒤떨어져 대외 진출이 활발하지 못했고, 중국과의 교류도 미미했다. 결국 일본 측의 설명은 당시의 상황과 맞지 않는다.

1975년 경주의 안압지 발굴이 시작되면서 이러한 의문은 곧 풀리게 된다. 왜냐하면 신라의 지배층들이 사용했던 안압지의 유물이 쇼소인의 유물과 너무나도 유사했기 때문이다. 실례로 안압지에서 발굴된 청동 가위는 마치 한 사람의 장인이 만든 것처럼 쇼소인의 것과 형태나 문양이 거의 똑같다.

이처럼 당시 양국의 지배층들이 유사한 취향의 물품들을 사용하고 있었던 것은, 8세기 이후 동아시아의 무역을 장악했던 신라의 교역권 내에 일본이 자리 잡고 있었기 때문이다. 당시 일본인에게 신라의 배는 거친 파도도

안압지의 청동 가위(왼쪽, 국립경주박물관 소장)**와 쇼소인의 청동 가위**
이 가위들은 재질, 크기, 표면 문양, 가윗날 위에 붙여 놓은 원호(圓弧) 모양의 동판, 구름 모양의 손잡이 등 마치 한 사람의 장인이 만든 것처럼 흡사하다. 두 가위 모두 초 심지를 자르는 용도인데 심지가 흩어져 떨어지지 않게 가윗날 주위에 둥근 테두리가 있다.

헤치고 나아가는 신화적 존재였다. 만약 쇼소인의 유물 속에 신라의 무역선을 타고 들어온 물품이 있다면, 이 유물들은 당시의 교역 과정을 그 무엇보다도 생생히 지켜보았을 것이다. 이제 천 년의 잠에 빠져 있는 쇼소인의 유물을 일깨워 그때의 일을 들어 보도록 하자.

수출용 포장 그대로의 신라 유물

쇼소인에는 신라에서 제작한 것이 확실한 물품이 의외로 많다. 우선 〈신라촌락문서〉가 발견되어 유명해진, 불경을 쌌던 신라의 '경질(經帙)'이 있다. 이외에도 신라 토기에 담겨져 일본으로 건너간 '신라 양지(羊脂)'나 '인삼'과 같은 약품이 있다.

또 당시 일본에서 '신라금'으로 불렸던 가야금도 있다. 이 가야금에는 앞면 하단에 넓게 금박의 물결무늬가 입혀져 있고, 그 사이 곳곳에 수초가 금으로 아름답게 장식되어 있다. 줄을 거는 기러기발[안족(雁足)]에도 금으로 수초를 새겨 놓아, 화려하기가 이루 말할 수 없다. 지금이라도 연주하면 물결을 스치며 날아가는 한 떼의 기러기가 얼어붙은 천 년의 소리를 전해 줄 것만 같다.

이러한 신라의 경질이나 약품, 가야금 등은 신라가 일왕에게 선물로 증정하여 일본으로 건너갔을 가능성이 있지만, 쇼소인에 현재 남아 있는 유물에는 신라와 일본 간의 상업적 교역을 전제하지 않고는, 그 유입의 경로를 설명할 수 없는 것도 매우 많다.

그중의 하나가 나라시대에 도다이사 승려들이 사용했던 쇼소인의 유기 제품들이다. 쇼소인의 유기에는 현재 일본의 다른 곳에서는 사용하지 않는 '사하리'라는 명칭이 유독 붙어 있다. 쇼소인에는 대접 436개, 접시와 쟁반 700개, 숟가락 345개 등 매우 많은 양의 사하리 제품이 보관되어 있다. 그런데 이 '사하리'는 앞서 언급한 사후라처럼 신라 유기 '삽라'의 일본식 변음이다. 쇼소인의 유기에 특별히 사하리라는 말이 붙어 있는 것으로 보아, 이 유기들은 신라산으로 추정된다.

이를 증명이라도 하듯 사하리 가반(加盤)의 대접 사이에서 8세기 초반에 작성된 신라의 고문서가 발견됐다. 가반은 크기가 점점 줄어드는 대접을 여러 개 포개고, 그 위에 뚜껑을 덮은 대접 세트를 말한다. 이 대접 사이에서 발견된 고문서는 신라에서 유기 표면에 흠집이 나지 않도록 끼워 넣은 '포장용 종이'로 추정된다.

당시 신라는 다 쓴 공문서를 폐지로 수거하여 물품의 포장에 재활용했다.

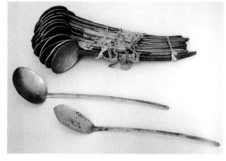

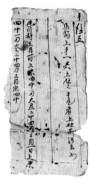

쇼소인의 사하리 가반(위)과 숟가락, 그리고 신라 포장지(공문서 재활용) (도다이사 쇼소인 소장)
신라는 이 대접과 숟가락을 포장할 때, 유기 표면에 흠집이 나지 않도록 다 쓴 공문서를 폐지로 사용하여 끼워 넣거나 감아 놓았다.

현재 쇼소인에는 일본이 신라로부터 구입한 후 한 번도 사용하지 않아, 구입할 당시 그대로 보관되어 온 사하리 숟가락 세트가 있다. 이 세트는 원형과 타원형의 숟가락 두 개를 한 벌로 하여 이를 종이로 감고, 이런 것 열 벌을 가지런히 겹친 다음, 전체 숟가락 20개를 노끈으로 튼튼하게 묶어 놓았다.

이러한 사하리 제품들은 그 양이나 포장 그대로 남아 있는 유물의 상태로 볼 때, 도다이사 사찰이 어떤 경로를 통해 다량으로 구입했을 가능성이 높다. 도다이사는 이 유기를 신라로부터 직접 사들였을까? 만약 그렇다면 당시의 교역은 어떤 방식으로 이루어졌을까? 이 문제를 해결해 줄 단서도 쇼소인에 남아 있다.

신라 수출품의 상표와 라벨

쇼소인에는 모전(毛氈)이 약 50장 소장되어 있다. 모전은 양모(羊毛)를 알칼리성 용액에 담근 뒤 압축하여 만든 순모 깔개를 말한다. 모전은 단색으로 된 것을 색전(色氈), 다양한 색깔의 털로 문양을 넣은 것을 화전(花氈)이라고 구분하여 부른다.

그런데 쇼소인의 모전 중에는 글씨가 적혀 있는 마포(麻布)가 한쪽 귀퉁이에 꿰매어져 있는 특이한 색전과 화전이 각각 하나씩 남아 있다. 이 색전의 마포에는 1행에 '자초랑택자칭모일(紫草娘宅紫稱毛一)'이라고 기록되어 있고, 화전의 마포 1행에는 '행권한사가화전일(行卷韓舍價花氈一)'이라고 기록되어 있다. 그리고 2행에는 공통으로 모두 '염물득추우(念物得追于)'라는 상용구가 기록되어 있다.

화전의 '한사'는 신라의 관등(官等)이고, 두 곳에 공통으로 기록된 '염물득추우'는 신라의 이두(吏讀)가 분명하다. 비록 두 마포의 필체는 다르지만, 글의 내용과 순서가 유사한 것으로 보아 신라인에 의해 작성된 것임을 알 수 있다. 이 두 장의 순모 깔개는 일본이 신라로부터 구입한 후, 한 번도 사용하지 않아 마포가 뜯기지 않은 채 보관됐던 것으로 추정된다. 당시 신라는 일본으로 보내는 모전에 왜 이런 글을 기록했을까? 이 마포의 용도는 무엇일까?

이와 관련하여 쇼소인에 있는 유선형의 먹 두 자루에 각각 '신라양가상묵(新羅楊家上墨)', '신라무가상묵(新羅武家上墨)'이라는 명문이 있어 주목된다. 이 '양가'와 '무가'는 먹을 제조한 신라의 생산처이며, '상묵'은 상등품의 먹으로 해석된다. '신라'라는 글귀로 볼 때, 이 먹들은 신라에서 수출용으로 제작한 것이 분명하다. 신라는 대일 교역에 내놓을 자기 제품의 신뢰도를 높이고, 품질을 보증하기 위해, 먹을 생산할 때 특별히 이 글귀를 기록한 것으로 추정된다. 그렇다면 신라 먹의 명문은 요즘의 '상표'와 유사한 것이라 할수 있다.

이러한 점에서 모전의 마포에 기록된 글귀도 어느 정도 해석할 수 있다. 신라에는 양모가 나지 않지만, 이를 수입하여 왕실이나 귀족의 공방(工房)에서 직접 모전을 생산했다. 따라서 마포에 기록된 '행권한사'와 '자초랑댁'은 모전 공방을 갖추고 있던 신라 귀족의 이름이나 집 이름으로 추정된다. 신라에서는 부유한 귀족의 집을 '댁(宅)'으로 높여 불렀다.

이 신라산 모전은 원산지와 자웅을 겨룰 정도로 품질이 매우 우수했다. 8세기 중반에 경덕왕이 당나라 대종(代宗)에게 선물한 오색빛의 모전은 그 문양 속의 화초와 벌레가 실제와 방불하여 중국인의 눈을 놀라게 했다. 또 9세기 초반에는 중국으로부터 수입한 모전을 신라산보다 하등품으로 취급할 정도로 신라의 양모 가공 기술은 대단했다. 이로 볼 때 마포에 기록된 '자칭모'와 '가화전'은 자초랑댁과 행권한사의 공방에서 생산된 특정 모전의 이름으로 추정된다.

신라양가상묵(도다이사 쇼소인 소장)
양가(楊家)라는 공인 집단에서 생산된 신라의 먹이다.

색전과 마포(원 안, 도다이사 쇼소인 소장)
색전에는 이를 생산한 신라 귀족의 집 이름[자초랑댁(紫草娘宅)]과 해당 색전의 신라식 명칭[자칭모
(紫稱毛)]이 기록된 마포가 붙어 있다.

　그렇다면 마포에는 모전의 생산처와 해당 모전의 신라식 명칭이 기록되
어 있다고 할 수 있다. 결국 마포도 신라 먹의 명문처럼, 물품에 관한 정보
를 구매자에게 전달했을 가능성이 높다. 만약 이러한 추정이 옳다면, 이 마
포는 오늘날 의류 제품 등에 매달아 놓은 물품의 라벨(label)과 유사한 것이
된다. 또한 신라 먹과 모전으로 볼 때, 다른 교역품에도 비슷한 방식으로 물
품에 관한 정보를 기록한 명문이나 꼬리표들이 부착되어 있었고, 구매자는
이를 열람하여 물품을 매입했을 것으로 추정된다.
　이러한 추정은 곧 사실로 드러난다. 쇼소인의 미인이 속살을 드러내자,
신라와 일본의 교역 과정을 보여 주는 가장 싱싱한 자료가 쏟아져 나왔다.

병풍 속에서 드러난 752년의 대일 무역

쇼소인에는 나무와 바위를 배경으로 풍만한 미인이 서 있고, 여인의 옷을 실제의 새털로 장식한 6폭의 〈조모입녀(鳥毛立女)〉 병풍(屛風)이 있다. 그런데 이 병풍의 배접지와 화면 속지에 사용된 종이가 예사 종이가 아니어서 학계의 큰 주목을 받았다.

현재까지 30여 장이 수습된 이 종이는 752년에 일본의 귀족들이 신라 사절단이 가지고 온 교역품을 구입하기 위해, 자신들이 살 물품의 이름과 수량, 총가격을 기록하여, 일본의 관할 관청에 제출한 문서로 밝혀졌다. 이 문서들은 신라 물품의 매입 허가를 신청한 문서라는 점에서 〈매신라물해(買新羅物解)〉라고 불리고 있다.

이 문서에 따르면 당시의 대일 교역품에는 인삼 등의 약초, 소방(蘇芳)과 같은 염료, 황금 및 기타 광물, 삽라 등의 식기류, 다양한 의례 용구, 모전, 식용품, 피혁 제품, 책 등 신라에서 생산된 온갖 일상 용품들과 중국 시장이나 아라비아 상인에게서 구입한 실크로드의 희귀한 향료, 약품, 화장품, 염료 등이 총망라되어 있다. 이 물품들은 부피가 작으면서도 값이 비싼 것들로, 많은 물건을 배에 실을 수 없었던 신라가 가장 짭짤한 이윤을 생각하며 준비한 것이다.

현재까지 발견된 문서에 따르면 당시 신라는 일본에 100여 종의 물품을 200점 정도 판매했다. 그러나 이 문서는 요행히 남은 것들이고, 그것도 국가의 공식적인 허가를 받은 것에 불과하다. 이외의 사적인 거래를 고려한다면, 당시의 무역량은 매우 컸을 것이다. 결국 당시 신라 사절단은 단순한 외교관이 아니라, 세계 최고의 물품들을 구비하고, 대규모 판매에 나선 능란

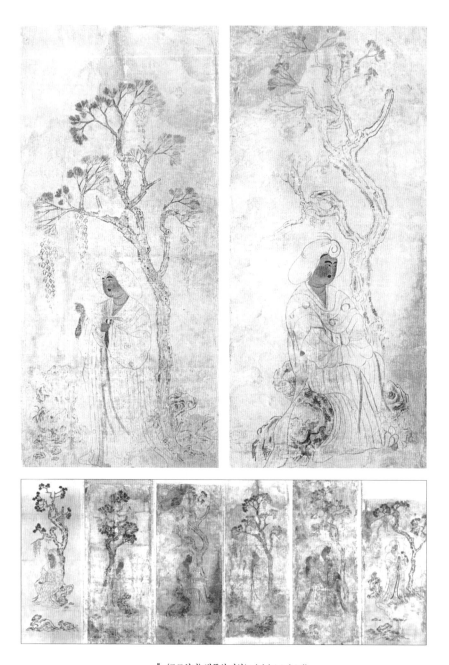

⟨조모입녀⟩ 병풍의 미인(도다이사 쇼소인 소장)
이 병풍의 수리 때 752년에 작성된 일본의 교역 관련 문서가 나왔다. 이를 통해 당시 신라 교역품의 면면과 교역 상황을 생생히 확인할 수 있다.

한 장사꾼이었다. 또한 이 문서로 볼 때, 쇼소인에 소장된 나라시대 일본 지배층의 유물은 그 상당수가 신라의 사절단을 통해 구입됐음을 알 수 있다.

그런데 이 〈매신라물해〉에서 무엇보다도 주목되는 것은, 신라 모전의 마포에 적혀 있는 '염물(念物)'이 이 문서에도 대부분 기록되어 있다는 점이다. 여기에서 '염물'은 '신라 물품'의 뜻으로 쓰였다. 아마도 당시 일본인이 〈매신라물해〉를 작성할 때, 신라 교역품에서 모전의 마포와 같은 꼬리표를 매우 많이 보았고, 신라인이나 통역을 통해 그 뜻을 이해하였기 때문에 자신들의 공문서에 이 신라 이두를 사용하였던 것으로 추정된다. 또 일본인들은 자신들에게 생소한 물품 이름은 신라인이 부착한 꼬리표에 의거하여 〈매신라물해〉를 작성했다. 이는 〈매신라물해〉에 '삽라', '염물'과 같은 신라 이두나 신라식 한자가 그대로 기록되어 있는 것으로 잘 알 수 있다.

결국 〈매신라물해〉와 신라 상품에 붙어 있던 라벨을 종합적으로 이용하면 당시의 교역 상황을 그 무엇보다도 생생히 확인할 수 있다. 이제 이 자료들을 활용하여, 752년에 일본을 향해 출발한 신라 사절단을 따라가 보자.

신라 상품으로 넘실거린 오사카의 시라기에

삼국 통일 이후 신라 왕실과 귀족은 두 배로 확대된 영토와 인구 속에서 풍요를 누리고 있었다. 7세기 말에는 경주에 시장이 세 곳으로 늘어날 정도로 지배층의 재화 욕구는 폭발적으로 증가했다. 우수한 장인을 장악한 왕실과 귀족들은 개별 공방을 차려 사치품을 직접 생산했지만, 이것들은 품질이나 종류 면에서 그들을 만족시킬 수 없었다. 자연히 그들은 세계의 화려한 물산이 집중된 중국과 해외시장으로 눈을 돌렸다. 이때 일본은 중국과의 교역에서 손해 본 부분을 만회해 준 신라의 가장 확실한 시장이었다.

752년 윤 3월 22일 700여 명에 달하는 대규모 신라 사절단이 7척의 배를 이끌고 규슈[九州] 북단의 하카다[博多: 지금의 후쿠오카]항에 도착했다. 이곳에는 사절단의 통관을 심사하던 다자이후[大宰府]가 설치되어 있었다. 신라는 그동안 의전 절차 문제로 일본과 옥신각신하여 번번이 다자이후에서만 약간의 물품을 팔고 발길을 돌리지 않을 수 없었다. 그러나 이번에는 일본 측의 심사를 달래기 위해 신라 왕족과 고위 관리를 대표로 임명하는 등 이 교역에 남다른 열정을 쏟았다.

당시 일왕은 거만한 신라를 단죄한다며 겉으로는 '불바다'의 엄포를 놓았지만, 실은 일본 왕실과 귀족들의 사치욕 때문에 신라와 규슈 사이의 비공식적인 교역을 인정하지 않을 수 없었다. 당시 신라 교역품은 하나같이 종래에 볼 수 없었던 화려한 물품들이었고, 이것들은 일본 지배층을 아편처럼 유혹했다. 결국 일왕도 신라와의 관계를 강경 일변도로 밀어붙일 수만은 없었다.

일왕의 체면을 살려 준 덕분인지 752년의 사절단은 쉽게 입국이 허가됐다. 사절단은 하카다를 출발하여 칸몬해협과 세토[瀨戶]내해를 통과하여 지금의 오사카인 나니와[難波]에 도착한다. 당시 나니와는 일본의 부도(副都)로서 다자이후와 수도 나라를 연결하던 교통의 요지였다. 이곳에는 세토내해를 통해 해운으로 운송된 서일본의 풍부한 물자가 일차적으로 집적됐다가 호리에가와[堀江川], 요도가와[淀川], 기츠가와[木津川]로 이어지는 수운을 통해 수도인 나라로 보내졌다.

이 중에서도 바다로 열려 있던 호리에가와가 그 지리적 조건으로 인해 나니와 경제의 핵심이었다. 당시 지배층과 중요 사찰의 장원들도 이 호리에가와를 따라가며 포진하고 있었다. 이곳에 집적된 물자들은 지배층이 필요로 하는 물품과 교환되어 수도로 운송됐고, 이로 인해 지배층의 배와 각지의 상선들이 호리에가와로 몰려들었다.

그런데 이 호리에가와의 유통경제망은 곧바로 신라와 연결된다. '호리에[堀江]'라는 명칭은 강의 범람을 막기 위해 물길을 바다로 잘 통하게 '굴착한 강(堀江)'이라는 뜻에서 붙여진 것이고, 나라시대의 실제 이름은 '시라기에[新羅江]'였다. '시라기(신라)'라는 강(江, 에)의 이름은 여기에서 번성한 신라 물품의 교역 때문이다. 일본 지배층이나 상인들은 이 강에 오면 신라 물품을 쉽게 구할 수 있었다. 신라 교역선이 오가면 이곳 지배층의 장원에 많은 신라 물품이 집적됐기 때문이다.

▌ 752년 신라 사절단의 일본 사행로

도다이사 사찰의 장원인 '시라기에노조[新羅江莊]'도 그중의 하나였다. 도다이사는 752년 1월에 신라 교역선이 온다는 정보를 듣고, 이 장원의 대안(對岸)에 또 다른 장원을 구입했을 정도로 이곳 시라기에에서의 교역에 열중했다. 도다이사에서 파견된 교역사는 사찰의 필요 물자를 매입하여, 시라기에의 장원 창고에 보관했다가 수운을 통해 나라의 도다이사로 실어 날랐다. 쇼소인의 사하리 제품, 의례 용구, 불경도 바로 도다이사의 교역사들이 신라 사절단으로부터 직접 사들인 것이다.

시라기에에는 일본 왕실에 물품을 조달하던 관청인 조쿠시쇼[勅旨省]의 장원도 있었다. 그 장원에는 망소(芒消)를 집적했던 창고 시설이 있었는데, 망소는 이뇨 효과가 탁월한 약품이며 화장품인 군청(群靑)의 제조에도 쓰였다. 망소는 중국의 서북부가 원산지인데, 752년의 신라 교역품 속에도 들어 있었다. 당시 망소는 일본 귀족의 당뇨병 치료제로 널리 쓰여 수요가 많았고, 이로 인해 일본이 신라와 사이가 좋지 않을 때에도 신라와 규슈 사이의 비공식적인 교역망을 통해 많은 양이 수입되었다. 고대 일본의 어떤 책에는 마치 망소가 규슈에서도 재배·생산되었던 것처럼 기술하고 있는데, 이는 당시 일본 정부가 신라와 규슈의 사적 교역 관계를 은폐하고 유통시켰기 때문이다.

이처럼 나니와의 시라기에에는 그 이름에 걸맞게 신라와 고대 일본의 상품 교역에서 매우 중요한 역할을 수행하고 있었다. 이 시라기에에는 현재 오사카 동편을 흐르는 덴민카와[天滿川]이다. 오사카에 들를 일이 있으면 꼭 가 보시라, 신라 상품으로 넘실거린 그때를 생각하며!

염물 얻으오! 신라 물품 사시오!

신라 사절단의 본진 370여 명은 다자이후에 도착한 이후 두 달 반 이상 걸려, 6월 14일 최종 목적지인 일본의 수도 나라에 도착한다. 원래의 700여 명 중 절반 정도는 다자이후나 나니와에 계속 체류하며 사무역에 종사했다. 나라 도착이 늦어진 것도 이들 중간 기착지에서의 교역이 활발했기 때문이다.

사절단은 나라의 객관(客館)에 들어서자마자 당장 내일부터 몰려올 일본 귀족이나 그들의 가신(家臣)들을 위해, 교역품을 보기 좋게 전시하느라 바쁘게 움직였다. 일본에서도 사절을 접대하거나, 교역품을 점검할 관리들이 나와 신라 사절들과 의전 절차나 물품의 가격 등을 논의했다. 당시 이 객관에서는 6월 15일 이후 한 달 이상 양국 간에 공무역이 행해졌다.

신라에서 이를 준비한 관청은 왜전(倭典)이다. 왜전은 왕실의 직속 기구다. 그만큼 신라 왕실은 일본과의 교역에 강한 집착을 가지고 있었다. 이러한 무역 구조로 인해 왕권과 결탁된 특권 귀족층만이 대일 교역의 이익을 왕실과 나누어 가질 수 있었다. 사절단에 임명된 이들의 심복들은 공무역을 수행하는 외에, 일본 권력자의 장원에서 지배층 간의 사무역을 주도했다. 그렇지만 기타 귀족들은 왜전을 통한 위탁판매의 형태로 교역에 참여하였다.

신라에서 사절단의 방일이 결정되었을 때, 가장 분주한 것은 왜전이었다. 왜전은 왕실 창고의 비축 물량을 확인하고, 부족한 부분은 왕실의 비단·염료·모전·칠기·유기·피혁 공방에 연락하여 생산을 독려했다. 또 귀족들에게도 위탁할 물품을 보내 줄 것을 요청했다. 왜전은 착착 들어온 왕실과 귀족의 물품에 꼬리표를 달고, 교역용 장부에도 수납 사실을 기록했다. 이어 여러 관청에서 수거한 다 쓴 공문서를 폐지로 하여 물품을 감싸고 노끈으로 묶어 물품이 손상되지 않도록 궤짝에 담았다.

일이 다 끝났다 싶었는데 '한사' 관등을 가진 '행권'이라는 자가 아름다운 꽃문양이 장식된 순모 깔개인 '가화전' 하나를 들고 왜전으로 급히 달려왔다. 왜전의 관리는 가화전의 한쪽 모퉁이에 마포로 꼬리표를 단 뒤, 거기에 '행권 한사, 가화전, 하나(一)'라고 기록하고, 출품처, 물품 이름, 수량, 가격의 난으로 구획된 교역용 장부에도 다시 '행권 한사, 가화전, 하나'라고 기록하고 가격의 난은 비워 두었다. 이를 지켜본 행권은 의문이 들었던지 관리에게 무엇을 하냐고 물었다.

왜전의 관리는 웃으며, "궁금하지요? 일본에 가면 이 물품이 객관에 전시된답니다. 일본에서는 우리의 무역을 통제한다며, 관청에서 나와 교역품의 목록을 만들고, 물건을 사는 일본 귀족에게도 구입할 물품을 문서로 보고하라고 부산을 떨지요. 이 꼬리표는 그때 일본인들에게 물품에 관한 정보를 주지요. 그들은 희귀한 물품들은 잘 몰라요. 또 물건을 산 일본인도 우리가 기록한 꼬리표가 있어야 다른 사람에게 자랑도 하고, 되팔 때 신라 물품임이 보증될 것 아닙니까? 그러나 이 꼬리표는 우리에게도 중요해요. 교역품 장부에 똑같이 기록하여 팔린 물건을 점검하고, 나중에 물품 값을 당신에게 돌려주지요." 하고 답한다.

왜전의 관리가 갑자기 행권에게 일본 측의 대금을 무엇으로 받고 싶냐고 물었다. 행권은 깊이 생각하지 않고, "일본 물품은 얻는 대로 주시오."라고 답했다. 그러자 왜전의 관리는 마포로 된 꼬리표에 '염물득추우'라고 적었

배 모양 토기(경주 금령총 출토, 국립중앙박물관 소장)
노를 젓고 있는 사람의 표정이 기이하고 익살스럽다. 일본으로 건너간 신라 무역선의 뱃사공이 떠오른다.

다. "'염물(念物)'은 '원하는 물건'이라는 뜻이고, '득추우(得追于)'는 '얻는 대로'라는 뜻이니 당신이 원한 대로 그대로 적었습니다. 맞지요? 그런데 이 '염물'이라는 신라 말을 일본인들도 쓴답니다. 우리 물품의 꼬리표에 하나같이 이 '염물'이 기록된 걸 보고, 통역자를 통해 뜻을 알아내고는 일본의 염물(원하는 물품)은 신라 물품이라며, 자신들의 장부나 문서에 신라 물품을 '염물'이라고 똑같이 쓴답니다. 신라 상품과 함께 우리말도 일본에 수출된 셈이지요. 이번에도 이 '염물득추우'가 일본 구매자들의 눈에 확 띄어 물건이 쏠쏠하게 팔렸으면 좋겠어요."

그렇다고 당시 신라 사절이 객관에서 교역만 한 것은 아니다. 양국의 우호 증진을 위해 일왕을 알현하고 일본 정부의 환영 만찬에 참석하거나 일왕이 자랑한 도다이사 사찰을 예방하느라 무척 바빴다. 그러나 이것도 고객에 대한 서비스 차원을 넘지 않았다. 신라 사절은 말로는 "신라왕이 천황을 흠모하고 있다."라고 치켜세웠지만, 일왕은 여태껏 신라왕의 편지 한 장, 변변한 외교문서 한 장 제대로 받아 본 적이 없었다.

물론 신라 사절에게 외교적 임무가 그 무엇보다도 중요한 때도 있었다. 신라가 나당전쟁으로 당나라와 사이가 좋지 않았던 7세기 말에는, 당나라와 일본의 협공을 막기 위해 매년 신라의 고위 관리들이 선물 보따리를 한 아름 들고 일왕을 예방하였다. 그러나 8세기 들어 당의 위협이 사라지게 되자 신라는 언제 그랬느냐는 듯이 줄곧 일본과의 교역에만 매달렸다. 참을성 있던 일본도 결국 9세기 들어 이 '괘씸한' 신라와 외교 관계를 끊어 버린다.

이러한 일본의 태도 변화에 신라는 전과는 달리 기민한 대응을 하지 못했다. 그도 그럴 것이 9세기 이후 신라는 왕위 계승을 둘러싼 귀족 간의 항쟁으로 연일 내전(內戰)의 상태에 있었다. 승리한 귀족에게는 전보다 많은 부(富)가 돌아갔지만, 이는 제 살을 파먹는 것이었다. 왜냐하면 귀족들의 수탈을 통제할 국가체제가 마비되면서 귀족들의 부는 곧 농민의 몰락을 재촉했고, 민초들의 거센 저항과 공격에 직면하게 된다.

그런데 이 신라 귀족들을 대체할 새로운 힘은 공교롭게도 신라 귀족들 자신이 개척한 대외 교역 속에서 싹트고 있었다. 9세기 초반에 장보고는 신라 귀족들이 버려 둔 중국과 일본의 중계무역을 서서히 복구하였다. 그는 골품제의 테두리 속에 얽매여 있던 신라 귀족들과는 달리, 혈연보다는 능력을 기준으로 자신의 세력을 뭉쳐 나갔다. 기존의 정치 질서 속에서는 볼 수 없었던 이 새로운 인간관계는 천 년을 버텨 온 거인, 신라를 무너뜨리는 새 시대의 서막이었다.

윤선태 _동국대 교수

신라 사람들의 중국 여행

권덕영

지금은 좀 덜하지만 외환위기 직후의 해외여행은 전 국민의 따가운 질시의 대상이었다. 해외여행을 통한 외화 소비가 이른바 외환위기를 불러왔다고 생각했기 때문이다. 물론 그러한 면이 없지 않다. 그렇다고 하여 모든 해외여행을 무의미하고 낭비적인 행태로 몰아붙일 수는 없다. 건전한 해외여행은 개인과 국가 발전에 큰 보탬이 된다. 천수백 년 전 이 땅에 살았던 신라 사람들은 해외여행을 통하여 삶의 지혜를 배우고 선진 학문과 기술을 익히고 돌아왔다.

여행이란 귀환을 전제로 사업이나 유람 등의 어떤 목적을 위해 자신의 일상적인 생활공간을 떠나 다른 공간으로 이동하는 행위이다. 이런 점에서 신라인의 중국 여행은 신라 사람이 특정한 목적을 가지고 신라를 넘어 중국으로 가서 당초의 목적을 달성한 다음 다시 신라로 돌아오는 일련의 행위라 할 수 있다. 그런데 신라의 대중국 관계는 당나라 때부터 본격화되고 정형화되었으므로 신라인의 중국 여행은 곧 신라인의 당나라 여행이라 해도 틀리지 않을 것이다. 이 글에서는 신라 사람들이 어떻게 중국을 여행했는지

소개하고자 한다.

중국 여행을 할 수 있었던 사람들

중국 여행이라 하면 우리는 으레 유명 휴양지와 만리장성 혹은 자금성과 같은 유적지를 둘러보고 백화점에 들러 쇼핑하고 돌아오는 '관광(tour)'을 연상하게 된다. 그러나 신라 사람들은 유람이나 관광을 위하여 중국을 여행하는 것은 상상할 수도 없었다. 그들은 모두 '일(business)' 때문에 중국을 여행하였다. 그러다 보니 신라에서 중국을 여행할 수 있는 사람은 그 수가 매우 제한될 수밖에 없었다.

당시 중국을 여행할 수 있는 사람으로는, 첫째 신라에서 중국에 파견하던 공식 사절단원, 둘째 유학과 불교를 공부하기 위하여 중국에 가던 유학생과

신라 사절
중국 산시성 첸현[乾縣] 소재. 당나라 장회태자(章懷太子) 이현(李賢)의 묘에 그려진 벽화로, 오른쪽에서 첫 번째 조우관(鳥羽冠)을 쓴 사람이 신라 사절이다.

구법승, 셋째 국제무역업에 종사하던 상인들이 고작이었다.

신라의 사절단으로는 매년 정월 초하루에 새해를 축하하기 위하여 파견하던 하정사(賀正使), 중국 왕조로부터 특별한 시혜를 입었을 때 보내던 사은사(謝恩使) 등 각종 명목의 사절단이 있었다. 사절단은 우두머리인 대사(大使)를 비롯하여 부사·판관·통역관 등의 관인 그룹과 사절단의 안전한 왕래와 고급 관리의 개인 호위를 위하여 동행하던 무사집단, 그리고 황해를 건널 때 이용하던 선박의 운항을 전담하는 기술직 그룹으로 구성되었다. 그들을 모두 합하면, 많을 때는 한 차례의 사절단원이 수백 명에 달하기도 하였다.

이들은 양국 간의 합의에 따라 공식적으로 보내는 공무 여행자였기 때문에 경비는 신라와 중국에서 분담하였다. 다시 말하면 신라에서 중국까지 가는 동안과 중국에서 신라로 돌아오는 동안의 경비는 신라가 부담하고, 중국 체류 기간 동안의 경비는 중국이 부담하였다.

다음의 유학생과 구법승의 경우는 두 부류가 있었다. 즉 국가에서 선발하여 보내는 국비 유학생(승)과 개인적으로 중국에 건너가 공부하는 사비 유학생(승)이 그것이다. 국비 유학생은 왕복 교통 편의와 서적 구입비를 본국 정부로부터 지급받고, 체류 기간 동안의 양식과 주거는 중국으로부터 제공받았다. 그러나 사비 유학생은 이러한 혜택을 받을 수 없었다. 따라서 사비 유학생은 국비 유학생에 비하여 그 수가 많지 않았다.

마지막의 무역 상인은 동아시아에서 사무역이 성행하던 9세기 이후에 주로 중국을 왕래하였다. 장보고의 청해진 상단이 대표적이거니와, 그들은 개인 자격으로 중국을 왕래하였으므로 양국으로부터 어떠한 경제적 지원도 받지 못하였다.

까다로운 여행 절차

오늘날 우리가 해외여행을 할 경우, 우선 외교부 장관으로부터 권한을 위임받은 기관에서 여권을 만들고, 여행하고자 하는 나라의 대사관이나 영사관으로부터 입국 비자를 발급받아야 한다. 물론 현재는 무비자로 입국이 가능한 나라도 많으나, 중국은 여전히 입국 비자를 필요로 한다. 어쨌든 그 나라에 도착하면 복잡한 입국 수속을 거친 후 비로소 여행할 수 있다. 신라인이 중국을 여행할 때에도 이와 같이 까다로운 절차를 거쳐야만 하였다.

신라의 어떤 학생이 국비로 당나라에 유학하고자 하는 경우를 가정해 보자. 우선 그 학생은 신라 정부로부터 국비 유학생으로 선발되어야만 한다. 선발 방식은 구체적으로 알 수 없으나, 특정 가문에 일정 수준 이상의 학식 그리고 중국어 실력을 갖추어야 했을 것이다. 국비 유학생으로 선발되면 그는 신라 정부로부터 교통편과 왕복 비용을 지급 받았다. 그리고 신라 정부는 유학생의 성명과 출신, 학문 수준, 특기 등을 기재한 추천서를 당나라에 보내어 당의 국자감(國子監)에 속한 여러 전공 과정에 입학시켜 줄 것을 요청하였다.

이러한 추천서는 개인이 소지하는 것이 아니라 그들을 인솔하는 사절단이 휴대하고 당나라에 들어갔다. 신라 사절이 외국인 관련 업무를 전담하는 당나라 관청인 홍려시(鴻臚寺)에 유학 추천서를 접수하면 홍려시에서는 그 내용을 당나라 조정에 보고한다. 그것을 검토한 당나라 조정에서는 신라에서 추천한 사람 중에서 선별하여 중국 유학을 허락하고, 나머지는 돌아가는 사신 편에 돌려보냈다.

이렇게 유학을 허락받은 학생은 당나라의 최고 교육기관인 국자감에서 교육을 받는데, 체류 기간은 10년이 만기였다. 10년 이내에 국자감의 전공 과정을 수료하고 외국인을 대상으로 실시하는 빈공과(賓貢科)에 합격하면 당에서 관리 생활도 할 수 있었다. 그러나 그렇지 못한 경우에는 10년 후에 강제로 귀국당하였다.

여행객의 출입국 관리

여행자에 대한 신라와 당나라의 출입국 관리는 우리가 상상하는 것 이상으로 엄격하고 철저하였다. 국제 전산망이 갖추어진 오늘날의 출입국 관리와는 비교할 수 없지만, 나름의 효율적이고 엄격한 출입국 관리 체제를 운용하였다. 신라의 경우, 서해 연안의 주요 항구 곳곳에서 불법 해외 여행자를 단속하였다.

814년에 적인선사(寂忍禪師) 혜철(慧徹)이 불교를 공부하기 위하여 배를 타고 당나라에 가던 중, 신라의 서북쪽 해외 관문이었던 지금의 황해도 황주 해안에서 관리들에게 제지당하여 불법 여부를 조사받았다. 그가 탄 배는 아마도 밀항선이었던지 함께 타고 가던 30여 명은 모두 목 베여 죽임을 당하였으나, 혜철만은 운이 좋아 가까스로 석방되어 중국으로 들어갔다고 한다.

불법으로 신라에 입국하는 여행자들도 단속의 대상이었다. 847년 4월에 일본 대마도 백성 여섯 명이 낚시를 하다가 표류하여 지금의 전라남도 해안에 표착하였다. 그러자 즉시 신라 관청에서 그들을 붙잡아 불법으로 입국한 죄로 옥에 가두었다고 한다. 앞의 두 사례에서 알 수 있듯이, 신라의 출입국 관리는 철저하게 시행되었다고 하겠다.

당나라의 외국인에 대한 출입국 관리는 신라보다 더욱 엄격하였다. 신라 사람이 어떠한 목적으로 당나라를 여행하고자 할 경우, 그들이 중국 땅에 도착한 후 제일 먼저 해야 할 일이 가까운 곳에 있는 관청을 찾아가 자신이 중국에 온 목적과 여행 일정 및 자기 진술서 등을 서면으로 작성해 제출하고 입국 허락을 받는 일이었다. 만약 신라 정부의 추천서 혹은 공식 문서가 있으면 그것을 베껴 함께 제출해야만 하였다. 신라 여행자로부터 각종 서류를 접수한 지방 관청은 사안에 따라 중앙 혹은 지방의 주(州) 또는 절도부(節度府)에 그 사실을 보고하여 입국 여부를 지시받았다. 상급 관청으로부터 입국 허락 공문이 내려오기 전까지 그 신라인의 행동은 극히 제한되었다.

상부로부터 입국이 허락되면 신라 여행객에게 체류 기간과 여행할 곳 등

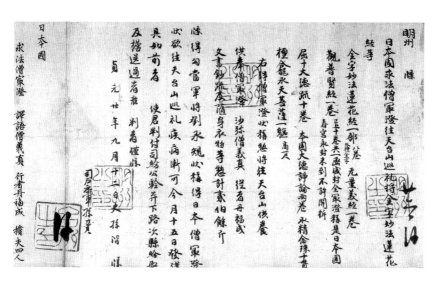

당나라 여행 증명서 공험(일본 엔랴쿠사(延曆寺) 소장)
804년 당나라에 들어간 일본 승려 사이초(最澄)가 천태산을 순례하기 위하여 명주(明州, 지금의 닝보) 관청으로부터 발급받은 공험이다.

이 기재된 입국 허가증과 여행 증명서인 공험(公驗) 혹은 과소(過所)가 발급된다. 여행 증명서에는 국적과 신분, 나이, 여행 목적, 여행할 경로, 소지하고 있는 물품의 목록 등이 기재되어 있었다. 여행자가 관문(關門)을 지나거나 나루를 건널 때는 관원에게 그 증명서를 반드시 제시해야만 통과할 수 있었다. 그런데 여행 증명서는 해당 주(州) 안에서만 유효하므로 다른 주로 여행하려면 그곳의 주 관청에 가서 입국 허가증을 제시하고 재차 과소를 신청하여 발급받아야만 하였다. 여행을 마치고 당나라를 떠날 때도 입국할 때와 마찬가지로 각종 행정 절차를 거쳤음은 물론이다.

만약 당나라 정부의 지시를 어기고 불법적으로 중국을 여행하다가 발각되면 곧바로 추방되는 것이 원칙이었다. 비록 신라 사람은 아니지만, 838년에 단기 유학승으로 일본 사절단을 따라 당나라에 갔던 일본 승려 엔닌[圓仁]은 원래의 계획을 바꾸어 장기 체류하기로 마음먹고 수차례 당나라 정부에 머무를 수 있게 해 달라고 요청하였다. 그러나 끝내 허락을 받지 못하자 그는 무단으로 일본 사절단에서 이탈하였다.

일본 사절단에서 떨어져 나온 엔닌은 신라 승려 행세를 하면서 내륙으로 들어가려 했으나, 신라말이 서툴렀기 때문에 곧바로 그곳 주민에게 발각되었다. 그 결과 엔닌은 하루 만에 중국 관원에게 체포되어 돌아가는 일본 사절단의 배에 강제로 승선되었다. 그러나 그는 또다시 이탈하여, 결국은 당나라에 살던 신라인의 도움으로 마침내 체류를 허락받아 전국 각지를 여행할 수 있었다.

엔닌이 중국 땅에 불법으로 체류한 지 하루 만에 발각되어 추방된 것에서 알 수 있듯이, 중국에서 외국인이 불법체류하거나 허락 없이 여행하기는 사

실상 거의 불가능하였다. 신라 사람이 불법으로 중국을 여행했더라도 결과
는 같았을 것이다.

중국 가는 길 (1)

오늘날 우리는 비행기를 이용하여 쉽게 중국을 왕래하고 있다. 그러나 신
라 사람들이 중국을 오가는 데는 많은 시일이 소요되었고 온갖 어려움을 겪
어야만 하였다. 신라의 수도 경주를 기준으로 할 경우, 신라와 중국과의 교
통로는 북쪽 길과 남쪽 길 두 갈래가 있었다.

경주에 사는 한 신라인이 유학 혹은 장사를 하기 위해 중국으로 가려면
우선 어느 길을 택할 것인가부터 결정해야 한다. 북쪽 길을 택했다면, 그는
경주를 출발하여 지금의 경북 영천과 하양 그리고 선산을 거쳐 낙동강을 건
너 상주 땅에 다다른다. 그리고 상주에서 다시 문경으로 가서 소백산맥 고
갯길인 계립령(鷄立嶺)을 넘어 충북 충주에 도착한다. 여기서 그는 남한강
수로를 이용하여 경기도 여주에 이르렀다가 육로로 당은포(唐恩浦)로 갈 수
있다. 아니면 충주에서 곧장 경기도 죽산을 거쳐 당은포로 갈 수도 있다.

당은포는 지금의 경기도 화성시 남양만에 있던 신라 최대의 대중국 항구
였다. 그곳에는 신라와 중국 배들이 출항 준비에 분주하고 항구에는 떠나보
내고 맞이하는 사람들로 붐볐을 것이다. 그리고 포구에 즐비하게 늘어선 상
가와 술집들은 흥청거리고 밤이면 불야성을 이루었을 것으로 짐작된다.

중국으로 가기 위해 경주에서 온 신라 사람을 태운 배는 당은포에서 서쪽
딕직도로 나아갔다가 그곳에서 북쪽으로 방향을 바꾸어 강화도로 항해한

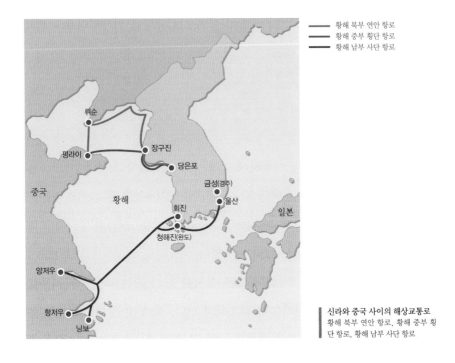

신라와 중국 사이의 해상교통로
황해 북부 연안 항로, 황해 중부 횡
단 항로, 황해 남부 사단 항로

다. 배는 다시 교동도를 거쳐 황해도 연안을 따라 서북진하면 해주만과 옹
진반도를 지나 지금의 황해도 장연군의 장산곶 혹은 몽금포 부근에 있던 장
구진에 도달할 수 있다.

이곳에서 최종적으로 출국 조사를 받은 후, 배는 다시 바다로 나와 백령
도를 거쳐 중국의 산둥반도를 향하여 서쪽으로 직항하면 중국 땅에 다다른
다. 아니면 장구진에서 평안도 연안을 따라 북상하여 초도와 신미도를 거쳐
압록강 하구를 지나고 거기서 중국의 랴오둥반도 남단을 따라 계속 항해하
여 지금의 중국 뤼순[旅順] 서남쪽에 있는 노철산(老鐵山) 아래의 도리진(都里
鎭)에 도달한 후 묘도열도를 따라 서남쪽으로 나아가면 역시 산둥반도 서북

쪽에 있는 등주(登州: 지금의 산둥성 펑라이시)에 다다를 수 있다.

장구진에서 황해를 가로질러 산둥반도에 이르는 바닷길은 원양 항로이기 때문에 해상 조난의 위험이 있으나, 항해 거리와 기일을 대폭 단축할 수 있다. 반면 황해 북쪽 연안을 따라 우회하는 항로는 조난당할 확률은 낮으나, 항해 기일이 오래 걸리고 적국으로부터 나포당할 위험이 항상 온존해 있었다. 항해술이 비교적 발달하지 못했던 삼국시대 신라 사람들은 해상 조난의 위험이 상대적으로 적은 북부 연안 항로를 따라 중국을 왕래하였다. 그러나 항해술이 어느 정도 발달한 이후에는 중부 횡단 항로를 편리하게 이용하였다.

중국 등주에 도착한 신라의 여행객이 당나라 수도 장안(長安: 지금의 산시성 시안시)으로 가고자 한다면, 그는 우선 등주 관아로 가서 입국 허락서와 여행 증명서를 받고 당나라의 7대 간선도로 중의 하나인 등주와 장안을 잇는 육로를 따라 장안을 여행할 수 있었다. 그 중간에는 변주(汴州: 지금의 허난성 카이펑시)와 낙양(洛陽: 지금의 허난성 뤄양시)과 같은 당나라 굴지의 도회지가 있었으므로 거기에 들러 업무를 볼 수도 있다.

중국 가는 길 (2)

한편 경주의 신라 사람이 남쪽 길을 통하여 중국에 가고자 하면, 경주에서 지금의 대구로 가서 영남과 호남을 가르는 소백산맥의 팔랑치와 여원치 고개를 넘고 전북 남원에 도착하여 광주를 지나 영산강 하구의 대중국 항구인 회진(會津)으로 가야 한다. 거기서 그는 배를 타고 황해 남단을 서남쪽으로 비스듬히 가로질러 건너면 장강 하구의 양주(揚州: 지금의 장쑤성 양저우시) 혹은 절강 하구의 명주(明州: 지금의 저장성 닝보시), 항주(杭州: 지금의 장쑤성 항저우시)에 도착할 수 있다.

이 바닷길은 약 600킬로미터에 달하는 황해를 단숨에 횡단해야 하는 항로이기 때문에 해상 조난의 위험이 매우 높다. 그래서 신라 사람들은 8세기 중엽까지 이 항로를 거의 이용하지 못하였다. 그러나 조선술과 항해술이 보다 발달하고 계절풍과 해류에 대한 지식이 축적되었으며 남중국 지방과의 직접적인 경제·정치적인 교류의 필요성이 높아지자, 점차 이 길을 이용하기 시작하였다.

양주 혹은 명주에 도착한 신라 사람도 등주에서와 마찬가지로 관청에 들러 입국 허가서와 여행 증명서를 발급받아 중국을 여행하였다. 만약 그가 장안으로 가려면 육로와 수로를 번갈아 이용해야만 하였다. 중국의 강남 지방은 늪지가 많아 육로 여행이 매우 불편하였으므로 이 지방을 여행할 때는 강과 운하를 주로 이용하였다. 신라 여행객이 양주에 도착했다면, 그는 초주(楚州; 지금의 장쑤성 화이안시 추저우구)까지 운하로 북상하고 다시 회수(淮水)를 타고 서쪽으로 가다가 수나라 양제가 만든 대운하의 일부인 변하(汴河)를 타고 변주까지 가서 육로로 장안으로 갈 수 있다.

목숨 건 항해

동서고금을 막론하고 여행에서 가장 중요한 조건은 안전이다. 중국을 여행하던 신라 사람들도 나름대로 안전한 코스를 선택하여 중국을 왕래하였다. 중국 여행에 있어서 안전의 관건은 황해를 무사히 횡단하는가에 달려 있었다.

전통적으로 우리나라의 배는 서양의 갤리(galley)선과 달리 돛이 주 추진 장치이고 노는 기동성을 증진시키기 위한 보조 장치에 지나지 않았다. 따라서 한선(韓船)은 바람의 방향에 매우 민감하였다. 그래서 북서 계절풍이 강하게 부는 겨울과 초봄에 중국에 들어가는 사람들은 바람의 영향을 덜 받는 북쪽 길을 택하였고, 남서 계절풍이 부는 여름에서 초가을 사이에 귀국하는 신라인들은 남쪽 길을 많이 이용하였다.

오늘날 우리가 당나라 장안, 곧 중국 산시성 시안(西安)에 가려면 비행기로 인천공항에서 직항로를 이용하여 몇 시간 안에 갈 수 있다. 그러나 신라 사람들이 경주에서 장안에 가려면 대략 평균 4개월 정도가 걸렸다. 그 와중에 여행객들은 온갖 어려움을 겪었다. 황해를 건너는 도중에 조난을 당하여 바다에 익사 혹은 표류하거나, 육지 여행 중에 중국의 음식과 풍토에 익숙지 않아 질병으로 사망하고, 혹은 해적과 초적들의 습격으로 죽음을 당하기도 하였다.

특히 황해를 건너는 일은 가장 힘들고 위험한 과정이었다. 해상 조난 사고는 현대의 과학 기술로도 완전히 극복하지 못하고 있는데, 하물며 신라시대에는 더더욱 안전할 리 없었다. 그래서 신라인들은 자신의 목숨을 하늘에 맡기고 황해를 건넜다. 그들은 해상 조난의 위험으로부터 위안을 얻기 위하여, 대자대비로써 도탄에 빠진 중생을 구제한다고 믿는 불교의 관음보살을 특별히 존숭하였다.

항해자들이 관음보살을 숭배하는 신앙은 지금도 여전하다. 지난 1996년

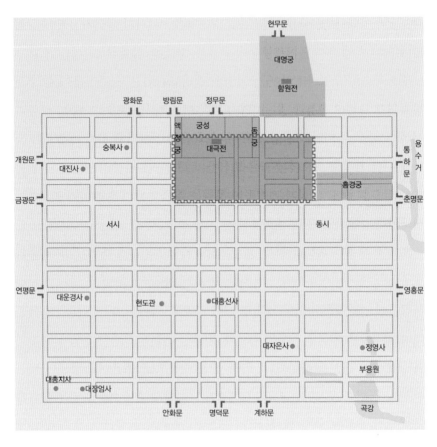

당나라 장안성 복원도
장안성(長安城)은 한나라와 당나라의 수도로서, 질서 정연하게 만들어진 계획도시이다.

7월 하순에서 8월 초순에 걸쳐 한국탐험협회 회원 세 명이 황해 남단을 가로지르는 뗏목 탐험을 하였다. 그들은 항해용 나침반, 풍속계, 라디오, 쌍안경, 위성항법장치(G.P.S.), 무전기 등 현대의 첨단 항해 장비를 갖추고서도 항해의 안전을 기원하기 위하여 관음보살 상(像) 목걸이를 각자 목에 걸고

손바닥만 한 관음보살 상을 뗏목에 싣고 항해했다고 한다. 신라의 여행객들도 관음보살 상을 몸에 지니고 '관세음보살'을 수백 수천 번 외면서 황해를 건넜을 것이다.

여행 경비와 쇼핑

옛날이나 지금이나 해외여행에는 많은 경비가 소요된다. 신라의 공무 여행자들은 중국 체류 기간 동안의 체제비를 당나라 정부로부터 지원받았다. 그러나 사적인 용도로 쓰이는 경비 또한 만만치 않았을 것이다. 오늘날의 중국 여행자들은 우리 돈을 달러화로 환전하여 중국에 들어가 그것을 다시 중국 위안(圓)화로 바꾸어 사용하든지, 아니면 우리나라에서 위안화로 바로 바꾸어 가지고 간다.

신라시대에는 화폐 사용이 보편화되지 않았고, 더욱이 달러화처럼 세계적으로 공용되는 화폐도 없었다. 따라서 신라인들은 부피와 무게가 비교적 적으면서도 고가인 금과 은을 주로 지참하고 들어가 중국 돈으로 바꾸어 사용하였다. 혹은 당나라 사람들이 애호하던 신라의 특산물, 예를 들면 인삼이나 우황과 같은 고가품을 가지고 가서 현지에서 경비로 사용하였다. 그러나 인삼이나 우황의 국제 시세가 떨어지면 그들의 중국 여행 경비도 그에 반비례하여 더 많이 들었을 것이다.

해외여행에서 빼놓을 수 없는 일정 중의 하나가 쇼핑이다. 현대의 해외여행객들은 수백만 원짜리 양주와 수천만 원짜리 모피 코트 같은 호화 사치품에서 수천 원짜리 생활 용품에 이르기까지 어떤 형태로든 쇼핑을 한다.

신라 사람들도 중국에서 쇼핑을 즐겼다. 중국에서 쇼핑하기 좋은 곳은 강남의 양주와 명주 등지이다. 이 지방은 물산이 풍부하고 육로와 해로 및 강과 운하와 같은 수로가 교차되는 곳이었기 때문에 국제적인 무역항으로 발전하였다. 거기에는 중국 상품뿐만 아니라 멀리 아라비아와 페르시아 그리고 동남아시아와 인도의 상품들까지 교역되었다. 더욱이 이 지방에서는 장안이나 낙양과 달리 중국 정부의 통제가 심하지 않았으므로 비교적 자유롭게 원하는 상품을 구매할 수 있었다.

신라 사람들은 귀국길에 이곳에 들러 고급 향료와 도자기, 에메랄드와 같은 보석류, 아라비아산 양탄자 등 세계 각국의 희귀품과 서적, 약재 등의 실용품을 구입하여 돌아왔다. 중국에서 쇼핑한 물품들은 높은 값으로 국내에 판매되었다. 그래서 중국 여행객들은 될 수 있는 한 희귀하고 값비싼 물건들을 구매하려 하였다. 이런 점에서 신라 사람들의 쇼핑은 친지들에게 줄 해외여행 선물 구입으로서뿐만 아니라 일종의 국제무역의 한 형태이고 여행 경비를 보충할 수 있는 하나의 방법으로도 활용되었다고 할 수 있다.

신라 사람들의 중국 여행은 삶의 지혜를 배우고 고급문화를 터득하는 계기가 되었고, 이를 통해 그들의 생활과 사고방식이 한 차원 높아지고 세련되어 갔다. 그뿐만 아니라 세계지리와 문화에 대한 인식의 폭을 넓혀 주었고, 자신의 문화를 객관적으로 성찰할 수 있는 기회가 되었다. 하지만 중국 여행은 그들에게 힘들고 고된 일이었다. 따라서 신라인에게 중국 여행은 즐거운 '관광'이 아니라 힘든 '고행'이었다는 표현이 더 적절할지도 모르겠다.

권덕영 _부산외대 교수

2부 경계를 오가는 사람들

나라 잃은 사람들의 처지와 출세

삼국에 귀화한 중국계 이주민

한반도를 찾아온 낯선 사람들

'이민족'이라는 굴레를 벗어나

고대국가 저편에 남은 사람들 이야기

나라 잃은 사람들의 처지와 출세

최상기

백제 멸망의 순간

서기 660년 음력 7월 12일, 신라군과 당군의 포위 공격에 직면한 백제 사비성의 상황은 절망적이었다. 이런 처지를 피할 기회가 아예 없지는 않았다. 기벌포와 탄현의 험준한 지형을 이용해 양국 군대의 접근을 장기간 차단한다면 대규모 원정군은 얼마 지나지 않아 식량 부족에 시달리게 될 것이고, 바다를 건너 온 당군이 상륙하기 위해 배에서 내리는 순간에 공격을 집중한다면 막대한 피해를 적에게 강요할 수 있었다. 그러나 백제 조정의 신료들이 어느 전술을 선택하느냐를 두고 격론을 벌이는 동안 정작 신라와 당의 군대는 어떠한 방해도 없이 불리한 지형을 통과했고, 당군의 상륙도 신라의 지원 아래 별다른 피해를 받지 않고 마무리되었다. 그나마 계백이 지휘하는 결사대가 황산벌에서 신라군의 진격을 잠시 가로막았지만 추가적인 지원을 받지 못한 채 전멸했고, 도성의 병력을 모아 시도한 당군에 대한 요격도 1만여 명의 전사자만 남기고 실패로 돌아갔다.

최후의 외교적 교섭마저 거부당하고 다음 날인 13일, 의자왕은 태자 등 소수의 측근만 데리고 웅진성으로 탈출했다. 왕이 떠난 도성에 남겨진 왕족들 사이에서 주도권을 두고 불거진 갈등은 작은 해프닝이었을 뿐, 얼마 지나지 않아 사비성이 함락된 것은 예정된 결과였다. 그리고 탈출로부터 1주일도 지나지 않은 18일, 의자왕 역시 신라군과 당군의 수중에 떨어진 사비성으로 돌아와 항복함으로써 백제는 마침내 멸망했다.

백제 멸망의 극적 요소

이상은 《삼국사기》의 여러 곳에 서술된 백제의 멸망과 관련된 내용을 모아 간단하게 정리한 것이다. 달도 차면 기우는 법이라고, 과거에 번성했던 국가가 쇠퇴의 길을 거쳐 결국 사라지는 모습은 인류의 역사에서 그리 어렵지 않게 찾을 수 있는 자연스러운 일이다. 수백 년의 역사를 갖는 백제 역시 마찬가지일 것이다. 하지만 그 과정에 직접 참여했거나 휩쓸린 당시 사람들의 다양한 생각과 행동을 접하면 때로는 그들도 후대의 우리와 다를 바 없다는 익숙함을, 때로는 의외의 생경함을 느낄 수 있다.

특히 백제 멸망의 전후 과정 속에서는 예상보다 많은 극적인 장면을 발견할 수 있고, 그들 중 일부는 이미 널리 알려져 있다. 일단 백제의 멸망으로부터 삼국 통일이 직접적으로 시작된다는 점은 이 일 자체가 한국사에서 갖는 중요성을 쉽게 짐작케 한다. 물론 지금도 학계에서는 여전히 '삼국 통일'이라는 용어의 타당성을 두고 논쟁이 진행 중이다. 그렇지만 당시 각국의 의도와는 별개로 나누어진 것들을 하나로 합친다는 통일의 사전적 정의에 따른다면, 3국 중 두 나라가 사라진 현상의 첫 단계가 백제의 멸망임은 분명하다.

보다 개별적으로 살펴보면, 우선 멸망의 책임에서 누구보다 자유로울 수 없는 의자왕이 재위 중에 보인 변화부터 눈길을 끈다. 그는 태자 시절에 효성과 우애가 깊어 해동증자(海東曾子)라고 불릴 정도였고, 즉위 직후부터 신라를 상대로 거둔 군사적 성공은 당시 백제 사람들에게 의자왕의 통치 아래 신라에게 설욕할 수 있다는 기대를 품게 했을 것이다. 그러나 치세 후반에 접어들면서 향락에만 몰두하며 충신을 옥에 가둬 굶어 죽게 한 그의 폭정에서 과거의 명민했던 모습은 찾기 어렵다.

이러한 상황을 반영한 것인지, 어쩌면 앞으로 벌어질 일을 예견한 것인지 《삼국사기》 백제본기에 수록된 이 무렵의 기사에서는 왕궁 안팎에서 벌어졌다고 하는 온갖 초자연적 현상을 목격할 수 있다. 이들 중에서도 660년 초에 도성의 우물과 하천의 물이 핏빛으로 변하고 서해의 물고기들이 죽어서 떠올랐다는 서술은, 설령 그것이 현재도 종종 발생하는 적조 현상이라고 하더라도, 몇 개월 후 벌어질 멸망과 연결해 생각하면 이성으로만 설명할 수는 없는 서늘한 감정을 불러일으킨다.

멸망을 예감한 계백이 출진하기 전에 일가족을 직접 죽인 일은 워낙 유명해 예전에 그를 주인공으로 하는 사극 드라마도 만들어진 적이 있었다. 인륜을 어겼다고 할 수밖에 없는 계백의 행동에 대해서는 일찍부터 여러 각도에서 평가가 이루어졌고, 굳이 어느 쪽이 옳다고 단정할 필요는 없다. 다만 그의 이러한 극단적인 행동이 성곽에 의지할 수 있는 수성전도 아닌 황산벌에서의 야전에서 백제군이 10배 규모의 신라군을 상대로 기적처럼 분전할 수 있었던 기폭제로 작용한 것은 분명하다.

이외에도 항복 이후 신라의 왕과 당의 지휘관이 앉은 대청마루 아래에서 그들에게 술을 따라야 했던 의자왕과 그 광경을 보며 우는 것 외에 무엇도 할 수 없었던 백제의 신료들, 바다 건너 멀리 당에 강제로 끌려가야 했던 수많은 백제의 주민들, 멸망한 나라를 재건하기 위해 부흥운동에 투신해 악전고투를 거듭했지만 결국 실패한 백제의 유신(遺臣)들, 고립무원의 상태에서도 김유신의 항복 권유를 거부하고 마지막까지 저항한 작은 성의 이름 모를 백제의 장병들은 하나하나가 비극성을 드러내기에 부족함이 없다. 그리고 아래에서 살펴볼 2010년 전후에 새롭게 발견된 자료로부터 백제 멸망의 극적 장면을 하나 더 추가할 수 있을 듯하다.

멸망 직전 의자왕의 행적

이 글의 도입부에서 확인한 것처럼, 의자왕은 사비성 함락 직전에 도성을 빠져나왔다. 그의 목적지는 사비성[충남 부여]에서 북동쪽으로 약 30킬로미터 떨어진 곳에 위치한 웅진성[충남 공주]이었다. 왕조의 멸망을 어떻게든 피하고 싶었을 의자왕은 왜 이곳으로 향했을까. 절망감에 짓눌려 일신의 안전을 며칠 동안이라도 연장하기 위해 아무 곳이나 선택한 것이었을까. 아니면 상황의 반전을 노릴 수 있는 카드가 남아 있었던 것일까.

웅진 지역은 백제의 다른 지방과는 여러 측면에서 차별성을 갖고 있었다. 이곳은 과거 475년 고구려군에게 개로왕이 살해당하고 도성인 한성[서울]마저 함락되는 절체절명의 상황에서 백제의 두 번째 수도로 선택된 곳이었다. 당시 백제인들에게는 고구려가 다시 침공할 경우 그것을 얼마나 잘 막아 낼 수 있느냐가 가장 중요한 입지 조건이었을 것이고, 웅진 일대의 지형은 방어하는 쪽에게 차령산맥과 금강이라는 천혜의 장애물을 제공했다. 사실 그로부터 약 60년 후 성왕이 사비 지역으로 천도한 이유 중의 하나가 산으로 둘러싸인 웅진 지역의 공간 부족과 교통 불편이었다는 점도, 역설적으로 이곳이 가진 군사상의 이점을 잘 보여 준다.

세 번째 수도인 사비 지역으로 천도한 후에도, 웅진 지역은 옛 수도로서만이 아니라 백제의 최상위 지방 행정 단위로서의 지위를 유지했다. 이 무렵 백제는 지방을 방위에 맞춰 크게 5개의 방(方)으로 구분하고 각 방의 아래에 중·하급 행정 단위를 편성한 통치 체제를 운영하고 있었다. 웅진성은 바로 5개의 방 중 하나인 북방(北方)의 중심지, 즉 북방의 책임자인 북방령(北方領)이 부임하는 곳으로, 현대의 비슷한 예를 찾는다면 도청 소재지에 해당했다.

▌ 공주 공산성 입구 전경(문화재청 국가문화유산포털)

게다가 백제의 방은 현대의 지방자치단체와 달리 민정 분야에 더해 군사 동원까지 총괄하는 기구였으므로, 웅진성은 북방 관할 병력의 사령부였다고도 할 수 있다. 당시 신라군과 당군은 신속하게 도성을 함락시키기 위해 차령산맥 등 험준한 북방의 영역을 강행 돌파하는 대신, 보다 남쪽으로 우회해 사비성으로 향했다. 결과적으로 적과 직접 충돌하지 않은 북방의 군사력은 백제의 멸망 순간까지 큰 피해 없이 보존되었을 가능성이 크다. 만약 이들이 유리한 지형과 결합해 철벽 방어에 임한다면, 개전 직후에 제대로 대응하지 못했던 실수를 만회할 수 있었을지도 모른다.

이렇게 지금도 비교적 쉽게 웅진성의 장점을 떠올릴 수 있다면, 의자왕도 비슷한 생각을 하면서 웅진성으로 향하지 않았을까. 그렇지만 의자왕의 도피는 며칠 지나지 않아 아래의 기사처럼 항복으로 끝나 버렸다.

> 의자왕이 태자와 웅진방령의 병력 등을 거느리고 웅진성으로부터 와서 항복했다.(《삼국사기》 신라본기 태종무열왕 7년)
>
> 왕과 태자 효가 여러 성과 함께 모두 항복했다.(《삼국사기》 백제본기 의자왕 20년)

여기에서의 웅진방령이란 북방령을 가리키는 다른 명칭이다. 앞에서 언급했듯이 북방의 중심지가 웅진성에 있었으므로, 당시에는 북방과 북방령을 웅진방과 웅진방령으로 부르기도 했다. 그리고 위의 두 기사를 통해 의자왕이 함께 사비성을 탈출했던 태자를 비롯해 북방령[웅진방령]의 지휘 아래에 있던 군사력 및 북방 예하의 여러 성과 함께 항복했음을 알 수 있다.

왜 의자왕은 기껏 탈출에 성공했음에도 어떻게 보면 허무할 정도로 쉽게 저항을 포기했을까. 그저 대세가 이미 완전히 기울었다고 판단했기 때문일까.

분명히 《삼국사기》에서 의자왕의 항복을 명시했는데도 이렇게 의문을 제기하는 이유는 단편적이지만 다른 맥락의 기사가 전해지기 때문이다. 당나라의 역사를 서술한 《구당서(舊唐書)》와 《신당서(新唐書)》에는 백제 침공에 투입된 당군의 총지휘관인 소정방(蘇定方)의 전기가 수록되어 있는데, 그 중간에 아래와 같은 내용이 등장한다.

> 그 대장 예식(禰植)이 또한 의자왕을 데리고 와서 항복했다.(《구당서》 소정
> 방전)
> 그 장수 예식이 의자왕과 함께 항복했다.(《신당서》 소정방전)

약간의 용어 차이를 제외하면 두 문장의 의미는 동일하다. 항복의 주체가 의자왕이 아니라 예식이라는 백제인이었다는 것이다. 전근대 왕조 국가에서 항복은 원칙적으로 국왕의 고유 권한이었다. 고구려의 법에서 성을 지키다 항복한 자의 목을 베도록 규정한 것이나, 연개소문이 쿠데타 이후 옹립한 꼭두각시 왕이라고 해도 보장왕이 도성의 함락 직전에 정식으로 항복 의사를 표명한 행위 등의 기저에는 이러한 관념이 존재했다.

그런데 의자왕의 항복을 현장에서 직접 접했을 소정방의 전기에서 의자왕은 오히려 수동적인 위치로 묘사되었다. 이는 의자왕이 자신의 의지로 항복을 선택하지 않았음을, 예식에 의해 '항복당했음'을 암시히는 것이 아닐까. 이러한 추정은 일찍부터 제기되었지만, 위의 짧은 두 문장 외에는 관련

자료가 없어 한동안 가능성의 영역에 머물러 있었다. 하지만 근래 중국에서 발견된 새로운 자료를 통해 예식의 정체와 당시의 긴박했던 상황은 물론, 나라 잃은 유민이 선택한 삶의 경로 중 하나를 구체적으로 복원할 수 있게 되었다.

의자왕 항복의 실상과 예식진(禰寔進)의 역할

2007년 중국의 연구자들을 통해 예식진이라는 인물의 묘지(墓誌)가 학계에 알려졌다. 묘지는 사망자의 출신과 가계 등 기본적인 인적 사항과 살아 있었을 때의 주요 활동을 정리한 글이며, 말미에 당사자의 죽음을 애도하고 그를 칭송하는 글까지 덧붙여 묘지명(墓誌銘)이라고도 한다. 석판에 새겨 관과 함께 무덤에 넣는 경우 외에 벽돌이나 도판(陶版)을 이용하기도 하고, 때

〈예식진 묘지〉 지석(왼쪽)과 개석의 탁본
(출처: 김영관, 2012, 〈中國 發見 百濟 遺民 禰氏 家族 墓誌銘 檢討〉 《신라사학보》 24, 95쪽.)

로는 무덤 내부의 벽면에 쓰인 경우도 있다. 묘지는 사서(史書)에 실리지 않은 과거 인물의 삶과 그를 둘러싼 사회 환경을 압축적으로 알려 주는 경우가 많다는 점에서 한정된 기존 사료의 한계를 극복할 수 있게 도와주는 중요한 자료로 취급된다.

예식진의 묘지가 처음부터 많은 주목을 받은 까닭은 첫 문장에서 그를 '백제웅천인(百濟熊川人)'이라고 서술했기 때문이다. 475년의 한성 함락 이후 문주왕이 천도한 웅진을 '웅천'으로 표현한 서술도 《삼국사기》와 《삼국유사》에 모두 수록되어 있는 만큼, 웅진을 웅천으로도 불렀음은 틀림없다. 따라서 예식진이라는 자는 백제의 웅진 지역 사람이었다는 말이 되며, 앞에서 살핀 의자왕을 웅진성으로부터 데리고 왔다는 예식의 존재가 예식진과 겹쳐진다. 중국에서도 드문 예(禰)라는 성씨와 비록 한자는 다르지만 유사한 이름, 그리고 지역의 공통성 등을 감안하면 이들을 동일인으로 간주해도 아주 근거가 없지는 않을 것이다.

다만 이 경우 예식진의 묘지에 막상 백제에서의 구체적인 행적이 기술되지 않았다는 점이 문제가 된다. 그의 사회적 지위를 알려 주는 글은 지석(誌石)을 덮는 역할을 하는 개석(蓋石)에 새겨진 '좌위위대장군(左威衛大將軍)'뿐이다. 이것은 당의 황궁과 도성을 지키는 16개의 금군(禁軍) 조직 중 하나인 좌위위의 책임자를 가리키는 명칭으로, 정3품의 고위 무관직이었다. 백제인이 어떻게 당에서 이 위치에까지 오를 수 있었을까. 그 이유가 무엇이었을지 생각할 때 직접적인 설명은 아니지만 묘지에 서술된 아래의 문장이 의미심장하다.

다른 지역의 상황을 살펴 태양을 향해 나아가니 오래도록 평안했다.(〈예식
진 묘지〉)

　백제인인 예식진에게 다른 지역이 백제를 의미하지는 않았을 것이다. 또
한 당의 좌위위대장군으로서 그가 바라보아야 할 태양과도 같은 존재는 단
1명, 황제뿐이다. 그렇다면 이 문장은 예식진이 백제에서 당으로 옮겨 가
출세했음을 알려 준다고 해석할 수 있지만, 비유적 색채가 짙어서 정확히
어떤 일을 표현하려고 한 것인지 단정하기 어렵다.
　이러한 고민은 3년 후에 명쾌하게 해결되었다. 2010년 중국 시안[西安]에
서 예식진의 아들과 손자의 묘지석(墓誌石)이 함께 출토되었는데, 이들 중
손자 예인수(禰仁秀)의 묘지에서 아래의 문장이 확인되었기 때문이다.

　당이 하늘의 명을 받아 도리에 어긋나게 조정에 나오지 않는 나라를 동쪽
으로 토벌하니, [예식진이: 필자 보충] 곧 그 왕을 끌고 고종 황제에게 귀의
했다. 이로 말미암아 좌위위대장군으로 임명되고 내원군(來遠郡) 개국공
(開國公)으로 봉해졌다.(〈예인수 묘지〉)

　여기까지 읽은 독자라면 위의 문장에서 당이 토벌했다고 하는 동쪽의 '나
라'와 예식진이 끌고 왔다는 '그 왕'이 가리키는 대상을 이미 짐작했을 것이
다. 즉 백제인 예식진이 당의 좌위위대장군으로 임명될 수 있었던 것은 백
제가 당의 공격으로 위기에 빠진 시기에 의자왕을 데리고 당에 귀순했기 때
문이었다. 아울러 《구·신당서》 소정방전에서 불쑥 등장한 예식이 예식진과

같은 인물이라는 것도 확실해졌다.

　나아가 이렇게 밝혀진 내용을 바탕으로 예식진이 이러한 일을 감행할 수 있었던 배경과 그 과정에 대해서도 과감히 추정할 수 있게 되었다. 《구·신당서》의 소정방전에서는 예식진[예식]을 '대장'이라고 서술했고 그는 웅진 사람이었으니, 웅진의 대장이었던 셈이다. 그렇다면 예식진은 당시 웅진 일대의 군사력을 지휘하는 자, 다시 말하면 웅진성을 중심으로 북방의 민정과 군사를 총괄하는 백제의 북방령[웅진방령]이었다고 할 수 있다. 그리고 그는 의자왕이 자신이 지키는 웅진성으로 피신하자 북방 전역의 방어를 너욱 강화하는 대신, 관할 병력을 동원해 소수의 국왕 경호 병력을 제압한 후 의자왕을 체포해 당에 넘기는 길을 선택했던 것이다. 앞에서 보았던 《삼국사기》 신라본기의 의자왕이 거느렸다는 웅진방령의 병력도 의자왕을 압송하는 북방령[웅진방령] 예식진의 병력이었다는 쪽이 실상에 더 가까울 것이다.

　역사에서 가정은 부질없다지만, 예식진이 의자왕의 충실한 신료로 남았거나 그렇지 않더라도 그의 반역 행위가 실패로 끝났다면 어떤 일이 벌어졌을까. 백제 멸망 직후부터 일어난 백제부흥운동은 한동안 신라군과 당군을 몰아붙여, 그 기세가 절정이었을 때는 당의 고종(高宗)마저 당군의 지휘관에게 형편에 따라 철군해도 좋다는 지시를 내릴 정도였다. 의자왕이 없는 상황에서도 이랬는데, 만약 의자왕이 지리적으로 유리한 북방에서 항전하며 전국적인 저항의 구심점이 되었다면 이후의 일은 누구도 장담할 수 없게 되었을 것이다.

　사실 신라와 당의 목적은 백제만이 아니었다. 오히려 백제의 멸망은 신라가 당과 함께 고구려를 협공하기 전에 배후의 안전을 확보하기 위해 반드시 거쳐야 하는 중간 단계에 가까웠다. 의자왕의 탈출은 이러한 고구려 침공 계획을 시작 전부터 어그러뜨릴 수 있는 심각한 문제였으므로, 양국 수뇌부는 이 사실을 확인하자마자 대책 마련에 부심했을 것이다. 그렇지만 신라와 당의 근심은 며칠 후 예식진이 의자왕을 데리고 나타남으로써 단숨에 사라졌다. 당시 그의 공은 사비성 함락만큼 높게 평가되지 않았을까.

결국 의자왕의 항복은 백제 멸망의 극적 요소라고 부르기에 손색이 없고, 예식진은 그 과정에서 세운 공을 통해 신라와 당에 의해 멸망한 백제의 유민이었음에도 당에서의 출세를 보장받았다. 단 이 사건을 과연 예식진이 단독으로 진행했는지에 대해서는 추가로 확인할 자료가 남아 있다. 한편 비록 국가 조직으로서의 백제는 사라졌지만, 이 지역과 관련된 7세기 후반 동북아시아의 국제 정세 속에서 예씨 일족의 활동도 계속 이어진다.

백강구(白江口) 전투와 예군(禰軍)의 대두

예식진의 묘지가 발견되고 4년 후인 2011년에 백제인 예군의 묘지가 중국 시안에서 발견, 보고되었다. 여기에 기록된 예군의 가계를 예식진 및 그 아들 예소사(禰素士)의 묘지와 비교한 결과, 예군이 예식진보다 2살 더 많은 형이었음이 밝혀졌다. 이로써 예군과 예식진 형제, 그리고 예식진의 아들과 손자까지 총 4명의 예씨 일족의 존재가 알려지게 되었고, 예식진의 사례처럼 각자의 묘지에 서술된 내용과 기존의 사료를 비교 검토함으로써 지금까지 드러나지 않았던 역사상의 일부를 확인할 수 있었다.

예군은 동생 예식진과 달리 《삼국사기》에 관련 기사가 짤막하게나마 남

〈예군 묘지〉 지석(왼쪽)과 개석의 탁본
(출처: 김영관, 2012, 〈中國 發見 百濟 遺民 禰氏 家族 墓誌銘 檢討〉《신라사학보》24, 127쪽.)

아 있어 일찍부터 그 존재가 알려진 인물이다. 다만 이에 대해서는 잠시 뒤
로 미루고, 우선 백제가 멸망하던 시점부터 시간의 흐름에 맞춰 그의 행적
을 따라가 보자. 앞에서 살펴본 것처럼 의자왕의 항복에 예식진이 직접 개
입한 것은 분명하다. 하지만 예군의 묘지에 서술된 아래의 구절을 통해 예
군 역시 그 과정에 관여했음을 짐작할 수 있다.

> 지난 현경(顯慶) 5년(660) 관군이 본번[백제]을 평정하던 날, 일의 조짐을
> 보고 변화를 알아 거병하여 귀의할 곳을 깨달았다.(〈예군 묘지〉)

이 문장은 예군이 백제의 멸망을 예상해 당에 귀의하는 과정에서 '거병',
즉 군사 행동에 참여했음을 보여 준다. 이 군사 행동이라는 것은 아마도 예
식진이 의자왕을 구속하기 위해 휘하의 병력을 동원한 일을 가리킬 텐데,

어쩌면 형 예군이 의자왕의 항복이라는 거사를 기획하고 동생 예식진이 군사력을 바탕으로 형의 기획을 물리적으로 실행했던 것이 아닐까.

다소 비약일 수도 있겠지만 굳이 이러한 가능성을 상정한 이유는 이후의 활동에서 나타나는 예군의 정치적 수완이 남달랐기 때문이다. 그의 능력은 백제 멸망 이후 예씨 형제의 행적을 비교함으로써 어느 정도 알 수 있다. 의자왕의 항복으로 백제가 멸망한 후 이들은 일단 귀국하는 당군과 함께 당에 들어가 그들이 세운 공에 대한 포상을 받았다. 이때부터 예식진은 한동안 번장(蕃將)으로서 황제와 황궁 시위에 종사했던 듯하다.

번장이란 이종족 무관을 가리키는 용어로, 당의 급격한 팽창 요인 중 하나로 군사적 역량이 탁월한 번장을 적극적으로 활용했다는 점을 꼽을 수 있다. 그뿐만 아니라 평소에 이종족 무관이 한족 무관과 함께 황제를 수호하는 모습은 황제의 권위를 시각적으로 장식하기에도 제격이었다. 널리 알려진 흑치상지(黑齒常之)가 백제 유민 출신의 번장이었고, 예식진도 당에서 무관으로 출세하기 위한 번장의 전형적 경로를 밟기 시작한 것이다. 사실 백제에서 북방령을 맡았다는 것부터 예식진에게 일정 수준 이상의 군사적 능력이 있었음을 의미하며, 이는 나중에 그가 다시 백제(?)와 관계를 맺는 중요한 계기가 된다.

예군의 활동상을 확인하기 위해 당시의 상황을 먼저 짚고 넘어가겠다. 660년대 초반, 백제 멸망에 이어 다음 단계인 고구려 침공을 준비해야 했으므로 1만 명 이상의 당군이 신라군의 지원을 받으며 사비성을 중심으로 옛 백제 영역에 주둔하고 있었다. 또한 훗날 드러나듯이 당은 백제 영역의 소유권에도 관심을 갖고 있었으므로, 당군의 지휘부는 현대의 군정 기구처럼

이 지역의 통치 체제 정비에도 힘을 기울였다.

　그러나 이들은 백제 부흥군의 거센 저항부터 상대해야 했다. 특히 백제의 오랜 우방이었던 왜에서 대규모 지원 병력을 파견함으로써, 신라·당과 백제 부흥군·왜 사이의 충돌은 고대 동북아시아판 세계 대전이라고 부를 수 있을 만큼 격화되었다. 물론 금강 하구에 해당하는 백강구에서 벌어졌던 양측의 전투는 《구당서》에서 바닷물이 붉게 물들었다고 묘사할 정도로 왜 수군의 참패로 끝났고, 육지에서는 백제 부흥군의 근거지였던 주류성이 함락됨으로써 약 3년 동안 이어진 백제부흥운동은 신라와 당의 승리로 종결되었다.

　다만 부흥운동이 진압되었다고 해도 고구려 침공이 예정된 상황에서 후방의 왜를 적대 세력으로 남겨 둘 수는 없었으므로, 당은 왜와 교섭할 필요가 있었다. 바로 이 시점에 적대국과의 관계 개선이라는 중대하면서도 민감한 임무를 맡은 당의 사신단에 예군이 포함되어 있었다. 당시 그는 이미 옛 백제 영역으로 돌아와 이곳에 주둔한 당군에 배속된 상태였는데, 일본의 사료인 《일본서기(日本書紀)》와 《선린국보기(善隣國寶記)》에 따르면 예군이 664년과 665년, 2차례에 걸쳐 왜를 방문했다고 한다. 다음 해인 666년에 이루어진 고종의 태산 봉선(封禪) 의식에 왜의 사신이 참여한 것을 감안하면, 예군이 수행한 양국의 교섭은 원만하게 타결되었다고 보아도 무방할 것이다.

의자왕의 항복에 이어 왜와의 교섭도 성공적으로 마무리함으로써 본인의 정치적 재능을 입증한 예군은 당으로부터 다시 한 번 포상을 받았다. 예군의 묘지에도 이와 관련된 내용이 상당 분량을 차지하는 것을 보면 본인과 주변에서도 이 일을 꽤나 자랑스러워했던 것 같다. 투항한 자로서 더욱 철저하게 자신의 가치를 증명하려고 했을 예군의 각오를 그의 묘지에서 사신으로 파견되었을 때의 모습을 묘사한 아래의 문장에서 적나라하게 느낄 수 있다.

공[예군]은 신하의 절개를 외치며 목숨을 던졌고, 황제의 명령을 받은 사신임을 노래하며 수레와 말이 달렸다. 날아서 바다를 건너는 푸른 매와 같았고, 날아올라 산을 넘는 봉황과 같았다. (〈예군 묘지〉)

웅진도독부(熊津都督府) 체제의 성쇠와 예군

660년대 중반에 이르러 옛 백제 영역이 어느 정도 안정을 되찾으면서, 당은 항구적인 통치를 위해 사비 지역에 설치한 웅진도독부와 그 예하의 7개 주(州)로 구성된, 소위 웅진도독부 체제를 발족시켰다. 백제 출신으로 행정과 외교에서 탁월한 재능을 보인 예군은 예상대로 웅진도독부의 관료로 기용되었는데, 한 가지 얄궂은 점은 그의 상관으로 의자왕의 아들 부여융(扶餘隆)이 부임했다는 사실이다. 이는 백제 왕실의 핏줄을 잇는 부여융을 웅진도독부의 책임자인 도독(都督)으로 임명함으로써 민심을 수습하려 했던 당의 조치였다. 그렇지만 이로 인해 예군은 얼마 전에 동생과 함께 잡아서 바친 의자왕의 아들과 재회하게 된 것이다. 첫 만남에서 두 사람이 어떤 표정으로 무슨 말을 했을지는 상상에 맡길 수밖에 없다.

어찌 되었든 예군은 도독 아래의 핵심 관직 중 하나인 사마(司馬)로 임명되었다. 사실 웅진도독부 체제의 유지를 위해 당은 지역 사회에 정통한 백제 출신자들을 여럿 활용했다. 예군과 부여융 외에도 사료에서 난한(難汗)과 난무(難武) 부자, 흑치상지 등 웅진도독부와 각 주에서 근무한 백제 유민을 확인할 수 있고, 몇 년 후 신라가 웅진도독부를 공격하는 와중에 생포한 '백제 장군'은 웅진도독부가 옛 백제의 군사력 일부도 흡수해 운용했음을 알려준다. 아직 단정하기에는 이르지만, 예식진 역시 660년대 중후반에 짧게나마 자신의 옛 근무지였던 웅진 일대에 설치된 동명주(東明州)의 책임자, 즉 자사(刺史)로 활동했을 가능성도 있다.

그런데 웅진도독 부여융은 부임하고 3년이 채 지나기도 전에 당으로 귀국했다. 게다가 실질적으로 가장 발언권이 크다고 할 수 있는 옛 백제 지역에 주둔한 당군의 지휘관마저 얼마 후 고구려 침공 과정에서 지은 죄로 인해 유배되었다. 따라서 도독부의 남은 고위 관료였던 예군이 660년대 후반 웅진도독부 체제의 운영을 책임졌다고 할 수 있는데, 소속이 달라지기는 했지만 옛 모국에서 거의 최고의 위치까지 출세한 예군의 심정은 어땠을까. 하지만 한반도 일대의 정세가 급변하면서 그의 처지도 한순간에 뒤집어졌다.

668년 고구려가 멸망한 직후에 신라와 당의 전면전이 발생했다. 당이 백제와 고구려의 영역 전부를 차지하는 것도 동맹 시에 맺은 협약을 위반한 것인데, 신라마저 하나의 지방 단위로 삼으려고 했으니 두 나라 사이에서 전쟁이 터진 것은 당연한 결과였다. 신라의 첫 번째 목표는 옛 백제 영역의 확보였고, 이는 웅진도독부의 축출을 의미했다. 백제의 멸망 및 백제 부흥군과의 전쟁 과정에서 입은 피해도 완전히 복구하지 못한 상황에서 웅진도독부가 신라의 공세를 막아 낸다는 것은 불가능했다.

이러한 상황에서 예군은 외교를 통해 위기를 모면하려고 했다. 나름대로 자신이 있었는지, 아니면 절박했는지는 모르겠다. 그러나 신라는 애초에 예군을 교섭 상대로 생각하지 않았다. 670년 신라를 방문한 예군은 현장에서 억류되었다. 《삼국사기》에서는 신라가 웅진도독부에 화친을 요청했음에도 예군이 와서 신라의 허실을 엿보았기 때문에 그를 붙잡았다고 서술했다. 과연 이 내용이 사실일까.

당시 신라가 예군을 부른 명분은 고구려부흥운동에 대처하기 위한 협조 요청이었다. 그렇지만 신라는 오히려 당군을 묶어 두기 위해 고구려 부흥군을 지원하던 상황이었으므로, 이 명분은 거짓이었다. 무엇보다 신라는 예군을 구속하자마자 대규모의 파상 공격을 감행해 80개가 넘는 성을 함락시켰다. 이는 예군의 체포가 처음부터 웅진도독부의 지휘 계통을 교란함으로써 군사적 성과를 극대화하려고 했던 신라의 각본에 의한 결과였음을 보여 준다.

자업자득이라고 하기에는 지나칠 수도 있지만, 신라의 속임수에 빠져 억

류된 예군의 모습에서 과거 예군 형제에 의해 체포된 의자왕의 모습을 떠올리는 독자도 적지 않을 것이다. 운영의 중추인 예군을 잃은 웅진도독부는 피해가 쌓이는 데다가 본국으로부터의 지원도 제대로 이루어지지 않으면서 결국 다음해인 671년 옛 백제 영역에서 소멸되었다.

예군은 672년 9월에 신라에 의해 당으로 송환되었는데, 당에서는 그에게 책임을 묻는 대신 종3품의 우위위장군(右威衛將軍)으로 임명했다. 지금까지의 그의 노고를 위로하기 위해서였을까. 이후 예군은 여느 번장처럼 황궁을 지키는 무관으로 근무하다가 678년 66세를 일기로 장안(長安)의 자택에서 사망했다. 한 가지 재미있는 점은 그의 묘지에서 왜와의 교섭은 충실히 서술한 반면, 신라에서 겪은 치욕에 대해서는 철저하게 침묵을 지켰다는 것이다. 이는 죽은 자를 위해 작성된 글이라는 묘지의 특성에서 비롯된 사료로서의 한계를 전형적으로 보여 주는 좋은 사례라고 할 수 있다.

미완으로 끝난 예식진의 귀환

예군이 강제로 당에 송환되기 4개월 전, 672년 음력 5월에 그의 동생 예식진이 58세의 나이로 사망했다. 형보다 이른 죽음이야 그럴 수 있다고 하더라도, 예식진의 묘지에서 그가 죽었다고 한 내주(來州) 황현(黃縣)이 문제가 된다. 이곳은 현재 중국 산둥성 룽커우 일대로, 당의 도성이 있었던 시안 지역에서 약 1,300킬로미터나 떨어진 지점이다. 여기까지 읽었을 때 무언가 위화감이 들지 않는가? 예식진의 마지막 관직인 좌위위대장군의 기본 직무는 황궁 경호였다. 그런데 그는 직장과 집이 있는 수도가 아닌, 오늘날에도 비행기로 2시간이나 가야 하는 곳에서 최후를 맞이한 것이다.

예식진의 사망 지점에 얽힌 의문은 그의 형이 신라에서 억류당하게 된 배경과 마찬가지로 그 무렵 한창 진행 중이었던 신라와 당의 전쟁과 연결할 때 풀려 나간다. 671년 당은 육로로 동주도행군(東州道行軍)과 연산도행군(燕山道行軍), 해로로 계림도행군(鷄林道行軍) 등 총 3개의 행군(行軍)을 파견했다. 행군이란 그 자체로 완결성을 갖춘 전쟁 수행 조직을 가리키며, 목표 지역을 상징하는 용어를 각 행군의 앞에 붙여 명칭으로 사용했다. 계림도행군의 '계림'은 당에서 멋대로 신라를 계림대도독부(鷄林大都督府)로 설정한 일에서 알 수 있듯이 신라를 부르는 별칭이었다.

계림도행군은 수세에 몰린 웅진도독부를 지원한다는 목적을 갖고 서해를 가로질러 한반도로 향했는데, 이들을 태운 선단이 출발한 곳이 내주 황현의 근처에 있었다. 산둥반도에 위치한 이곳은 지리적인 특성으로 당 이전부터 수군 기지로 이용되었고, 예식진은 그 인접 지역에서 사망한 것이다. 어쩌면 그는 당의 수군, 혹시 계림도행군과 모종의 관계를 갖고 이곳까지 왔던 것이 아닐까.

물론 계림도행군이 최초로 출진한 671년과 예식진이 죽은 672년의 사이에는 1년의 시차가 있다. 하지만 금강 하구를 통과해 웅진도독부가 위치한 사비성 근처까지 접근한 계림도행군은 신라군의 반격으로 큰 피해와 함께 패퇴했고, 지휘관이었던 설인귀(薛仁貴)는 그 책임으로 면직되었다. 중요한 사실은 다음 해인 672년에도 계림도행군이 여전히 존재했다는 점이다. 이들은 전선에 다시 투입되기 전에 병력 보충 등 정비를 위해 출발 지점이었던 내주로 돌아왔을 텐데, 지휘관의 자리를 비워 둘 수는 없는 만큼 후임자인선도 이때 이루어졌을 것이다.

예식진은 바로 이렇게 산둥반도의 수군 기지에서 대기하고 있던 계림도 행군의 새로운 지휘관으로 임명되었던 듯하다. 사실 그만한 적임자를 찾기도 어려웠다. 백제의 북방령이었던 예식진은 백제 지역의 기후, 지형, 주민 집단 등에 대한 각종 정보에 능통했고 군사적 재능도 이미 검증되었다. 좌위위대장군이라는 그의 관직도 1개 행군의 지휘관을 맡기에 적합한 자격이었다. 그리고 예식진이 뽑힌 이유가 한 가지 더 있었다.

670년대에 접어들면서 당은 양면 전쟁을 수행해야 했다. 즉 동쪽의 신라만이 아니라 서쪽으로 현재의 티베트 지역에서 등장한 토번(吐蕃)과의 충돌도 심각해질 조짐을 보이고 있었다. 문제는 670년 7월 현재의 칭하이성(靑海省) 지역에서 벌어진 대비천(大非川) 전투에서 당군이 대패한 일이 보여 주듯이, 당이 토번을 상대로 열세였다는 점이다. 당으로서는 군사력의 중심을 서방으로 이동시킬 수밖에 없는 상황이었다.

그렇다고 신라에 더해 고구려 부흥군과도 교전해야 했던 동방 전선의 상황이 여유로운 것도 아니었다. 이에 따라 당은 전력 공백을 메우기 위해 주변 지역의 이종족으로 구성된 병력, 즉 번병(蕃兵)을 대량으로 동원해 한반도 방면에 투입했다. 앞에서 보았던 671년 육로로 파견된 2개 행군의 병력 총 4만 명 중 3만 명이 말갈족, 거란족 출신이었다. 그렇잖아도 계림도행군은 671년의 전투에서 5천 명이 넘는 병력 손실을 입었는데, 이를 어떻게 보충하려고 했을까.

660년 백제의 멸망 후 2만 명 내외의 백제 유민이 당으로 강제 이주되었다. 이들 대부분은 서주(徐州)와 연주(兗州)에 배치되었는데, 두 지역의 동편

산시성[陝西省] 시안에서 발굴된 예씨 일족 묘역

(출처: 충청남도역사문화연구원 편, 2016, 《중국 출토 百濟人 墓誌 集成 탁본·사진편》)

에 내주 황현이 있었다. 이곳에서 옛 백제 영역으로의 진입을 재차 준비하고 있던 계림도행군의 추가 병력으로 인근의 백제 유민 집단이 동원되었다고 보인다. 그리고 당은 이들의 존재를 감안해 예식진을 계림도행군의 지휘관으로 삼았던 것이다.

내주로 향하던 예식진은 어떤 기대를 품고 있었을까. 만약 무사히 한반도에 상륙해 신라와의 전투에서 승리를 거둔다면 형 예군에 이어 옛 백제 영역의 주도권을 장악할 수 있다. 그뿐만 아니라 유리한 위치에서 신라에 형의 석방을 요구할 수도 있다. 그의 입장에서는 금의환향할 절호의 기회가 아니었을까. 그러나 장거리 이동으로 인한 여독 때문이었는지, 아니면 다른 이유가 있었는지, 내주 황현에 이르러 갑자기 죽음을 맞이함으로써 예식진의 귀환은 미완으로 끝을 맺었다. 그의 시신은 왔던 길을 거슬러 장안까지 옮겨졌고, 황제의 명령에 따라 장례를 치른 후 정중히 매장되었다.

후일담

예식진의 아들과 손자인 예소사와 예인수는 모두 선대의 공적과 지위를 토대로 당에서 무관으로 관직 생활을 시작했다. 이들도 백제 유민이라고 생각할 수 있지만 그보다는 백제 유민의 후손이자 당 사회의 구성원이라고 하는 편이 정확할 것이다. 예소사의 경우 부친 예식진처럼 한동안 황궁 경호에 종사하다가 여러 지역의 군사 조직에서 경력을 쌓은 후 수도로 돌아와 종3품의 좌무위장군(左武衛將軍)까지 승진했다. 그는 708년 황명으로 과거 예식진이 죽기 직전에 통솔할 예정이었던 백제 유민들이 거주했던 서주와

《예소사 묘지》 지석(왼쪽)과 개석의 탁본
(출처: 이영호, 2012, 〈새로 발견된 百濟遺民 祢素士·祢仁秀 묘지명 탁본〉 《한국고대사연구》 65, 243·244-i쪽.)

연주로 파견되어 일대를 안무하던 중 현지의 관사에서 사망했다. 묘지에 기록이 없어 사망 시의 나이는 알 수 없다.

예소사의 큰 아들이었던 예인수 역시 조부와 부친의 길을 걸었는데, 특히 그가 출사하면서 처음으로 받은 품계가 다른 유민의 후손들이 일반적으로 받던 종5품하보다 4등급이나 높은 종4품하였다는 사실은 예씨 가문의 위세가 그때까지도 여전했음을 알려 준다. 그렇지만 그의 묘지에 따르면 예인수는 상급자의 죄에 연루되어 지방으로 좌천된 다음부터는 여러 곳을 전전했고 결국 727년 간쑤성(甘肅省) 동부에 있었던 군사 기지에서 53세의 나이로 사망했다. 묘지에 서술된 내용은 이것이 전부라 구체적인 죄목이 무엇이었는지 알 수 없지만, 이 일을 계기로 예씨 가문은 쇠락해 그 후손의 흔적은 현재로서는 더 이상 찾을 수 없게 되었다.

지금까지 살펴본 예씨 일족의 삶은 기존에 알려진 다른 유민들의 삶과 비

〈예인수 묘지〉 지석(왼쪽)과 개석의 탁본
(출처: 이영호, 2012, 〈새로 발견된 百濟遺民 祢素士·祢仁秀 묘지명 탁본〉《한국고대사연구》 65, 244·244-ii쪽.)

교할 때 공통적인 부분과 이질적인 부분이 공존한다. 또한 그들 4명의 묘지에는 일족의 기원과 멸망 이전 백제에서의 활동과 관련해 밝혀야 할 부분도 아직 많이 남아 있다. 이 글을 읽은 독자들의 뇌리에 가장 기억에 남는 내용이라면 역시 예군과 예식진 형제가 의자왕을 잡아 당에 바쳤던 사건일 것이다. 그들과 그들의 후손이 모국을 멸망시킨 나라에서 출세할 수 있었던 가장 큰 기반이 '배신'이었다는 점은 분명하다. 예씨 일족에 대한 평가는 개인마다 다양할 수 있지만, 굳이 현대의 가치관과 기준으로 이들을 단죄할 필요는 없을 것이다. 예씨 일족의 삶은 고대에 나라를 잃은 사람들의 생활상을 보다 풍성하고 다채롭게 채워 주는 중요한 역사 연구의 대상이지만, 그들의 활동과 그 배경에 있었던 7세기 중후반 동북아시아의 역동적인 국제관계를 흥미진진하게 감상할 수 있다면 그것만으로도 충분하다.

최상기 _서울여대 강사

삼국에 귀화한 중국계 이주민

백길남

'글로벌 코리아'의 기원

길거리로 나서면 어렵지 않게 외국인을 만난다. 방송에서는 우리말을 유창하게 하는 외국인들을 자주 볼 수 있다. 21세기 대한민국은 230만의 외국인들이 오고 가며 머무는 글로벌 국가이다. 이런 외국인이 대한민국의 국적을 얻게 되면 '귀화(歸化)'했다고 한다. 2019년 현재, 110개국 20만 명이 대한민국 국민이 되었다. 유엔회원국이 193개국이니 전 세계 나라의 절반이 넘는 국적을 가진 사람들이 대한민국에 귀화한 셈이다.

지금이야 발달된 통신과 교통으로 전 세계 사람들이 자유롭게 대한민국을 드나들고 있는 상황이지만, 고대사회는 그러하지 못했다. 그렇지만 중국 대륙과 일본열도의 사람들은 끊임없이 한반도로 이주하였다. 아무래도 땅과 바다가 모두 이어져 있는 중국 대륙에서 더 많은 사람들이 한반도로 들어왔을 것이라고 짐작해 볼 수 있다.

그렇다면 언제부터 중국인이 한반도로 들어와 공동체를 이루게 되었던 것일까. 기록에 따르면 고조선 시대부터다. 기원전 200년경 시황제의 진나

'낙랑예관(樂浪禮官)'이 새겨진 수막새(국립중앙박물관 소장)
평양 낙랑토성에서 발견되었다. 막새면의 중심부에 '낙랑예관'이라는 글자를 넣고 주위에 구름무늬(雲氣文)를 채웠다. 예관은 의전과 제사, 학문 진흥 등의 역할을 담당하였다.

라가 멸망하고 한나라가 건국된 이후에도 혼란이 계속되면서 수만 명의 중국인들이 고조선 영역으로 이주하였다. 이주민 중에는 연(燕)나라 출신의 위만(衛滿)이라는 사람이 있었다. 위만은 1천여 인을 모아 고조선으로 넘어올 때 북상투(魋結)를 틀고 고조선의 의복을 입었다고 한다. 아마 외부인으로서 고조선 사람들의 호의를 얻고자 한 의도가 있었던 것 같다. 고조선의 준왕(準王)은 위만을 박사(博士)로 삼고 1백 리의 땅을 주어 서쪽 변경을 지키게 하였다. 위만은 서쪽 변경에서 중국계 이주민을 받아들여 세력을 키워갔고 급기야 준왕을 내쫓고 고조선의 왕이 되었다. 중국계 이주민의 지속적인 유입이 결국 고조선의 권력 구도를 바꾸는 파문을 일으킨 것이었다. 이시기 고조선은 중국계 이주민을 포괄하는 다양한 종족으로 구성된 '다종족

사회'였다는 것을 알 수 있다.

《사기》에 의하면 위만의 손자인 우거(右渠)도 중국계 유이민을 계속 끌어들여 그 세력을 키워 갔다고 한다. 그리고 우거는 고조선의 주변 세력이 한(漢)나라와 직접 교섭하는 것을 차단하였고 한나라와 대립하고 있었던 흉노와 외교관계를 맺었다. 위협을 느낀 한 무제는 고조선을 침공하였고 이에 고조선은 격렬히 저항하였지만, 결국 기원전 108년에 멸망하였다. 한나라는 고조선의 영역에 낙랑, 진번, 임둔, 현도 4군(郡)을 설치하였다. 한반도 북부지역에 한 군현이 들어서면서 관리, 군인, 상인 등 다양한 직능을 가진 중국인의 왕래가 빈번해졌다. 다른 군은 없어지거나 옮겨지는 우여곡절이 있었지만, 낙랑군은 420년간 평양 일대에서 존속하였다. 이로써 한반도 서북부에 정착하는 중국인의 수는 자연스럽게 늘어갔다. 이들은 중국의 문물을 한반도에 전달하고 기존의 고조선의 문화와 유기적으로 결합시키는 데 중요한 매개의 역할을 하였다.

중국 군현을 떠나 삼국으로

기원후 3세기, 후한 말에서 위·오·촉 삼국시대까지 중국 대륙은 오랜 기간 혼란과 내전이 거듭되었다. 그러다 사마씨(司馬氏)의 서진(西晉 265~317)이 중국을 통일하면서 잠시 안정을 되찾는 듯했지만, 제위를 놓고 왕자끼리 서로 반목하면서 분열이 발생했고 엎친 데 덮친 격으로 흉노를 비롯한 북방 민족이 일어나 중원 지역을 휩쓸었다. 결국 흉노족이 서진의 회제(懷帝)를 사로잡아 죽이는 사건까지 벌어지게 되었다. 이런 일련의 혼란을 당시 회제의 연호를 따서 영가(永嘉 307~313)의 난이라고 한다.

북방 민족의 파상 공세 속에서 한족(漢族)은 삶의 터전인 중원 지역을 버리고 다른 지역으로 이주하는 초유의 사태를 맞이하였다. 중원을 떠난 수백만 명의 한족은 남쪽의 양쯔강 일대로 대거 이주하였고, 일부는 서역이나 요서·요동과 같이 동·서의 변경지역으로 이동하였다. 서진의 멸망은 한반도 서북부에 있었던 낙랑군과 대방군에도 커다란 충격을 주었다. 본국의 지원이 끊기면서 주변 한족(韓族)과 예족(濊族)의 도전은 더욱 거세졌고 북방의 고구려가 남하하면서 결국 313년과 314년에 낙랑군과 대방군은 차례로 소멸하였다. 낙랑군과 대방군의 상당수 유민은 고구려에 잔류하였지만, 일부는 중국 대륙으로 다시 돌아가고 백제와 신라 그리고 왜로 흘러갔다.

영가의 난으로 인해 자신의 가문이 요동과 한반도로 이주하였다는 내용을 기록한 고구려와 백제 유민의 당나라 시기 묘지명(墓誌銘)이 여럿 남아

©충청남도역사문화연구원

예군(禰軍) 묘지명 탁본
예군은 백제의 유민이다. 묘지명에는 예씨 가문의 선조가 영가 말에 중국에서 백제로 넘어왔다는 기록이 있다.

있다. 일부 과장도 있었겠지만, 이 무렵에 많은 중국계 이주민이 요동과 한반도로 이주했다는 사실은 과히 틀리지 않았던 것 같다. 4세기 초 이후 북방 민족과 한족이 세운 16국이 흥망을 거듭하면서 정치적 혼란이 계속되었다. 그때마다 요동과 한반도로 많은 중국계 망명객과 이주민이 유입하였고, 어떤 때는 한 나라의 유민이 통째로 넘어오기도 하였다. 436년 북위(北魏)가 요서 지역에 있었던 북연(北燕)을 공격하였는데, 이때 북연의 국왕인 풍홍(馮弘)과 그 백성들이 고구려로 투항하였다. 한편 450년 남조 송으로 파견된 백제 사신의 이름이 북연의 왕성(王姓)을 가진 풍야부(馮野夫)였다. 이를 통해 북연의 유민 일부가 백제로 건너온 사실을 알 수 있다. 이와 같이 중국 대륙의 정치적 혼란과 그로 인해 발생한 대규모의 인구 이동은 6세기 말~7세기 초, 수(隋)·당(唐) 통일제국이 등장하기까지 계속되었다.

삼국의 주민이 되기까지

《수서》 백제전을 보면, 백제인 중에는 신라, 고구려, 왜 등이 섞여 있고 중국인도 있다는 기록이 있다. 아마 중국인이 사비도성에 다양한 외국 출신 주민이 거주하는 것을 직접 보고 서술한 내용일 것이다. 여기서 흥미로운 사실은 이미 백제인이 되었음에도 그 출신 계통을 구분하고 있었고, 이를 사비도성에 체류하였던 중국인도 인지하였다는 점이다.

당시 사비도성의 모습을 엿볼 수 있는 유물이 궁남지 315호 목간이다. 목간에는 '부이(部夷)'라는 붓글씨가 쓰여 있다. 부이의 '부'는 도성의 행정구역으로서 같은 목간에 기술된 서부(西部) 후항(後港)을 뜻한다. 그리고 '이'는 오

궁남지 315호 목간(국립부여박물관 소장)
소나무로 만든 목간이다. 위에서 4.4센티미터 지점에 구
멍 1개가 뚫려 있다. 앞뒷면에 모두 글씨가 있다. 사비도
성의 행정구역, 인명, 호구, 도량형 등 백제의 사회 제도
를 이해하는 자료가 된다.

랑캐로서 외국 출신을 말한다. 즉 '부이'는 사비도성에서 거주하는 외국 출
신 사람을 뜻하는 표현으로 해석할 수 있다. 아마도 부이는 백제의 적국이
었던 고구려와 신라 출신을 가리키는 용어가 아니었을까 한다.《일본서기》
를 보면, 백제는 오랜 경쟁국이었던 고구려 출신 포로를 '박노(狛奴)' 등으로
폄하하여 불렀다. 또한 신라는 관산성에서 백제 성왕을 죽인 철천지원수였
고, 무왕과 의자왕 시기 백제와 신라는 치열하게 다투었다. 따라서 적국인
고구려와 신라 출신의 주민을 '부이'라고 불렀을 개연성이 있다.

그렇다면 백제는 중국계 이주민도 '이'라고 인식하였던 것일까. 백제는 중
국왕조로부터 책봉을 받았고 중국 문물을 적극 수입하였다. 따라서 중국계

덕흥리 벽화고분 13군 태수 벽화
덕흥리 벽화고분 앞방 서쪽 벽에 그려진 벽화이다. 연군(燕郡) 등 13군 태수 그림과 유주에 관한 기록이 있다.

©조선화보사

이주민을 '이'라고 분류하지는 않았을 것이다. 대신 백제는 중국계 이주민을 출신 지역별로 관리하였던 것 같다. 《송서》와 《남제서》 백제전을 보면, 5세기 남조로 파견된 백제의 외교 사절단은 대개 중국계 관료로 구성되었는데, 이들에게 서하(西河), 광양(廣陽), 청하(淸河) 등 여러 중국 지명과 결합한 태수(太守)에 임명했다는 사실이 눈에 띈다.

백제와 유사한 모습은 고구려에서도 찾아진다. 평양과 황해도 일대에는 4~5세기에 만들어진 중국계 유력 인사가 묻힌 벽돌무덤과 돌방무덤이 산재한다. 여기서 동수(冬壽)의 무덤으로 알려진 안악 3호분에서는 여러 중국

지명과 결합한 상(相)과 태수 등의 중국 지방관호가 새겨진 붓글씨가 발견되었다. 또한 덕흥리 벽화고분에서는 무덤 주인인 유주자사(幽州刺使) 진(鎭)이 통솔하였던 13군 태수의 인사를 받는 장면이 벽화로 그려져 있다. 이처럼 백제와 고구려로 유입한 중국계 인사와 관련하여 특정한 중국 지명 기록이 있었다는 것이 주목된다.

4세기 초부터 중국계 이주민은 전쟁과 재난을 피해 마을 단위의 대규모로 이동하였다. 중국계 이주민 집단은 지역의 유력 세력인 호족(豪族)부터 노예까지 다양한 계층으로 구성되어 있었다. 이때 중국계 이주민은 새로 정착한 지역에서 본래 자기 고향의 '주·군·현(州·郡·縣)'의 지명을 그대로 쓰기도 했는데, 이를 '교주·교군·교현(僑州·僑郡·僑縣)'이라고 한다. 흡사 유럽 사람들이 아메리카 대륙으로 넘어가 유럽 도시의 지명을 그대로 썼던 경우와 다르지 않다. 교주·교군·교현의 설치는 한족의 대이동 시기에 빈번하게 발생한 사회적 현상이었다.

고대사회에서 사람은 영토보다 더 중요한 자원이었다. 사람의 노동력은 땅을 개간할 수 있었고 재화를 만들 수 있었다. 특히 중국 문물에 대한 이해와 경험이 있었던 중국계 이주민은 다른 어떤 종족보다도 그 활용 가치가 컸다. 그리하여 고구려와 백제는 중국계 이주민의 원활한 유치와 관리를 위해 이주민 집단의 출신지 의식과 계층 구성을 존중하면서 이들을 받아들였던 것 같다. 이와 같은 배경 속에서 4~5세기 백제와 고구려로 유입한 중국계 이주민 집단의 출신 지역명과 중국 지방관호 등의 기록이 남을 수 있었던 것이 아닌가 한다.

이 밖에도 삼국은 중국계 이주민의 정착을 위해 도성 지역 등에 거주를 허락하고 집과 토지 등의 지원을 해 주면서 얼마간의 세금도 유예해 주었던 것 같다. 이런 과정들을 거쳐 중국계 이주민은 삼국의 주민으로서 정착하였고 호적(戶籍)에도 오를 수 있었다.

관료로 발탁된 중국계 이주민

대한민국 〈국적법〉을 보면 과학, 경제, 문화, 체육 등 특정 분야에서 매우 우수한 능력을 보유하여 국익에 기여할 것으로 인정되는 외국인은 자격 시험 없이 특별귀화를 허가하고 있다. 국익에 도움이 될 만한 인재라면 그 국적과 관계없이 자국민으로 유치하고자 하는 것이다. 비단 국적만 허락하는 게 아니다. 〈공무원 임용령〉에 따르면, 국가안보 및 보안·기밀에 관계되는 분야가 아니라면 어느 분야에서든 외국인은 공무원으로 활동할 수 있도록 명시하고 있다. 이처럼 외국인일지라도 능력만 있다면 공무원으로서 활동할 수 있는 기회가 주어진다.

지금이야 공무원은 수많은 직업 중에 하나이지만, 전근대 사회에서 공무원, 즉 관료는 지배 세력만이 맡을 수 있었다. 과거제가 없었던 고대사회에서 소위 '금수저'인 유력 가문의 후손이 아니고서는 관료로 진출하기 대단히 어려웠다. 바늘구멍과 같은 제약을 뚫고 중국계 이주민의 일부는 관료 사회로 진출하였다. 이들에게는 관료로서 바로 활동할 만한 능력과 경험이 있었기 때문이었다. 낙랑군 속리(屬吏)의 무덤으로 파악되는, 평양 정백동 364호 무덤에서 발견된 《논어》 죽간(竹簡)과 낙랑군 초원(初元) 4년 현별(縣別) 호구부(戶口簿) 목독(木牘)이 이를 증명해 준다.

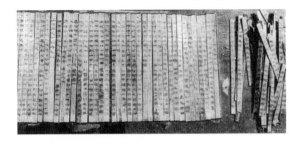

평양 출토 《논어》 죽간
(출처: 李成市, 尹龍九, 金慶浩, 2009, 〈平壤貞柏洞364號墳출토 竹簡 《論語》에 대하여〉 《목간과 문자》 4)

낙랑군 초원 4년 현별 호구부 목독
(출처: 《조선고고연구》 2008-4)

먼저 《논어》 죽간에는 1매당 대개 20자 내외의 한자가 정연하게 쓰여 있는데, 중국에서 발견된 죽간의 형태와 같다. 한나라에서 규격화된 《논어》 판본을 전국에 보급하였던 것이다. 특히 《논어》 죽간은 한·중·일 동아시아에서 모두 발견되는 유일한 서적이라는 점에서 그 의미가 자못 크다. 원활한 통치의 소통을 위해서는 통일된 문자의 사용이 중요하였다. 그래야 행정의 효율을 높일 수 있었다. 한자의 확산은 《논어》와 같은 서적의 보급을 통해 이뤄졌고 문장을 만들 때는 《논어》와 같은 유학 경전의 구절을 인용하는 게 보통이었다. 따라서 한자로 문서를 작성하기 위해서는 자연스럽게 유학에 대한 이해가 뒷받침되어야 했다.

그리고 낙랑군 초원 4년 현별 호구부는 기원전 45년에 낙랑군 소속 25현의 인구수를 조사하여 기록한 장부를 말하는데 3매의 나무판, 즉 목독 형태로 발견되었다. 이 목독이 작성되기 위해서는 각 현마다 인구를 파악하여 군에 보고하고 군은 현마다 올라온 보고를 수합하는 과정을 거쳐야 했다. 보고서는 죽간 뭉치로 만들어졌는데, 이 죽간 뭉치를 묶은 노끈의 이음매에 점토 덩어리를 붙이고 인장을 눌러 찍은 봉니(封泥)로 밀봉하면 보고서가 완성되었다. 낙랑군의 치소였던 낙랑토성에서는 22개현의 봉니가 발견되었는데 각 현마다 보고서가 올라왔다는 것을 알 수 있다. 이렇게 수합된 인구 정보는 중국 조정으로 전달되었다. 이처럼 모든

▌낙랑의 봉니(국립중앙박물관 소장)

보고 과정은 문서를 통해 전개되었다.

공문서는 '법령'을 집행하기 위해 작성되었다. 낙랑군이 설치되고 범금(犯禁) 60여 조로 늘었다는《한서》지리지 기록과 낙랑군에만 시행된 특별령인 '낙랑설령(樂浪挈令)'이 있었다는《설문해자》기록 등을 통해서 낙랑군의 행정은 중국의 율령체계 안에서 운영되었다는 것을 알 수 있다. 이처럼 율령과 문서행정을 경험한 중국계 인사는 다른 어떤 종족보다도 관료로서 활동하기 좋은 경험을 갖추고 있던 것이다.

이 밖에 중국계 이주민 중에는 귀금속, 철기, 토기 등 다양한 물품을 만들 수 있는 장인과 성곽과 건물 등을 짓는 토목·건축에 정통한 기술자 그리고 중국 대륙, 한반도, 일본열도를 오가며 교역을 하였던 상인 등이 있었다.《속일본기》를 보면 대방군 출신의 아지왕(阿智王)은 왜왕에게 자신이 거느리고 있는 백성 남녀가 모두 재주가 있다고 주장하였다. 아지왕과 같이 중국

계 이주민 집단을 통솔하였던 호족과 수장 세력은 본래 중국 군현에서 관료 사회를 경험했던 인사들이었다. 고구려와 백제 역시 무리를 이끌고 온 아지 왕 같은 인사들에게 관등을 주거나 특정한 관직을 맡겨 관료로서 발탁하였 을 가능성이 많은데, 덕흥리 벽화고분의 무덤 주인인 유주자사 진이 '국소 대형(國小大兄)'이라는 고구려 관등을 받은 사실이 이를 뒷받침한다. 한편 중 국계 이주민 중에서 특별한 기술과 능력을 갖춘 장인이나 기술자 등은 이주 민 집단의 호족과 수장의 '추천'을 받아 기술관으로서 등용되는 경우가 적지 않았을 것이다.

중국계 관료의 활약상

한자, 유학, 율령에 대한 중국계 관료의 이해와 경험은 삼국의 통치 체제 를 정비하는 밑거름이 되었다. 대표적으로 백제 근초고왕 때 박사 고흥(高興) 을 얻어 '서기(書記)', 즉 기록을 하는 일이 시작되었다고 한다. 여기서 '기록' 은 역사 기록 또는 문서 행정을 의미하는 것으로 파악된다. 어떤 해석을 취 하든 한자문화가 백제 사회에서 보편화되기 시작했음을 알 수 있다.

한자문화의 확산은 유학 교육과 동반된다. 따라서 국립 유학 교육기관인 태학(太學)의 설립은 중요한 전기가 되었다. 고구려는 372년 소수림왕 때 태 학을 세웠는데, 장수왕 때에 이르면 고구려 사람들은 오경(五經)을 읽을 수 있었다고 한다. 600년 영양왕 때에는 태학 박사 이문진(李文眞)이 고구려의 역사를 기록한 《신집》 5권을 저술하였다.

한편 백제의 경우 태학의 설립 시기는 알 수 없지만 《주서》에 따르면 백제 사람들은 경전과 역사서를 애독하였고 뛰어난 사람은 제법 문장을 쓸 수 있었다고 한다. 백제 유민인 진법자(陳法子)의 묘지명을 보면, 진법자의 증조부 진춘(陳春)은 태학의 최고 관리인 태학정(太學正)을 역임하였다고 한다. 이처럼 이문진과 진춘 등의 중국계 관료가 태학에서 주요한 역할을 수행했음을 알 수 있다.

그리고 문장을 짓는 능력은 왕명을 받아 문서를 만들고 이를 관부에 전달하는 역할을 맡기 적합하였다.《구당서》백제전을 보면, 백제의 문서(表疏)의 형식이 중화의 법도를 따랐다고 하는데, 문서행정 체계가 중국과 유사했음을 의미한다. 따라서 중국계 관료는 국왕의 지근거리에서 왕명을 받드는 근시직(近侍職)을 수행하였을 가능성이 많다.

중국계 관료는 중국과의 외교에서 자신의 진가를 제대로 발휘하였다. 외교 현장은 국익이 충돌하는 날선 장소이고 말 한마디가 엄청난 파장을 불러 일으키는 무대이기도 하였다. 중국어를 능숙하게 할 줄 알았던 중국계 관료는 중국 왕조와 친밀한 관계를 구축하는 데 유리하였다. 특히 표문 등의 외교 문서는 아름답게 말을 꾸미면서도 원하는 바를 정교하게 표현해야 했고, 해독하는 것 역시 무척이나 까다로운 문서였다. 백제는 중국계 관료를 적극 활용하여 이런 외교 문서를 작성하고 해독하였다.《위서》백제전에는 백제 개로왕이 북위 황제에게 보낸 표문의 일부가 수록되어 있는데,《송서》왜전에 기록된 왜왕 무(武)의 표문 구절에 영향을 미친 것을 알 수 있다. 이를 통해 백제의 중국계 관료가 왜로 넘어가 왜왕의 표문을 쓴 것으로 추정하기도 한다. 중국으로 파견된 중국계 관료는 국왕의 부관(府官)이라는 의미로서 장사(長史), 사마(司馬), 참군(參軍) 등의 관직명을 사용하면서 외교관으로서의

'양선이위사의(梁宣以爲師矣)'가 새겨진 벽돌(국
립공주박물관 소장)
공주 송산리 6호분에서 발굴된 벽돌이다. 무령왕
릉에서 사용된 벽돌과 닮았다. 백제와 양 사이의
문화교류를 보여 주는 자료이다.

위상을 내세웠다. 중국계 관료는 고구려와 백제가 중국의 정치적 지원과 문물을 얻는 데 기여하였다.

중국계 관료의 활동은 일본열도로 이어졌다. 백제는 고구려와 신라와의 큰 분쟁이 있을 때마다 왜를 끌어들여 활용하고자 하였다. 왜 역시 백제의 문물을 얻기 위해 백제의 지원 요청을 받아들였다. 백제의 문물은 남조의 영향을 많이 받은 특징이 있다. 백제는 남조와 활발히 교류하면서 중국의 문물을 적극 수입하였다. 판독에 다소 논란이 있지만, 공주 송산리고분군에서 발견된 '양선이위사의(梁宣以爲師矣)'라고 쓰여진 벽돌이 이를 증명한다. 즉 "양나라 사람 선을 총사(塚師)로 삼아 무덤을 만드는 데 관리하였다."라는 뜻으로 양나라가 백제에 벽돌 무덤을 만드는 방법을 전해 주었던 것이다. 이처럼 양나라의 다양한 문물을 수입한 백제가 이를 자신의 방식대로 소화한 후, 왜에게 백제의 문물로서 전달해 주었던 것이다.《일본서기》를 보면, 6세기 백제는 오경박사(五經博士), 역박사(易博士), 역박사(曆博士), 의박사(醫博士) 등 각종의 직능을 보유한 '박사(博士)'들을 왜로 파견하였다. 이 박사들의 이름을 보면, 왕씨(王氏)를 비롯한 중국계 성씨를 가진 인물이 많다.

백제가 남조로부터 각종의 문물을 받아들일 때, 언어가 가능한 중국계 박사들이 새로운 중국 문물을 이해하는 데 유리했을 것이다. 또한 중국계 박사가 가진 특별한 직능은 일종의 가학(家學)으로서 후손에게 계승되었던 것 같다. 기술을 익히기 위해서는 관련 기술에 대한 깊은 이해와 오랜 숙련 과정이 뒷받침되어야 했던 만큼 대를 이어 전수하는 과정이 자연스럽게 형성되었을 것이다. 이처럼 중국계 관료의 활동은 유학 교육, 외교, 기술 등 여러 직능에 걸쳐 이루어졌다. 또한 진법자 묘지명 등의 기록을 보면 진법자 가문이 지방관으로서 활동한 사례도 확인된다. 따라서 중국계 관료는 특정 분야에 구애되지 않고 여러 행정 분야에서 활약했다고 할 수 있다.

중국계 이주민의 사회적 위상

삼국마다 중국계 이주민에 대한 대우의 편차가 있었다. 먼저 고구려는 요동과 한반도 북부 지역에 있던 모든 중국 군현을 정복하였고, 중국과는 직접 국경을 맞대고 있었다. 따라서 삼국 중 가장 많은 수의 중국계 이주민이 고구려에 정착했을 것이고 실제 모용부에서 고구려로 넘어온 동수를 비롯한 여러 중국계 망명객의 이름이 전해진다. 중국계 이주민이 상당한 규모였을 것이라는 것은 평양과 황해도 재령강 일대의 여러 벽돌무덤과 돌방무덤을 통해 짐작해 볼 수 있다. 따라서 중국계 이주민 중에서 관료로 등용되는 사례도 적지 않았을 것이다. 장수왕 때 남조 송으로 사신으로 파견된 마루(馬婁), 동등(董騰)과 같은 중국계 관료도 있었고, 중국의 칠현금(七絃琴)을 현학금(玄鶴琴)으로 개조했다는 제2상(相)인 왕산악(王山岳)과 같은 고위급 관

©동북아역사재단

안악 3호분의 무덤 주인, 동수(冬壽)
안악 3호분 서쪽 곁방 정면 벽에 동수의 모습이 그려져 있다. 동수는 모용황(慕容皝)과 모용인(慕容仁)의 갈등 속에서 고구려로 망명하였다.

료도 있었다. 그러나 중앙 정계에서 활동한 중국계 고위급 관료에 대한 기록은 그리 많지 않다.

한편 신라의 경우 낙랑인이 귀부했다는 《삼국사기》기록이 있고,《수서》신라전에는 신라 왕경에 중국 출신의 신라인이 있었다고 전한다. 그러나 정작 관료로서 활동한 인물은 찾아보기 어렵고, 신라 통일기 이후에서야 요씨(姚氏), 풍씨(馮氏) 등과 같은 중국계 관료가 더러 비문에서 확인될 뿐이다. 신라는 고구려와 백제의 도움을 받아 중국 왕조와 교섭한 때도 있었지만, 한강유역으로 진출한 6세기 후반에서야 중국 왕조와 직접 교섭할 수 있었다. 아무래도 고구려와 백제에 비해 뒤늦게 중국 왕조와 교섭했던 만큼 중국계 관료에 대한 수요는 고구려와 백제에 비해 떨어졌을 것이다. 무엇보다 골품에 따라 관료로서의 출세가 결정되었던 신라 사회에서 중국인이 고위급 관료가 된다는 것은 상상하기 어려운 일이었다.

삼국 중 중국계 관료의 활약이 가장 두드러진 나라는 백제였다. 《송서》와 《남제서》에는 남조로 파견된 백제 사절단으로 중국계 성씨를 가진 여러 이름이 기록되어 있다. 또한《일본서기》에는 여러 직능을 지닌 중국계 박사들이 왜로 건너와 문물을 전수해 주었다고 한다. 이처럼 백제에서 중국계 관료의 다양한 활동이 포착되는 만큼 높은 대우를 받는 중국계 관료도 존재하였다. 무왕 시기 왕효린(王孝隣) 같은 중국계 관료는 최고 관등인 좌평(佐平)에 이르렀고, 의자왕을 사로잡아 당에 바쳤던 예식진(禰寔進)의 가문은 그 선조가 중국 출신이었지만 대대로 좌평이었다고 한다.

그렇지만 백제에서 중국계 이주민에 대한 차별이 없었다고 단정하기 어렵다. 《수서》 백제전의 기록과 같이 이미 백제인이 되었음에도 여전히 출신 계통을 따지고 있었다는 사실을 주목할 필요가 있다. 이런 사정은 고구려와 신라도 별반 다르지 않았던 것 같다. 그리고 다른 최고위급 귀족들에 비해 상대적으로 그 세력이 미미했다는 점을 부인하기 어렵다. 백제의 8개 유력 성씨 가문 중에서 중국계 성씨 가문은 하나도 없었다는 점을 눈여겨볼 필요가 있다.

7세기 후반 고구려와 백제가 멸망한 뒤, 당나라로 끌려온 중국계 이주민은 본래 자기 가문의 선조가 중국 출신이었다는 점을 묘지명에서 강조하였다. 앞으로 당나라에서 살아가야 했던 유민들로서는 중국인의 정체성을 주장하는 게 이득이 되었을 것인 만큼 더러 그 출신 배경을 거짓으로 꾸미는 경우가 있었을 것이다. 그러나 대부분의 경우, 중국계 이주민 가문이 본래 선조가 중국계라고 주장할 수 있었던 것은 고구려와 백제에서 거주할 때부터 자신의 출신을 인지하였고 그것을 지켜 왔기 때문에 가능했던 일이었을 것이다.

백길남 _한성백제박물관 학예연구사

한반도를 찾아온 낯선 사람들

조영훈

오늘날 우리는 가만히 앉아서 지구촌의 모든 일들을 보고 들으며 필요한 정보를 얻는다. 신문과 라디오·텔레비전 방송은 물론이고 인터넷과 소셜네트워크서비스(SNS)의 이용까지 우리가 정보를 얻는 방법은 다양하고 빠르다. 정보의 홍수 시대에 살고 있다고 해도 지나친 말은 아닐 것이다.

그러나 고대에는 사람의 왕래를 통해서만 먼 곳의 사정을 들을 수 있었고 이국의 문물을 접할 수 있었다. 어느 날 갑자기 찾아온 이방인은 그 자체가 바로 정보였다. 이색적인 외모와 복식, 그리고 알아들을 수 없는 언어와 그가 갖고 온 신기한 물건들, 더 나아가 그가 숭배하는 신까지도.

이러한 유형무형의, 다른 세상의 정보와 문물은 고대인에게 두렵기도 하면서도 놀라운 경험이었을 것이다. 사회 변화가 더딘 가운데서도 이런 것들은 우리 조상들의 삶에 큰 변화를 가져오기도 했다.

초대하지 않은 손님들

그 옛날 이방인이 가져온 많은 것들 중 놀랍고 새로운 문물은 무엇이었을까. 신의 모습을 비춘 청동거울? 신비로운 빛깔을 지닌 유리구슬로 만든 목걸이나 안이 환히 들여다보이는 유리병은 어떤가? 아니면 사람의 생각을 전달하는, 그림도 아닌 것이 반듯반듯 검은 기호는 어떠했을까?

지금 우리는 우리의 생각을 표현할 때 '한글'이라는 소리글자를 쓰고 있다. 우리 민족 고유의 창작품일 뿐만 아니라 그 과학성도 세계가 인정하는 바이다. 그러나 정확히 말하자면 우리는 중국의 한자(漢字)도 함께 쓰고 있다. 한글을 갖게 되기까지 우리말과 소리를 한자를 빌려 기록하기도 하였다. 그럼 이 한자는 언제 우리에게 전달되었을까?

진한(秦漢)의 난리 때 중국 사람들이 해동(海東)으로 많이 도망 왔다는 기록이 있다. 기원전 200년쯤 중국의 진·한 교체기에 중국의 많은 사람들이

낙랑대윤장봉니(樂浪大尹章封泥)
(국립중앙박물관 소장)

전 왕인묘(傳 王仁墓) 안내문
(국립민속박물관 아카이브)

남만주와 한반도로 이주하였고, 중국 군현의 설치 이후 그 수는 더욱 늘어났다. 한반도인의 처지에선 그들은 낯선 사람들이며 한마디로 초대하지 않은 손님들이었다. 하지만 그들은 전란을 피하여 남의 땅에 왔다가 고향에 돌아가지 못하고 타향에 묻힌 것이 아니었다. 그들을 통해 대륙의 선진 문화는 한반도에 널리 보급되고, 이를 수용한 삼국시대 사람들은 자신의 정치적 역량을 키웠던 것이다. 또한 이 한자는 우리만 배워 사용한 것에 그친 것이 아니라 일본으로도 전달되었다.

하늘이 맺어 준 인연

고대에 우리나라 사람이 이방인과 만나는 장면을 한번 떠올려 보자. 왕이 보내는 서신을 받들고 온 사신과 국가적 의례를 갖춘 만남이 있었을 것이고, 자신의 생명과 국가의 운명을 건 전쟁터에서의 숙명적인 만남도 있었을 것이다. 또 부처님의 자비와 가르침을 전하러 머나먼 땅에서 찾아온 승려와의 만남도 있었을 것이며, 신기한 물건을 갖고 온 이국 상인과의 만남도 생각해 볼 수 있을 것이다.

그중 극적이고 환상적인 이야기 하나가 가락국 수로왕이 인도 아유타국의 공주 허황옥을 만난 이야기이다. 그 옛날에 인도인과 한반도인의 국제결혼에다, 그것도 하늘의 중매로 맺어졌으니 말이다. 《삼국유사》에 전하는 대로라면, 아유타국의 왕과 왕비가 꿈에 계시를 받고 딸을 배에 태워, 본 적도 없는 사위에게로 시집보냈던 셈이 된다. 정말 뱃길로 인도에서 한반도까지 올 수 있었을까? 아니면 다만 허황후를 통해 인도의 불교가 한반도에 전래

되었음을 알리는 설화일 뿐일까?

여기서 생각해야 할 것은 가락국, 지금의 김해 지역이 지리적으로 중국과 한반도 중북부 및 일본열도를 잇는 국제 교역의 중심지였다는 사실이다. 중국 군현의 하나인 대방군과 왜의 통교 통로로서 서해안을 돌아 남해안의 변한으로, 그리고 일본열도의 규슈로 이어지는 교통로의 중간 기착지가 바로 가락국이었던 것이다.

바닷길은 중국과 한반도, 일본열도에 한정되지 않았다. 우리의 생각보다 더 멀리 그리고 일찍부터 동남아의 물산뿐만 아니라 이집트·로마를 중심으로 하는 지중해로부터 영롱하게 빛나는 유리구슬들을 비롯하여 신비한 문물들을 아라비아반도를 거쳐 인도양을 지나 동남아 해상교역로를 통해 삼국시대 이전 일본열도로까지 연결시켜 주었다.

삼한인들은 유별나게 금은이 아닌 구슬을 애호했다는 기록이 있다. 기원 전후 삼한시대 이후 한반도 고고 유적에서 많은 양의 구슬들이 출토되고 있다. 이 구슬들은 인도-태평양 지역을 산지로 한다.

아마 이러한 먼 지역과의 교류를 한 역사적 배경에서 허황후 설화도 만들어질 수 있었을 것이다.

묵호자가 동쪽으로 온 까닭은?

우리나라에 최초로 불교를 전해 준 사람은 기록에 따르면 중국 전진(前秦)의 승려 순도(順道)이다. 그는 373년(소수림왕 3) 6월 전진의 왕이 불상, 불경과 함께 고구려에 보낸 승려였다. 한편 백제에는 384년(침류왕 원년) 9월에 동진(東晉)에서 '호승(胡僧)' 마라난타(摩羅難陀)가 불교를 전하러 찾아왔다.

백제에 불교를 전하여 준 호승(胡僧) 마라난타는 어느 나라 사람일까? 중국사에서 '호인(胡人)'이란 남북조시대 이래 북방 민족 출신이면서 한화(漢化)된 사람, 또는 서역(西域) 상인으로 장안(지금의 시안)에 거주하는 사람, 또는 이교(異敎)의 승려로서 장안에 거주하는 사람 등을 가리키는 명칭이었다. 그렇다면 마라난타는 그 이름으로 보아 천축인(天竺人) 즉 인도 사람이었을 듯싶다.

고구려와 백제는 불교라는 외래 종교의 수용에 별다른 저항을 하지 않았을 뿐만 아니라, 이방인 승려를 극진히 대접하고 포교를 위해 사찰을 짓기까지 하였다. 이것은 고구려와 백제인들이 이전부터 불교에 대해 이미 알고 있었던 데서 연유한 듯하다. 고구려의 경우 순도가 오기 몇 해 전에 동진의 승려 지둔도림(支遁道林: 314~366)이 고구려 도인(道人)에게 승려 축잠(竺潛: 286~374)의 높은 덕을 소개하는 서신을 보냈다는 기록이 전한다. 또 백제의 경우 373년(근초고왕 28)에 이미 동진(東晉)에 사신을 보냈는데, 이때 동진에서 융성한 불교가 백제인에게 알려졌을 가능성이 크다.

한편 신라의 경우를 보자. 눌지왕(재위 417~458)이 다스리던 어느 날 '묵호자(墨胡者)'가 고구려에서 일선군(一善郡: 지금의 경북 선산)으로 왔다. '묵호자'란 이름을 글자대로 풀이하면 얼굴이 먹처럼 검은 호인(胡人)이라는 뜻이 된다. 그는 '모례'라는 사람의 집에서 숨어 살았다. 신라는 한반도의 모퉁이에 있었던 탓에 고구려·백제와 달리 중국과의 교류가 거의 없다시피 하여서 불교에 대한 인식이 저었고, 이로 인하여 외래 종교에 대해 신리인들의 저항이 강했기 때문이다. 신라는 고구려·백제보다 150여 년 늦은 528년 법흥왕 때 이차돈의 순교를 거친 후에 비로소 불교를 국가적으로 공인하였다. 이렇듯 우리나라를 찾아온 삼국시대의 이방인은 중국과 서역 출신의 승려였고 불교가 매개가 되었던 셈이다. 정신문화는 이렇게 꽃피우게 되었다.

신라 왕의 호위 무사는 서역인?

한반도의 북쪽에 자리해 일찍부터 중국이나 북방 민족과 교류가 있었던 고구려는 이방인과 교류한 흔적을 비교적 많이 남겼다. 고구려의 고도(古都) 중국 지안 시에는 고구려의 고분벽화가 많이 남아 있는데, 그중 장천 1호분은 5세기 중엽경에 축조된 것이다. 그곳에는 각종 놀이와 곡예를 묘사한 백희기악도(百戲技樂圖)와 사냥 그림, 무덤 주인의 불교 숭상을 보여 주는 예불도(禮佛圖)와 보살도(菩薩圖), 연꽃 장식, 하늘을 받들고 있는 역사(力士) 등 다양한 벽화가 그려져 있다.

이런 그림들은 중국 남북조시대의 석굴사원 장식 중에서도 볼 수 있는 만큼 고구려의 활발한 대외 교류를 짐작해 볼 수 있다. 특히 눈에 띄는 것은 역사(力士)이다. 그는 짧은 바지를 입고 웃통을 벗은 채 힘껏 하늘을 떠받치고 있으며, 둥근 눈, 숱이 많은 머리털, 짙은 수염의 서역계 인물의 용모를 하고 있다. 이 세상을 지키는 데 아무리 힘들어도 꿈쩍도 하지 않을 것 같은 모습이다. 또한 무엇도 두렵지 않다는 비장한 각오가 우러나오는 듯하다.

이와 같은 인상은 경주 괘릉이나 흥덕왕릉에 있는 무인석(武人石)의 모습에서도 받을 수 있다. 이들의 모습은 장천 1호분의 역사처럼 눈이 부리부리하고 코가 우뚝 솟았으며 덩치가 큰 서역인의 모습을 하고 있기 때문이다.

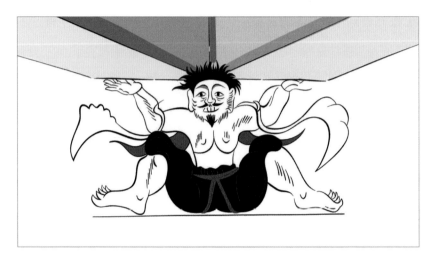

장천 1호분 앞방 천장 고임의 역사(모사도, 중국 지린성 지안 소재)
둥근 눈, 숱이 많은 머리털, 짙은 수염은 서역계 인물의 풍모를 잘 보여 준다.
(출처: 국립문화재연구소 편, 《천상의 문양 예술: 고구려 고분벽화》, 285쪽.)

아마도 덩치가 크고 수염이 짙은 서역인의 험상궂은 외모가 무덤을 지키는 수호자로 적합하다고 생각되었나 보다.

《삼국유사》에 전하기를, 처용(處容)은 동해룡(東海龍)의 아들로 왕을 보좌하였는데 역신(疫神: 질병을 옮기는 신)이 그의 아내와 동침한 일이 있었다. 그럼에도 그가 관대히 용서하자 역신은 이후 처용의 모습을 그린 것만을 보아도 그 문에 들어가지 않겠다고 약속하였다. 이로부터 귀신을 쫓기 위해 처용의 모습을 그려 문에 붙이게 되었다고 한다. 처용은 어떠한 형상이기에 역신도 무서워 도망을 갔을까?

조선시대 음악서인 《악학궤범》에 실린 〈처용가〉에서는 처용의 모습을 묘사하기를, 눈썹이 무성하고 귀가 우그러지고 얼굴은 붉으며 코가 우뚝 솟았으며 턱이 밀려나왔고 어깨가 굽었다고 하였다. 이 모습은 괘릉의 무인석과 어딘지 모르게 닮지 않았는가. 역시 서역인의 수호자적인 이미지가 처용의 경우에도 적용된다.

사실 고구려 장천 1호분에 그려진 역사는 불교와 함께 전래된 서역계 문화의 한 요소라고 말할 수 있고, 경주 괘릉의 무인석은 당나라에서 서역 출신 무장(武將)들의 장대하고 당당한 체구와 이색적인 용모를 본떠 능묘의 명기(明器: 무덤에 묻는 물건)로 만들었던 것과 관련이 있다. 그런데 이유야 어찌 되었든, 그들을 가까이에서 보지 않았다면 벽화나 조각에서 그렇게 생생하게 묘사할 수 없었을 것이다. 과연 서역인은 한반도에서 활동한 것일까?

일찍이 일본에는 인도보다 더 멀리 떨어져 있는 곳에서 서역인이 찾아왔다는 기록이 남아 있다. 《일본서기》에는 659년 4월에 토화라국(吐火羅國: 이란 동북부와 아프가니스탄 서북부에 있던 나라) 사람이 찾아왔다고 전한다. 그리고 《속일본기》에는 736년 일본에 파사(波斯: 페르시아) 사람이 찾아와서 벼슬을 내려 줬다는 기록이 나온다. 이것들은 7세기 중엽부터 이슬람제국의 치하에 있던 서역 사람들이 직간접적으로 일본과 통교했음을 알려 준다.

이슬람 계통의 문헌에서 신라는 비옥한 토지, 풍부한 자원, 교역에 유리

괘릉을 지키고 있는 무인석(경북 경주시 소재)
원성왕의 능으로 추정되는 괘릉에 있는 무인석의 부리부리한 눈과 우뚝 솟은 코는 서역인의 모습 그대로이다.

©하일식

한 뛰어난 자연환경, 쾌적한 생활 여건을 갖춘 나라로 묘사되었다. 특히 신라에서 금이 풍부하게 산출된다고 기술하고, 이 때문에 이슬람인들이 신라에 정착하게 되었다고 하였다. 아마도 신라에 정착한 이슬람 사람들은 여러 가지 진귀한 물건을 가지고 와서 금이나 다양한 신라 물건들과 교환하러 온 상인이었을 것이다.

무덤까지 가지고 간 귀한 물건

박물관에 가면 고대인들이 남긴 아름답고 훌륭한 유산을 볼 수 있다. 우리에게 어느 것 하나 소중하지 않은 것이 없다. 그중에서도 신라인들이 귀하게 여겼던 물건이 하나 있다. 실수로 손잡이를 부러뜨렸지만 버리지 않고 금실로 매어서 사용하였던, 새의 머리를 한 연두색 유리병이 그것이다. 이른바 봉수형병(鳳首形瓶)이라 하는데, 400년대에 만들어진 경주 황남대총 남분에서 출토되었다. 손잡이가 부러진 유리병을 버리지 않고 저세상에 가서도 쓰라고 무덤에 묻어 준 것이다. 아마도 얻기 힘든, 귀한 외국산이었기 때문이었을 것이다.

신라인들은 유리병처럼 이국적인 물건들을 왕의 무덤에 함께 묻었다. 경주 미추왕릉 지구 고분에서는 제작 기법이 서방적인 장식보검(裝飾寶劍), 뛰어난 세공 기술을 보여 주는 금장귀면장식(金裝鬼面裝飾), 서역 여인의 얼굴이 새겨진 상감옥장식(象嵌玉裝飾) 목걸이가 출토되었다.

또한 금관총, 서봉총, 금령총, 황남대총에서 잔, 대접류의 유리그릇이 나왔다. 이 유리그릇들의 표면에는 커트(Cut) 무늬, 나뭇결무늬, 귀갑(龜甲) 무

❶ ③의 화살표 부분 구슬에는 이국적인 서역 여인의 얼굴과 식물, 새 등이 표현되어 있다.
❷ 장식보검(경주 계림로 14호분 출토, 국립경주박물관 소장)
❸ 상감목걸이(경주 미추왕릉 지구 출토, 국립경주박물관 소장)
❹ 각종 유리그릇(경주 황남대총 남분·북분 출토, 국립중앙박물관 소장)

닉, 유리 표면에 감색(甘色)의 유리를 덧붙인 감반(紺斑) 무늬 등이 사용되었다. 이런 무늬는 독일 남부, 시리아, 헝가리, 남러시아에서 발견되는 페르시아의 사산 유리나 로마 유리 계통의 특징적인 무늬이다. 또 봉수형병은 그리스에서 오이노코에(Oinocoe)라 불리는 유리병과 형태가 같다. 따라서 이 유리그릇들은 5세기 무렵에 동남아시아의 항구 유적에서 발견된 것들과 유사하며 로마에서 제작되는 유리그릇과 기법이나 재료가 유사하다고 밝혀졌다.

유향(乳香), 이것이 무엇에 쓰는 물건인고?

앞에서 소개한 유리그릇과 이국적인 물건들은 어떻게 신라에 전해졌을까. 그 전래 경로가 뚜렷하지 않다. 중국을 통한 서역과의 교류로 말미암아 전해졌거나, 동남아 어느 중간기착지에서 서역의 물건들을 보고 그 기법을 배우고 원료를 수입하여 서역풍으로 제작하였으리라 추측할 뿐이다.

일부 서역계 물건들은 불교를 매개로 전래되었다. 이와 관련된 일화가 신라의 불교 전래와 관련된 설화에서 발견된다. 신라 눌지왕 때 중국에서 온 사신이 의복과 향을 전해 주었으나, 신하들은 그 이름과 용도를 제대로 알지 못하였다. 왕은 사람을 시켜 국내를 돌아다니며 묻게 하였다. 마침 고구려에서 불교를 전하러 왔던 묵호자가 이를 보고 이름을 알려 주며 말하기를, "이것을 사르면 향기가 퍼져 신성(神聖: 부처, 달마, 승려를 가리킴)에게 정성이 닿을 수 있으며, 축원을 드리면 반드시 신령스러운 반응이 있을 것이다."라고 하였다. 그때 공주가 갑자기 병으로 위독하였는데, 왕은 묵호자로

하여금 향을 사르고 축원을 드리게 하니 공주의 병이 오래지 않아 나았다 한다.

이처럼 5세기 전반에만 해도 그 이름이나 쓰임새를 모르던 향은 752년 신라의 일본 수출품 목록에 끼게 되었다. 공주의 병을 고친 그 향은 원산지가 어디였는지 알 수 없지만, 신라가 일본에 수출한 침향(沈香)은 그 원산지가 아프리카라 한다. 어떻게 아프리카산 침향을 신라인이 일본에 수출할 수 있었을까. 그것은 아마도 아라비아 상인들에 의해 중국에 반입된 후 신라에 재수출되었거나, 이들이 직접 신라에 수출했던 것으로 여겨진다. 1966년 경주 불국사 석가탑에서 발견된 유향은 아라비아 남단이나 팔레스타인에서 생산되는 것임이 밝혀졌다.

한편 불교 의식을 행하면서 자연스레 서역계 불교 음악이 유입되었으며, 서역 악기도 들어오게 되었다. 830년 당나라에 갔던 진감선사가 당의 범패를 배워 와 옥천사에서 제자들에게 가르쳤다고 하며, 서역 악기들은 불교와 관련된 사리기(舍利器), 석탑, 범종에서 그 모습이 보인다.

오늘날 우리의 대중가요와 춤이 서구의 젊은이들에게 인기를 모으고 있는 것처럼 당시에는 서역의 음악과 춤, 놀이가 동북아 지역에까지 널리 퍼져 있었다. 884년 당나라에서 돌아온 최치원은 〈향악잡영(鄕樂雜詠)〉이라는 한시 다섯 수를 지었는데 그 내용은 당시 많이 행해지던 가면놀이를 소재로 한 것이었다. 이 가면놀이들은 중국 혹은 중국을 통해서 전래된 서역계의 놀이인데, 이 놀이에 연주되는 음악을 최치원은 향악(鄕樂)이라고 하였다. 아마도 당악(唐樂)이 소개되자 그 전에 들어온 서역계의 음악과 신라의 고유한 음악을 모두 향악이라 묶어 부른 때문일 것이다.

최치원의 시에 나온 서역의 가면놀이 중 〈산예(狻猊)〉는 사자무(獅子舞)로서 오늘날까지 〈북청사자놀음〉이나 〈봉산탈춤〉에 그 모습이 남아 있다. 그런데 사막을 지나오느라 털옷은 다 해어지고 티끌만 뒤집어써서일까. 아프리카 초원을 달리는 동물의 왕 사자의 모습은 우리나라 사자무에서는 찾아보기 힘들다.

패션의 고장 장안(長安)에서 유행한 남장(男裝) 여자

음악과 춤, 놀이만이 유행을 탔던 것은 아니었다. 고대에도 여자들 사이에 화장법과 머리모양, 의상에도 유행이 있었다.

1980년, 중국 지린성 허룽에 소재한 발해 정효공주(757~792)의 무덤 벽화가 공개되었다. 이 벽화에 나타난 12명의 인물은 공주 생활의 일면을 보여주고 있다. 문을 지키는 무사, 악기를 연주하고 양산을 받쳐 든 시종 등은 중국 산시성 간[乾] 시에 있는 당 고종, 측천무후의 건릉 앞에 배장된 영태공주 무덤에 그려진 인물들의 모습, 복식과 똑같다. 또 잡고 있는 기물들도 비슷하고 뺨이 두툼하고 체구가 비대한 인물들의 모습도 당나라에서 유행하던 전형적인 모습들이다.

그런데 이 12명의 얼굴을 보면 뺨은 둥글고 입술은 붉으며 얼굴이 크고 살이 쪘다. 복장과 소지물은 남자의 것인데 야릇하게도 그 모습은 여자인 것이다. 이에 대한 설명은 당시 중국의 측천무후(則天武后)가 여자의 몸으로서 천하를 호령하던 때 남장을 했다는 사실에서 찾을 수 있다. 중국 장안에서 여자의 남장이 유행했을 것이고 발해에도 여자들 사이에 남장하는 풍습

이 유행했던 것이 아니었을까. 그래서 공주의 시종들까지도 그러한 모습으로 벽화에 그려진 것이 아니었을까?

당나라의 수도 장안은 신라, 발해, 일본과 같은 동북아시아의 사절뿐만 아니라 토번(吐蕃), 고창(高昌) 등 서역국과 이슬람 각국에서 온 사절들, 그리고 각국의 구법승, 유학생, 상인들이 모이는 그야말로 국제도시였다. 또한 거기에는 서방의 보석, 옥, 금은 그릇, 유리그릇, 향료, 모직물, 약물과 동방의 모피, 포(布), 금, 은, 우황, 말 등 온갖 산물이 집중되었다. 더 나아가 동서의 문화가 만나고 중국의 전통문화가 외래문화와 융합하여 국제 문화를 이루기도 하였다.

발해를 비롯하여 신라의 각계각층 사람들이 중국 장안, 낙양 등지를 왕래하면서 이국 문물을 고국에 전하였고, 상류층에서는 이에 대한 욕구가 절실해졌다. 신라에서는 특히 사치품에 대한 수효가 컸었나 보다. 오죽하였으면 국산품을 애용하라는 법령이 반포되었을까.

834년 흥덕왕은 사치를 금하는 칙령을 내렸는데, 외래품만을 선호하고 국산품을 혐오하는 풍속을 꾸짖으면서 골품에 따라 의복, 장신구, 수레, 집 등 그 사용품을 일일이 제한하였던 것이다. 당시라고 화려하게 꾸미고자 하는 여성들의 욕망이 적었겠는가. 진골 여성에게는 목수건을 털실로 짜거나 금은실로 수놓는 것을 금하며, 공작새의 꼬리, 비취새의 깃털을 장식으로 사용하는 것을 금지하였다. 또 빗과 관의 장식으로서 슬슬(瑟瑟)이라는 서역 산 준보석의 사용을 금하였다. 수레에는 지금의 자바나 수마트라에서 나는 자단(紫檀)이나 침향목(沈香木) 등 외국산 목재의 사용을 금지하였다.

고대사회에서 이방인을 만난다는 것

"이방인은 언제 어디서 어떻게 왜 한반도를 찾아왔는가, 그 만남의 결과는 무엇인가?"라는 질문을 함으로써 우리는 대외 교섭을 통하여 수용한 외래의 문물에서 우리 역사와 문화가 어떠한 영향을 받았는가 하는 문제의 실마리를 찾을 수 있을 것이다.

고대 종교 사상사에서 커다란 의미를 갖는 사건, 불교의 전래는 바로 그좋은 예가 될 것이다. 우주, 사람 그리고 삶과 죽음에 관한 서역인의 관점을 받아들이면서 우리 고대인의 생활에도 큰 변화가 찾아왔다. 불교를 숭상하게 됨으로써 곳곳에 수많은 사찰이 생겨나고, 머리를 깎고 평생을 바쳐 구도하는 승려들이 생겨났다. 불교 의식을 치르자니 서역 물품을 수입하게 되었고, 불법을 탐구하러 머나먼 인도로 떠나는 승려도 생겨 한반도인의 세계관이 넓어졌다.

또한 고대인의 인생관, 사후 세계관도 바뀌었다. 681년, 죽음을 앞둔 신라 문무왕은 인생의 허무를 이야기하며 "제왕의 무덤도 세월이 가면 한 줌 흙이 되어 목동들이 노닐고 여우와 토끼가 굴을 판다. 헛되이 백성을 수고롭게 하지 말고 서역식으로 화장하라." 하는 유언을 남겼다.

이는 사후에도 생전과 같이 화려한 생활을 누리리라 믿어 큰 무덤 속에 화려한 물건들을 껴묻던 때와 사뭇 달라진 양상이라 할 수 있다. 이러한 가운데, 현세에서 온갖 설움과 천대를 받으면서도 다음 생의 부귀와 행복을 믿으며 고달픈 삶을 감내하는 관념도 생겨났던 것이다.

고대 한반도를 찾아온 낯선 사람들은 우리에게 새로운 세계의 문을 열어 주었다.

조영훈 _ 한성백제박물관 학예연구관

'이민족'이라는 굴레를 벗어나

이승호

'이민족'이라는 말에 담긴 조금은 불편한 시선

'이민족'이라는 말에 대한 우리 사회의 시선은 사실 그리 호의적이지 않다. 흔히 '이민족'이라고 하면 우리 머릿속에 함께 떠오르는 말은 아마도 '오랑캐'일 것이다. '오랑캐'는 본래 조선 전기 두만강 유역과 그 이북에 거주하던 여진 부족 '올량합(兀良哈, 우량카이)'에서 유래한 말이다. '오랑캐'는 당시 조선인의 시선에서 자신들보다 문화가 뒤떨어진다고 생각하였던 북방 '이민족'을 비하하는 멸칭으로 굳어졌다. '오랑캐'라는 멸칭적 표현이 상징하듯 전근대 시기로부터 이민족에 대해 '야만(野蠻, Barbarian)'이라는 굴레를 씌워 바라보았던 시선은 오늘날까지도 이어지고 있다.

하지만 사전적 의미만 놓고 보면 이민족이 곧 '오랑캐'는 아니다. 이민족은 단순히 한 민족 집단의 시선에서 '자신들과 핏줄이나 언어, 풍속 따위가 다른 민족'을 가리키는 말일 뿐이다. 쉽게 말하면 이민족은 '서로 다른 민족'이라는 익미를 지닌 상대적인 표현이 되겠다. 따라서 종족·언어·풍속·문화를 달리하는 복수의 집단이 서로를 바라보는 시선 속에서만 '이민족'이라는 관념이 형성된다고 볼 수 있다. 보통은 한 사회의 다수를 구성하는 쪽에서 자신들과는 국적이나 언어·문화가 다른 소수민족을 바라볼 때 이와 같은 '이민족'에 대한 시선이 나타난다. 오늘날 한국 사회에서는 다양한 국적의 여러 외국인을 쉽게 만날 수 있는데, 사실 전근대적 시선으로 바라보자면 한국인에게 있어 이들이 바로 '이민족'이다.

그런데 이러한 '이민족'에 대한 관념이 나타나기 위해서는 공통의 혈연·언어·풍속·문화로 결속된 '우리'에 대한 인식이 선행되어야 한다. 쉽게 말하면 '우리'를 인식할 수 있어야 '남'과 '우리'를 구분할 수 있게 된다. 자못 논란이 분분하지만, 오늘날 한국인이 이해하는 '민족'이라는 관념은 사실상 근대의 산물이라 할 수 있다. 한국 사회는 수많은 풍파를 겪으면서 근대라는 시간을 지나 왔고, 그 속에서 확립된 한국인의 '근대적 민족주의'는 '우리'와 '타자'를 보다 엄격히 구별하도록 만들었다. 그리고 이러한 과정에서 '이민족'에 대한 우리 사회의 배타적인 시선도 더욱 견고해져 갔다.

그렇다면 지금 우리 머릿속에 있는 '민족'이라는 관념을 그대로 투영할 수 없는 한국의 고대사회에서 '이민족'에 대한 시선은 어떠하였을까? 예컨대 진(秦)나라에서 한(漢)나라로 대륙의 주인이 바뀌는 혼란 속에서 중원(中原) 땅을 벗어나 고조선으로 들어온 한인(漢人)들을 고조선 사회는 어떻게 바라보았을까? 또 '고구려'라는 깃발 아래서 함께 뒤섞여 살았던 말갈인을 고구려인은 어떤 시선으로 바라보았으며, 그들에 대한 대우는 또 어떠하였을까? 과연 고구려·발해인과 말갈인은 당시부터 엄격하게 구별되었던 것일까? 여기서는 이러한 물음에 대한 답을 찾기 위해 고대사회에서 이민족으로 살았던 사람들의 삶을 관찰해 보려 한다.

한국 고대사에서 '한민족'의 형성을 논할 때 흔히 '예맥족(濊貊族)'과 '한족(韓族)'을 거론한다. 예맥족은 고대 한반도와 만주 일대에 넓게 퍼져 살았던 주민집단으로 부여·고구려·옥저·동예 사회를 구성한 사람들이었다. 반면 한족은 고대 한반도 남부의 마한·진한·변한, 즉 삼한(三韓) 사회의 주민집단으로 이해되고 있다. 따라서 한국 고대사회에서 '이민족'이라 함은 결국 이들 예맥족·한족과는 다른 주민집단을 말하는 것이 된다. 이 글은 그들에 대한 이야기가 중심이 될 것이다.

고조선 사회의 지배층이 된 이방인들

기원전 3세기 말 중국을 통일하고 천하를 호령하였던 진(秦)나라가 무너지고 한(漢)나라가 건국되었다. 하지만 한나라가 선 뒤에도 전쟁은 끊이지 않았고, 이러한 사회적 혼란 속에서 많은 유망민이 요하(遼河)를 건너 고조선이 있는 동쪽 땅으로 왔다. 특히 기원전 206년에는 한나라를 건국한 유방(劉邦)에 의해 연왕(燕王)에 봉해졌던 노관(盧綰)이라는 인물이 모반을 꾀하다가 흉노(匈奴)로 달아나는 사건이 발생하였다. 노관이 왕으로 있던 연(燕) 땅은 대략 지금의 중국 베이징 지역 일대라 볼 수 있는데, 이렇게 연 지역이 혼란스러울 무렵 위만(衛滿)이라는 세력가도 천여 명의 연인(燕人)을 거느리고 고조선으로 망명하게 된다.

위만이 요하를 건너 고조선으로 들어올 당시 고조선의 지배자는 준왕(準王)이었다. 위만은 스스로 신하가 되어 중원으로부터 오는 망명자들을 거두고 서쪽 변경을 지키는 번병(藩屛)이 되겠다고 준왕을 설득하였다. 준왕은 그를 믿고 아끼며 박사(博士) 관직을 내리는 한편, 서쪽 변경의 땅 백 리를 떼어 주어 지키도록 하였다. 하지만 중국으로부터 건너오는 망명자들이 점차 많아지면서 위만의 위세는 날로 높아져 갔다. 결국 위만은 커진 세력을 바탕으로 준왕을 공격해 왕위에서 몰아내고 말았다. 기록에 따르면 왕좌에서 쫓겨난 준왕은 무리를 이끌고 한반도 남쪽으로 피신해 갔다고 한다.

위만은 조선의 새로운 왕이 되었고 그가 이끌던 중국계 유민들은 고조선 사회의 지배층이 되었다. '이민족'의 처지에서 권력을 장악한 '지배층'으로 일거에 사회적 위치가 바뀌게 된 것이다. 하지만 이렇게 사회의 최상위 지배층이 바뀌었다고 해서 '고조선'이라는 나라의 정체성마저 바뀐 것은 아니었다. 중국에서 건너와 준왕을 몰아내고 권력을 장악했으나 여전히 고조선 사회의 절대다수는 토착 고조선인이었기 때문이다. 위만이 왕위를 차지한 뒤로도 나라 이름을 그대로 유지하였던 점도 그러한 사실을 반영하고 있다. 이러한 상황 속에서 새롭게 권력을 차지한 중국계 유민들 또한 '고조선인'으로 융합되어 갔다.

한편 위만의 손자 우거왕(右渠王) 시대가 되면서 고조선과 한나라는 크게 대립하기 시작하였다. 당시 한나라 황제는 그 유명한 한무제(漢武帝)로 그는 사방으로 군대를 파견하며 세력 팽창을 시도하고 있었다. 먼저 기원전 119년에 한나라는 숙적 흉노와의 전투에서 대승을 거두었다. 이를 계기로 흉노가 잠시 약해진 틈을 타 기원전 112~111년에 남월(南越)을 비롯한 중국 남부와 서남부 방면 세력에 대한 대대적인 침공을 감행하였고, 다시 큰 승리를 거두었다. 그리고 기원전 109년, 사방으로 세력을 확대해 나가며 조선을 주시하던 한무제는 흉노와 조선의 연결을 미연에 차단할 목적으로 조선 침공을 결행한다.

한나라는 5만이 넘는 군대를 동원하여 수륙 양면으로 조선을 침략하였다. 1년에 걸친 공방전 끝에 피폐해진 조선은 결국 내부로부터 무너지고 말았다. 기원전 108년, 고조선의 왕성 왕검성이 함락되었고 그 땅에는 한나라의 지방 행정기구인 군현(郡縣)이 설치되었다. 이른바 한사군(漢四郡)이 그것이다. 왕검성이 자리하던 고조선의 중심지에는 낙랑군(樂浪郡)이 세워졌는데, 특히 이 낙랑군의 생명력은 끈질기게 이어져 중원 땅에서 여러 중앙왕조가 흥망을 거듭하는 동안 지금의 평양 지역에서 대략 400여 년의 역사를 이어 가게 된다.

이렇게 고조선이 무너지고 낙랑군을 비롯한 한사군이 설치되면서 평양 지역을 중심으로 하였던 토착 사회는 또다시 격변에 휩싸였다. 고조선인의 시선에서 '이민족'일 수 있는 중국계 이주민들은 군현의 통치 시스템을 중심으로 고조선 유민 사회를 지배하였다. 주민의 다수를 구성하고 있는 토착 고조선계 사람들로부터 위만을 따라서 연나라로부터 건너온 이주민의 후손들, 그리고 군현 설치 이후 유입된 한계(漢系) 주민들까지 뒤섞였다. 이쯤 되면 누가 '이민족'인지 헷갈릴 정도로 사회 구성원이 복잡해졌다.

그런데 이처럼 복잡한 구성원이 한데 모여 이루어진 옛 낙랑군 사회의 고고학적 흔적을 살피다 보면, 상당히 흥미로운 현상이 목격된다. 학계의 연구에 따르면 낙랑군이 400여 년의 역사를 지속하면서 낙랑 사회에서는 한계(漢系) 주민이 토착화되는 한편, 고조선계 주민은 한화(漢化)되는 현상이 나타나면서 이러한 장기간에 걸친 종족 융합 과정을 통해 평양을 중심으로 한 '낙랑인'이 형성되었다고 한다. 이처럼 낙랑군의 주민들은 점차 한인(漢

人)도 고조선인도 아닌 '낙랑인'이 되어 갔고, 이러한 낙랑인의 탄생은 곧 이 사회에 '이민족'의 경계가 허물어지고 있었음을 보여 준다.

고구려인과 함께 전장에 나섰던 말갈인

고구려와 당나라가 사생결단의 전쟁을 벌이고 있던 7세기 중반 무렵 고구려 동북 지역의 핵심 거점이었던 책성(柵城)을 지키던 한 장수가 있었다. 그의 이름은 이타인(李他仁). 현재 전하는 그의 묘지명에 따르면 그는 요동 책주(柵州) 사람으로 609년(고구려 영양왕 20)에 태어났다고 한다. 그의 조부는 고구려에서 대형(大兄)이었으며, 부친은 대상(大相, 태대사자)이었다고 하는 것으로 보아 고구려에서 대대로 고위 관료를 배출하던 귀족 가문이었던 것으로 보인다. 그 또한 당나라에 투항하기 전까지 고구려 책성(柵城)에서 도독(都督)을 역임하며 고구려의 12주(州) 땅과 37부(部)의 말갈(靺鞨) 부락(部

〈이타인 묘지명〉 탁본
이타인 묘지명은 1989년 중국 산시성 시안시 동쪽 근교에서 발견되었다고 알려졌다. 여기에는 이타인의 출신지와 가문, 그의 생애에 대한 정보가 기록되어 있다.
(출처: 안정준, 〈李他仁墓誌銘 탁본 사진의 발견과 새 판독문〉,《고구려발해연구》 52, 2015, 369쪽.)

落)을 관장하였다[管十二州高麗, 統卅七部靺鞨]고 전한다. 고구려에서 도독은 곧 욕살(褥薩)이라고도 부르는데, 최고위 지방 장관에 해당했다. 즉 이타인도 고구려 사회에서 상당한 고위 관료로서 활약하였음을 알 수 있다.

그런데 한 가지 흥미로운 점은 이타인과 그 가문의 출신 배경이 본래 고구려인이라기보다는 말갈 계통일 가능성이 큰 것으로 보인다는 사실이다. 학계에서는 당나라에 귀부한 고구려인 중에 이타인처럼 '이씨(李氏)'를 성씨로 칭한 사례가 없다는 점, '이씨'는 당나라가 주로 말갈이나 거란 계통 인물에게 내린 성이라는 점, 그가 고구려에서 관직에 있을 당시 고구려 동북부와 말갈 남부를 함께 관리하였다는 점 등을 통해 이타인 가문은 그 조상이 고구려에 귀순하여 관등을 수여 받고 세력 기반을 인정받아 책성 일대에 정착한 말갈 수장 출신이라고 보고 있다.

말갈은 고구려 사회의 주요 구성원이라 믿어지는 예맥계(濊貊系) 주민들과는 종족적 계통을 달리하며 7세기까지 정치적 통합을 이루지 못하고 부락 단위로 분산된 채 고구려 내지 및 그 주변 지역에서 반농반렵(半農半獵)의 생활을 하였던 종족이었다. 당시 말갈 사회에는 특히 강성하였던 일곱 부(部)가 있었는데, 속말(粟末)·백돌(伯咄)·안거골(安車骨)·불열(拂涅)·호실(號室)·흑수(黑水)·백산(白山)이 그것이다. 이들 가운데 그 거주지가 고구려 영역 안에 위치하여 고구려인과 함께 생활하였던 말갈인들도 있었고, 고구려 영역 바깥에 거주하면서도 고구려인과 밀접한 관계를 맺고 있었던 경우도 많았다. 물론 그중에는 고구려와 갈등을 빚으며 대립하였던 말갈인들도 있었다.

이처럼 7세기 무렵 여러 말갈 집단이 고구려와 다양한 관계를 형성하고 있었는데, 그중 일부는 고구려와 타국 간에 전쟁이 발발하면 고구려 편에

서서 전투에 나서기도 하였다. 예컨대 고구려와 수나라가 한판 대결을 벌이기 직전인 598년 고구려 영양왕(嬰陽王)이 직접 만여 명의 말갈 병력을 거느리고 수나라 요서(遼西) 지역을 선제공격하기도 하였으며, 645년 주필산(駐蹕山)에서 당태종(唐太宗)의 군대와 격돌하였던 고구려의 대병력에도 말갈 병력이 상당수 포함되어 있었다. 이때 주필산 전투에서 패배한 뒤 당나라 군대에 사로잡힌 말갈 병력은 전원 생매장을 당하는 참사를 겪기도 했다. 이후 고구려가 654년 장군 안고(安固)를 파견하여 거란을 공격할 때도, 655년 신라의 33성을 함락시킬 때도 말갈 병력은 고구려군과 함께 전투에 참여하여 싸웠다. 또 661년 신라가 차지하고 있던 술천성(述川城)과 북한산성(北漢山城)을 공격할 때도 고구려 장군 뇌음신(惱音信)과 함께 말갈 장군 생해(生偕)라는 인물이 군병력을 거느리고 참전하였다.

이처럼 고구려 시대에 말갈인 중에는 이타인처럼 고위 관료에 오르거나 군인으로 복무하며 활약한 사람들이 다수 존재했다. 그런데 여기서 주목할 점은 고구려 사회 안에서 말갈인들은 '말갈'로서의 자신들의 정체성을 유지한 채 고구려인과 공존하며 다방면에서 활약하였다는 것이다. 특히 그들의 활약이 두드러지는 고구려와 타국 간의 전쟁 기사에서는 '고구려군과 말갈병'이라는 표현이 자주 보이며, 고구려와 말갈 병력을 명확히 구분해서 기록한 경우가 많다. 즉 이들은 '고구려'라는 깃발 아래서 고구려인들과 함께 전투에 임하였지만, 언제나 고구려인과 구별되는 '말갈인'으로서 존재하였던 것이다.

그런데 지금까지 한국사의 입장에서만 말갈을 바라보았던 우리는 흔히 그들에 대해 '이민족'이자 강대한 고구려에 예속되어 있던 '부용(附庸) 세력'

정도로 생각해 왔다. 물론 당시 고구려 사회의 주류를 이루었을 고구려인에 비해 말갈인은 수적으로 소수민족에 가까웠으니, 고구려 사회에서도 이들은 '이민족'으로 인식되었을 수 있다. 하지만 이렇게 쉽게 말갈을 '이민족'으로 단정해 버리는 시선은 그들의 역사를 타율적으로 만들어 버리는 상당히 폭력적인 것일 수 있음을 고민해 보아야 한다. 당시 말갈은 고구려 영역 안과 그 외연에 존재하면서 수나라·당나라와의 연이은 전쟁으로 피폐해 가던 고구려의 편에 서서 마지막까지 전쟁에 참전하였다. 그들의 이러한 선택이 단순히 고구려의 강력한 지배력과 강요에 기인하였던 것이었을까. 아마도 그렇지 않을 것이다.

마지막까지 고구려 편에 서서 함께 싸웠던 말갈인들은 그들 나름의 주체적 판단을 바탕으로 그들 부락의 운명을 고구려에 걸었다고 보아야 한다. 즉 우리는 '고구려에 부용된 말갈'이 아닌 '고구려인과 함께한 말갈인'에 대해 주목해야 한다. 그리고 고구려인과 함께 살았던 1,400여 년 전 말갈인들을 바라보는 지금 우리의 시선에서 오히려 '이민족'과 결부된 어떤 선입견이 작용하고 있지는 않은지 진지하게 반문해 볼 필요가 있다.

한편 이타인이 도독으로 부임하였던 책성이 백두산 동쪽 부근에 있는 만큼 이타인 가문과 그의 통제를 받았다는 말갈 37개 부락은 백산말갈과 관련된 집단으로 추정되고 있다. 사실 책성이 위치한 두만강 유역은 그 지정학적 특성상 일찍부터 여러 계통의 주민집단이 뒤섞여 살았다. 이타인의 조부나 부친 시대에 이미 고구려 조정으로부터 고위 관등을 받았다는 점에서 이타인 가문은 일찍부터 이 지역에서 지배 세력의 위상을 확보했던 것으로 볼 수 있다. 특히 본래 말갈 계통이었던 그 가문의 출신 배경은 고구려 멸망기에 이타인이 37부락이나 되는 말갈 부락을 관장할 수 있었던 배경이 되었을 것이다. 그러나 그의 묘지명에서 말하듯 이타인은 스스로를 '책성 지역의 고구려인'으로 인식했고, 이에 본인의 출자도 '요동(遼東) 책주인(柵州人)'으로 표기했다. 이타인 가문은 오래전에 이미 고구려 지배층으로 편입되었기 때문에 그들 자신을 '말갈인'이라기보다는 '고구려인'이라고 생각하였던 것일까. 스스로를 '이민족'이 아닌 '고구려인'으로 규정하였던 이타인의 사례는 당시 고구려 사회 안에서 말갈인들이 지녔을 사회 구성원으로서의 귀속감이 우리 예상보다 훨씬 강고하였음을 보여 주는 것인지도 모른다.

건국으로부터 멸망까지 운명을 함께 하였던 발해인과 말갈인

그렇다면 고구려인들과 함께 살았던 말갈인들은 고구려가 멸망한 이후 어떻게 되었을까? 여기서 다시 고구려 멸망 과정 중에 확인되는 이타인의 행적을 살펴볼 필요가 있다. 이타인은 7세기 중엽 당나라 군대가 압록강 중상류와 송화강 유역을 공격할 때 자신이 거느리고 있던 세력을 이끌고 당나라에 투항하였다. 그리고 당나라 편에 서서 전장에서 활약하였는데, 그는 고구려와 당나라 사이에 최후의 일전이 벌어졌던 평양성 전투에도 참전하였다. 이 공적으로 이타인은 당나라로부터 종3품 우융위장군(右戎衛將軍)이라는 관직을 받았다. 그뿐만 아니라 고구려 멸망 이후 전개된 부흥운동을 진압하는 과정에서도 많은 활약을 하였던 것으로 전해진다.

고구려 사회 안에서 살았던 말갈인들 중에는 이처럼 고구려 멸망 전후로 당나라로 건너가 출세한 무장들도 있었다. 그리고 또 한편에서는 고구려에 우호적이었던 백산말갈의 경우처럼 당나라에 의해 고구려인과 함께 자신들이 살던 곳으로부터 강제 이주를 당한 말갈인들도 있었으며, 고구려 부흥 운동이 일어날 당시 다시 고구려 편에 서서 함께 반당(反唐) 투쟁을 전개한 말갈인들도 있었다. 그러다가 고구려부흥운동마저 실패로 돌아가자 옛 고구려 땅에 남아 있던 대부분의 말갈인은 대조영(大祚榮)이 발해(渤海)를 건국 (698)하는 데에 가담하였던 것으로 보인다. 특히 중국 사서인《구당서(舊唐書)》에서는 대조영을 가리켜 '고구려 별종[高麗別種]'이라고 하고 있으며,《신당서(新唐書)》에서는 그를 '속말말갈'인으로 기록하고 있다. 즉 현재로서는 발해를 건국한 대조영 또한 말갈 계통의 인물이었을 가능성이 크다.

사실 고구려 사회 안에는 토착 고구려인을 비롯하여 일찍부터 고구려에 편입된 옥저인(沃沮人)과 동예인(東濊人), 부여인(夫餘人) 등 이른바 '예맥족'이 주민의 다수를 이루었다. 하지만 이들과 함께 낙랑계(樂浪系) 주민을 비롯하여 중국으로부터 건너온 한인(漢人)도 다수 거주하고 있었으며, 이와 함께 한반도 남부로부터 유입된 한인(漢人)과 북방으로부터 유입된 거란인(契丹人)·말갈인 등 다양한 주민 집단이 공존하고 있었다. 이들 중에는 앞서 본 말갈인들처럼 고구려 사회 안에서 고구려인과 공존하면서도 자신들의 종족적 정체성을 잃지 않고 지켜 나갔던 집단도 많았을 것으로 생각된다. 즉 고구려는 다양한 출신 집단으로 구성된 다종족 국가였다.

특히 속말말갈인이나 백산말갈인의 경우 '말갈'이라는 본인들의 정체성을 유지하면서도 사회의 일익을 담당하였던 고구려의 당당한 구성원이었다고 말할 수 있다. 사정이 이러함을 본다면 발해를 건국한 대조영이 고구려 출신인지 속말말갈 출신인지에 관한 문제는 사실상 그리 중요한 문제가 아님을 알 수 있다. 그가 속말말갈 계통의 인물이라 하여도 그의 조상 또한 고구려 사회를 구성하였던 사람들이었기 때문이다. 요컨대 대조영 집단은 '말갈계 고구려인'으로 일찍부터 고구려 사회에 들어와 거주한 사람들일 가능성이 크다. 이처럼 말갈인들은 고구려 유민과 함께 발해 건국에 지대한 공헌을 하였고, 또 발해 사회 내에서도 큰 비중을 차지하고 있었다.

그런데 말갈인들은 새로 건국된 발해 사회 안에서 여전히 발해인이 아닌 '말갈인'으로 존재하였다. 흥미롭게도 그토록 오랜 시간을 고구려인·발해인과 함께 공존하였음에도 이들은 '말갈'이라는 자신들의 정체성을 강하게 지니고 있던 것이다. 일례로 일본으로 파견되었던 발해 사신단에는 많은 경우 발해인과 함께 말갈 부락을 이끌었던 '수령(首領)'들이 함께 참여하였다. 여기서 '수령'이라고 불리는 이들이 곧 말갈 사회의 지배층이었다. 사서에서는 발해인을 '토착인[土人]'이라 칭하는 한편 이들과 구분되는 '말갈' 부락의 존재를 전하고 있는데, 발해 사회 안에는 이처럼 여러 말갈 집단이 발해인과 공존하였고 그러한 말갈 부락의 지도자는 '수령'이라 불리며 발해 지배층의 한 축을 이루고 있었다. 한 연구에 따르면, 고구려 시기에 고구려인과 말갈인으로 불렸던 이들이 다시 발해 시기에 이르면 토착인[土人]과 말갈인으로, 그리고 발해 멸망 이후에는 발해인과 여진인(女眞人)으로 불렸다고 한다. 그리고 여기서 발해 시대에 '토착인'으로 불렸던 사람들은 옛 고구려인을 비롯하여 발해 건국 당시 중추적 역할을 하였던 속말말갈 출신 집단을 비롯한 다수의 말갈인 또한 포함되어 있었던 것으로 추측되고 있다.

또 한 가지 흥미로운 점은 925년 거란의 공격을 받아 발해가 멸망한 이후 발해 유민과 말갈인의 동태이다. 거란이 세운 요(遼)나라의 통치 아래서 발해인과 말갈인은 철저하게 구분되어 지배를 받았다. 즉 발해인은 요나라 관리가 한법(漢法)을 적용하여 통치하였던 반면, 말갈의 후예라 할 수 있는 여진인은 여전히 부족과 부락 단위로 존재하며 요나라에 예속된 상태에서 부락 내부를 자치하였다. 마찬가지로 발해 멸망과 때를 같이하여 그 남쪽에서 일어난 고려에서도 옛 발해 땅으로부터 건너온 유민들을 발해인과 말갈·여진인으로 명확하게 구분하여 기술하였다. 이처럼 발해인과 말갈인에 대한 구별은 발해 멸망 이후에도 뚜렷하게 확인된다. 발해를 멸망시킨 요나라는 발해인과 말갈인[여진인]을 철저하게 구분하여 인식하였고, 이들에 대한 관리에도 차이를 두었던 것이다.

요나라가 발해인과 여진인에 대한 지배 방식에 차이를 두었던 배경에는 두 집단이 각각 이루고 있는 사회의 성격에 큰 차이가 있었기 때문이었다. 특히 말갈인의 후예라 할 수 있는 여진인의 경우 요나라의 직접 지배 여부에 따라 숙여진(熟女眞)과 생여진(生女眞)으로 구분되었는데, 이들은 옛 고구려 시대로부터 발해를 거쳐 요나라 시대에 이르기까지 부족과 부락 단위로 결집하여 공동체적 관계가 강하게 남아 있는 상태로 사회가 유지되고 있었다. 따라서 고구려나 발해가 그러했던 것처럼 요나라 또한 여진 부락을 다스리는 그 수장을 통해 그들을 간접 지배를 하는 것이 효율적일 수 있었다. 반면 발해인의 경우 이미 발해 시대부터 체계적인 국가 권력에 의해 작동되는 행정 체계에 익숙하였기 때문에 요나라는 이들을 주현민(州縣民)으로 편제하여 한법을 적용하여 지배하고자 하였다. 이처럼 고구려·발해인[토인]과 말갈인은 수백 년의 시간 동안 같은 공간에서 대체로 호혜적인 관계를 이루며 함께 역사를 일구었지만, 서로 간에 뚜렷이 구분되는 정체성과 사회 체계를 유지하면서 공존하였던 것이다.

오늘날 우리는 더 이상 '이민족'이라는 말을 쓰지 않는다. "외국인", "○○국 사람" 등의 표현이 그 자리를 대신하고 있다. 하지만 또 한편에서 우리는 흔히 한국 사회에서 살아가며 한국어에 능숙한 외국인을 보면 놀라워하며, "한국말을 잘한다." 등의 말을 곧잘 '칭찬'처럼 하곤 한다. 반대로 어눌한 어투로 한국말을 구사하는 외국인을 보면서 우스꽝스럽다고 생각하며, TV 방송에서는 그러한 모습을 흉내 내며 희화화하기도 한다. 이것은 우리가 아직도 "다름"을 인정하는 데에 인색하기 때문에 벌어지는 일들이다. 사실 외국인이 우리와 다른 것은 당연하며, 그들이 한국어를 자연스럽게 구사하지 못하는 것 또한 자연스러운 일이다. 우리는 "다름"을 인정할 줄 알아야 한다. 그들이 우리와 다르다는 사실을 받아들이지 않는다면 우리는 그들과 함께 공존하거나 연대할 수 없게 된다. 그리고 공존에 실패한 사회는 언제나 갈등과 분열, 폭력과 탄압의 역사를 불러왔다. 다양한 종족이 어우러져 역사를 일구었던 고대사회를 통해 우리 사회도 서로 "다름"을 인정한 위에서 다양한 언어와 문화·종교가 공존하고 조화를 이루는 건강한 사회로 나아가는 방법을 배울 수 있지 않을까.

이승호 _동국대 동국역사문화연구소 HK 연구교수

고대국가 저편에 남은 사람들 이야기

위가야

541년 7월의 어느 날, 백제 성왕(聖王)의 편지를 지닌 사신들이 안라국(安羅國, 지금의 경상남도 함안군 지역에 있었던 나라)에 도착했다. 그들은 안라국 사람들에게 자신들이 오게 된 이유를 설명하고 성왕의 편지를 읽어 주었다. 편지에는 성왕이 생각하기에 외교적으로 큰 잘못을 저지른 사람 셋을 질책하는 내용이 쓰여 있었다. 하지만 질책의 대상이 된 세 사람은 모두 안라국에 없었다. 안라국 사람들이 전해 준 말에 따르면 그들은 지금 신라에 가 있었다. 백제 사신들은 과거 백제와 가야의 여러 나라들이 가졌던 우호를 강조하고 반면에 신라가 얼마나 가야에 위협이 되는 존재였는지를 강조하며 안라국 등 가야의 여러 나라가 신라와 가깝게 지내지 말 것을 당부하는 내용이 담긴 편지를 마저 읽어 주고 다시 백제로 발길을 돌렸다.

백제로 향하는 사신들의 발걸음은 무거웠을 것이다. 문제를 일으킨 사람들에게 직접 들려주지도 못한 편지의 내용이 별다른 효력이 없을 것이 불을 보듯 뻔했기 때문이다. 그들은 어쩌면 돌아오는 길에 세 사람의 이름을 안주삼아 씹으면서 술독에 빠졌을지도 모르겠다. 그것이 닥쳐올 성왕의 질책에 대한 두려움을 잠시나마 잊을 수 있는 길이었을 터. 이때 그들의 입에서 나온 세 사람의 이름은 하내직(河內直)과 이나사(移那斯), 그리고 마도(麻都)였다.

이 이야기는 《일본서기(日本書紀)》권19 흠명기(欽明紀) 2년 7월 기사의 긴 내용을 간단하게 재구성해 본 것이다. 한국고대사에 제법 관심이 있다 자부할 사람들도 아마 처음 듣는 사람이 많을 듯한 이 생소한 이야기로 글을 시작한 이유가 있다. 이 이야기에서 성왕의 노여움을 산 세 사람의 행적이 고구려·백제·신라와 가야의 여러 나라 그리고 바다 건너 왜(일본)까지, 우리가 알고 있는 고대국가의 경계 바깥에 있던 사람들의 존재를 잘 보여 준다고 생각했기 때문이다. 최근에 어떤 글에서는 그들을 안라국과 왜 모두와 밀접한 관계를 가지면서도 어느 한 나라에 소속되었다고는 할 수 없는 이른바 경계인이자 중간자의 입장에 서 있던 존재로 정리했다. 경계인이라는 개념 규정이 반드시 정확한 것인지에 대해서는 이견이 있을 수 있다 하더라도 그들의 국가적 소속이 모호했던 것만큼은 분명하다.

다짜고짜 성격 규정부터 했으니 이제 규정한 이유를 설명할 차례다. 이나사와 마도가 활동하던 6세기 전반기의 한반도에서 어떤 일이 일어났는지를 확인하면서 이야기를 시작해 보겠다.

가야 지역에 불어온 회오리바람

잘 알려져 있는 것처럼 5세기 중반 이래 백제와 신라는 고구려의 침공에 대응하기 위해 군사적으로 협력하고 있었다. 이것을 우리는 한국사 수업 시간에 '나제동맹'이라고 배웠다. 하지만 이 '동맹'이 양국 관계의 원만함을 보장하는 것은 아니었다. 고구려의 침공에 힘을 합쳐 대응하는 일에는 백제와 신라의 이해가 일치했지만, 외부로 시선을 돌려 세력 확장에 나서기 시작했을 때 두 나라는 더 이상 아군일 수 없었기 때문이다. 이때 그들의 시선은 같은 곳을 향했다. 그곳은 바로 여러 나라들이 독자성을 유지하며 공존하고 있던 가야 지역이었다.

가야 지역의 여러 나라들은 하나의 연맹체를 이루고 있었던 것으로 알려져 있지만 최근의 연구에서는 오히려 각국이 독자성을 유지하고 있었거나, 연맹체를 이루었다 하더라도 지역별로 몇 개의 나라가 뭉친 복수의 연맹체로 존재했다고 이해하는 경우가 많다. 설령 하나의 연맹체로 존재했다 하더라도, 이미 집권적인 국가를 성립시킨 백제나 신라에 비해서 각국의 연결이 강고하지 않았으리라는 점에 대해서는 이견이 없다. 백제와 신라는 이러한 가야 지역의 상황을 이용하면서 점점 가야 지역을 자신의 세력으로 확보해 나가기 시작했으며, 가야의 여러 나라들은 백제 또는 신라의 세력권 아래에 들어가거나 양국의 경쟁을 이용해 독자적인 생존의 길을 모색하는 두 가지 선택지 중 하나를 골라야 했다. 그리고 그런 나라 가운데 탁순국(卓淳國)이 있었다.

탁순국 역시 많은 사람들에게 생소한 이름일 것이다. 이 나라의 이름이 《삼국사기》 등의 우리 기록에는 보이지 않고 《일본서기》에만 보이기 때문이다. 어떤 사람들은《일본서기》는 천황중심 역사관에 의해 왜곡된 사서이며 그 안에 임나일본부설의 근거가 되는 내용이 있다는 이유로,《일본서기》의 기록을 통해 고대 한반도에 있었던 정치체의 실상을 이해하려는 시도 모두를 일제 식민사학을 추종하는 행동으로 매도하기도 한다. 하지만《일본서기》에서는 백제인의 기록인 〈백제기(百濟記)〉·〈백제본기(百濟本記)〉·〈백제신찬(百濟新撰)〉이라는 이른바 '백제3서'는 물론 가야 계통으로 생각되는 기록들이 다수 확인된다. 따라서 기록이 부족한 한국 고대사 연구에서 중요한 자료로 인정받아 왔다. 물론 이미 지적된 바 있듯이《일본서기》에는 이러한 한국 계통 기록들이 있는 그대로가 아니라 일본 중심의 세계관에 맞춰 윤색되었기 때문에 기록에 대한 면밀한 사료 비판을 거쳐 이용해야 한다. 한 역사학자는《일본서기》를 아래는 새카맣게 탄 숯덩이고 위에는 설익은 생쌀이라서 먹을 수 없지만 가운데 부분은 잘 익어서 먹을 만한 삼층밥에 비유하기도 했다. 역사학자의 임무이자 의무는 이런 삼층밥에서 먹고 배탈이 나지 않을 만한 부분을 잘 요리해서 역사에 관심이 많은 사람들에게 제공하는 것이리라.

지금까지 백제사와 가야사를 연구해 온 역사학자들은 잘 익은 밥 주변에 숯덩이와 생쌀이 조금씩 묻어 있는 것이 탁순국 관련 기록이라고 생각했다. 따라서 사료 비판이라는 과정을 거쳐 숯덩이와 생쌀을 덜어 내면 한국 고대사, 그중에서도 가야사의 일부를 복원할 수 있는 중요한 단서를 탁순국의 실상이 제공한다고 여겨 계속해서 연구를 진행해 왔다.

그 연구에 따르면 탁순국은 지금의 경상남도 창원 지역에 있었던 가야의 작은 나라였다. 하지만 한반도와 일본 열도의 교섭을 중개하기에 유리한 위

┃ 6세기 초반 한반도 남부의 정세(➡ 신라의 진출 방향)

치에 있었으므로 일찍부터 백제와 왜의 교섭을 중개하는 역할을 했으며, 훗날 백제의 성왕이 백제와 우호관계를 맺었던 가야의 나라들을 회상하면서 고령의 가라국, 함안의 안라국과 함께 나란히 언급할 정도로 주요한 나라였다. 이 때문에 백제와 신라가 가야 지역으로 세력을 확장하려 했을 때 가장 우선적으로 주목을 받을 수밖에 없는 나라이기도 했을 것이다.

신라는 532년에 지금의 김해 지역에 있었던 금관국을 병합하고 그 왕족을 자국의 귀족에 편입시켰다. 신라의 다음 목표는 근처에 위치한 탁순국이었고 그 시기를 정확하게 알기는 어렵지만 적어도 541년 봄이 되기 이전에 탁순국을 멸망시키는 데 성공했다. 신라의 이러한 행동은 가야 지역을 긴장 상태로 몰아넣었고 그중에서도 탁순국과 가까운 거리에 있었던 함안의 안라국이 적극적인 행동에 나서기 시작했다. 백제에 구원을 요청하는 것이었다.

안라국을 포함한 가야 여러 나라들의 구원 요청을 받은 백제의 성왕은 바로 행동에 나서지 않고 백제의 수도인 사비(지금의 부여)에서 모여 앞으로의 일에 대해 상의하자는 의견을 제시했다. 발등에 불이 떨어진 안라국과 가야 여러 나라의 지배자들—사료에는 이들을 한기(旱岐)라고 기록하고 있으므로 앞으로는 한기라고 부르겠다—은 성왕의 제안을 거절할 수 없었다. 그 결과 사비 조정에서 백제의 성왕과 신료들, 그리고 가야 여러 나라들의 지배자들이 모인 일종의 국제회의가 개최되었다. 541년 4월의 어느 날이었다. 그런데 가야의 한기들은 회의장에서 보인 성왕의 태도에 불만을 품지 않을 수 없었다. 성왕은 탁순국의 멸망이 신라의 공격 때문이 아니라 내분과 내통이 불러온 결과라고 말할 뿐 군대를 보내 신라를 막아 주겠다는 등의 직접적 조치에 대해서는 아무런 말이 없었다. 그 대신 가야의 한기들에게 재물을 선물로 주었는데, 사료에는 가야의 한기들이 이것을 받고 기뻐하며 돌아갔다고 적혀 있지만, 아마도 돌아가는 그들의 마음속에는 말잔치 이상의 대처를 해 주지 않은 성왕에 대한 불만이 손에 들린 선물 못지않게 한가득이었으리라.

가야의 한기들, 그중에서도 강성해서 한기가 아니라 왕을 칭하고 있었던 안라국의 지배자, 즉 안라국왕은 백제만 믿고 있다가는 그들 역시 탁순국의 전철을 밟을 수밖에 없으리라고 생각했던 것 같다. 사실 이 시점에 백제 역시 백제와 가까운 가야 지역에 일종의 지방관인 '군령(郡令)'과 '성주(城主)'를 파견하는 등, 가야 지역에 대한 간섭을 시작하고 있었다. 두 침략자들 사이에서 생존을 도모해야 했던 안라국왕은 신라에 사절을 보내려 했는데, 이는 두 가지 가능성을 함께 염두에 둔 전략적 선택이었을 것이다. 하나는 신라의 침공을 외교적으로 저지함으로써 가야 지역이 직면한 위기에서 벗어나는 것이고, 또 다른 하나는 신라에 접근하는 모습을 백제 측에 보여 줌으로써 가야 지역 문제에 대한 백제의 적극적 개입, 즉 신라의 침공에 대한 군사적 대처를 유도하는 것이다. 고구려를 상대하기 위한 '동맹'이면서 가야 지역을 두고는 경쟁 상대였던 백제와 신라의 미묘한 관계를 이용한 일종의 줄타기 외교를 선택한 셈인데, 이러한 어려운 임무를 성공으로 이끄는 데에는 특별한 임무에 걸맞은 능력과 배경을 갖춘 인물이 필요했을 것이다. 이때 안라국왕의 선택을 받은 인물이 앞서 이야기한 하내직과 이나사, 그리고 마도였다. 그렇다면 그들은 어떠한 사람들이었기에 안라국왕의 선택을 받을 수 있었던 것일까.

가야인도 왜국인도 아닌 '한복(韓復)'

하내직과 이나사, 그리고 마도가 어떤 사람들이었는지를 짐작할 수 있게 해 주는 기록이 있다. 백제의 성왕이 하내직 등을 질책한 말이 기록된 《일본서기》권19 흠명기 5년 2월 기사다.

> 옛날부터 지금까지 오직 너희들(하내직·이나사·마도)의 악평만 들어 왔다. 너의 선조 나기타갑배(那奇陀甲背)와 가렵직기갑배(加獵直岐甲背)가 과거에 위가가군(爲哥可君)을 속였고, 그래서 위가가군이 방자하고 포악한 짓을 하다가 쫓겨났다. 임나(가야)가 나날이 쇠퇴하는 것은 너희들 때문이므로 너희들을 가야 지역에서 쫓아내라고 요구할 것이다.

성왕은 하내직 등이 가야 지역에서 하고 있는 행동이 결국 가야를 망칠 것이라 지적하면서 그들이 선조 때부터 백제에 잘못을 저지른 일이 있음을 상기시켰다. 그 일은 하내직 등의 선조 나기타갑배가 백제의 장수 위가가군을 속인 일이었다. 이 일은 역시 《일본서기》권15 현종기(顯宗紀) 3년 기사에 기록되어 있는 사건을 말하는 것인데 그 전모와 무대에 대해서 조금씩 다르게 설명하는 역사학자들이 없는 것은 아니지만 대강의 사정은 다음과 같이 정리할 수 있을 것 같다.

> 487년에 임나(任那)의 좌로(左魯) 나기타갑배(那寄他甲背)가 백제의 장군 위가가군을 속여서 역시 백제의 장군인 적막이해(適莫爾解)를 고구려 땅인 이림성(爾林城)에서 죽이고는 대산성(帶山城)을 쌓아 백제의 병사들을 고립시켰다. 이에 백제왕이 노해서 군대를 보내 나기타갑배 등 3백 명을 죽였다.

여기서 등장하는 나기타갑배(那寄他甲背)는 성왕이 이야기한 나기타갑배(那寄他甲背)와 동일 인물이다. 그의 활동 무대인 임나는 《일본서기》에서 가야를 가리키는 말이고 좌로는 직함이므로 그는 가야 지역의 작은 나라 가운데 하나를 다스리던 수장으로 생각되는데 백제에 적대적인 행동을 하다가 죽었다. 그리고 성왕의 말에 등장하는 그의 일족인 가렵직기갑배가 왜로 도망쳐서 일본 열도의 가와치[河內] 지역(지금의 오사카부 동부 지역)에 정착했던 것으로 여겨진다. 가렵직기갑배가 일본 열도로 도망친 것이 487년 이후의 일이고 그의 자손이라는 하내직 등이 활동한 시기가 540년대이므로 그들은 가렵직기갑배의 아들일 것이라고 보는 역사학자들이 많다. 그리고 하내직 등이 가렵직기갑배가 정착한 일본 열도가 아닌 한반도 남부의 가야 지역에서 활동한 점으로 보아 그들이 어느 시점에 다시 한반도로 건너왔을 것이라 생각했다. 즉 일종의 역이민을 해 온 사람들로 본 것이다.

흥미로운 점은 성왕이 이나사와 마도를 헐뜯으면서 그들을 '한복(韓復)'이라 불렀다는 사실이다. '한복'을 글자 그대로 풀이하면 '한인(韓人)의 배[腹]에서 태어난 사람'이 되는데, 이는 이나사와 마도의 어머니가 한반도 계통의 인물임을 암시한다. 이나사와 마도의 아버지로 생각되는 가렵직기갑배 또한 한반도 계통의 인물인데 어머니가 한반도 계통인 것이 뭐 그리 특별한 일이라고 '한복'이라고 따로 강조하고 있을까 하는 생각이 들 수도 있겠다. 하지만 백제인의 입장에서 볼 때 이나사와 마도는 왜에서 건너온 사람이었기에 왜인이면서도 그 혈통에 한반도 계통이 섞인 혼혈임을 강조하고자 '한복'이라 불렀다고 보면 그렇게 이상한 표현은 아니다. 한편 하내직은 '한복'으로 부르지 않고 있으므로 그 어머니 또한 왜 계통의 인물이었을 것으로 본다. 그가 이나사와 마도와는 달리 왜 계통의 씨싱(氏姓)인 '하내직'으로 기록된 이유 또한 여기 있을 것으로 보는 역사학자들이 많다. 그렇다면 하내직과 이나사·마도는 아버지는 같지만 어머니가 다른 형제였을 것이다.

그런데 이 '한복'이라는 점이 안라국왕이 이나사와 마도를 신라에 보낼 사신으로 선택하게 된 이유 가운데 하나였다. 하내직과 이나사, 그리고 마도는 6세기 초반의 어느 시점에는 한반도에 들어와 있었던 것으로 생각되는데, 이들은 《일본서기》에 이른바 '임나일본부'라 기록된 사신단과 함께 활동하고 있다. 역사하자에 따라서는 이들 또한 '임나일본부'의 일원으로 보기도 한다. 물론 여기서 '임나일본부'가 나온다고 해서 하내직 등에 대해 연구한

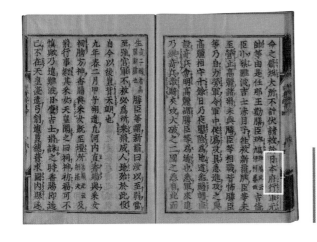

역사학자들이 '임나일본부설'을 추종하는 게 아닐까 걱정할 필요는 없다. 최근의 연구에서는 《일본서기》에 '일본부'라고 기록된 존재를, 그들을 일본어식으로 읽은 이름이 사신을 의미하는 '미코토모치(ミコトモチ)'이며 그 활동 또한 외교사절로 이해할 수 있음을 근거로 하여, 왜에서 파견되어 한반도에서 활동한 사신단으로 이해하는 경우가 많다. 이때 이들이 활동한 지역이 가야 지역 가운데에서도 안라국이었기에 같은 《일본서기》에서 이들을 "안라에 있는 왜의 신하들[在安羅諸倭臣]"로 기록하기도 했다.

그런데 이들은 왜에서 보낸 사신이었음에도 이들의 활동이 가야의 여러 나라들이 독자적으로 생존하는 것을 돕기 위해 노력하는 모습으로 기록되어 있다. 이 때문에 당시 가야의 여러 나라들 중 비교적 강력한 나라였던 안라국과 가라국의 의도가 '일본부'의 활동에 강하게 반영되었던 것으로 본다. 하내직과 이나사, 그리고 마도는 바로 이러한 '일본부'와 함께 안라국의 이익을 위한 외교사절로서 활동하며 신라에도 파견되었던 것이다.

하내직과 이나사, 그리고 마도가 신라의 침공을 저지하기 위한 외교사절로서 신라에 파견될 수 있었던 이유는 무엇이었을까? 우선 안라국왕의 입장에서는 그들이 선조 때부터 백제와 맺어 왔던 악연이 신라와의 교섭에 오히려 유리하게 작용할 것이라고 생각했기 때문이었을 것이다. 또한 그들은 형식적으로는 제삼자인 왜국의 사신단과 함께 활동하는 인물인 동시에 한반도와 일본 열도 모두와 관계가 있는 '한복'이었으므로, 신라와 가야의 여러 나라 사이를 중재할 수 있는 적임자로 여겨졌을 가능성도 있다. 실제로 당시 한반도의 외교 무대에서는 한반도와 일본 열도 모두에 소속감을 가진 양속적 존재로서 외교사절로 활동한 사람들이 확인된다. 즉 안라국왕의 선택은 생존을 위한 전략으로 충분히 가능할 수 있었으며, 당시 한반도 남부의 국제 질서에서 그렇게 특수한 사례만도 아니었던 셈이다.

국제적인 나라 백제의 사신, 왜계백제관료

《수서(隋書)》 백제전의 다음 기사는 국제적인 나라 백제의 모습을 잘 보여주는 기록으로 유명하다.

> 그 나라 사람들 속에는 신라인과 고구려인, 그리고 왜인이 섞여 있고, 또 중국인도 있다.

백제인과 섞여 살고 있었다는 중국인은 낙랑군과 대방군이 소멸된 후 백제로 이주해 와서 관인(官人)으로 고용된 사람들의 후손일 것이다. 신라와 고구려인, 그리고 왜인들은 지리적으로 가까웠으므로 자연스럽게 백제로 건너와 활동한 사람들이 많았을 것이라 생각할 수 있다. 그런데 백제로 건너와 살았던 왜인 중에는 왜인의 정체성을 일부 유지하면서도 백제의 관직을 받고 백제의 외교사절로 활동한 사람들이 있었다. 역사학자들은 이들을 '왜계백제관료(倭系百濟官僚)', 또는 '왜계백제관인(倭系百濟官人)'이라고 부르며 그들의 존재에 주목해 왔다.

지금까지의 연구에 따르면 '왜계백제관료'는 왜국의 씨성을 유지하면서 동시에 백제의 관위(冠位)를 보유한 백제왕의 신하였다. 여기서 '왜국의 씨성을 유지하면서 백제의 관위를 보유'했다는 말이 무슨 의미인지 궁금할 수도 있겠다. 가장 대표적인 '왜계백제관료'로 '기신나솔미마사(紀臣奈率彌麻沙)'란 사람이 있다. 이 칭호는 왜계 씨성인 '기신(紀臣)', 백제의 관위인 '나솔(奈率)', 이름인 '미마사(彌麻沙)'로 구분할 수 있는데, 그가 왜인이면서 동시에 백제의 관료임을 잘 보여 주는 사례이다. 구체적인 숫자에 대해서는 견해가 엇갈리지만 역사학자들은 그와 같은 '왜계백제관료'가 6세기 중반까지 10명 넘게 존재했을 것으로 생각한다.

그들은 백제에서 가야와 왜로 파견한 외교사절이었으며, 주된 임무는 가야 지역을 둘러싸고 벌어진 분쟁을 백제에 유리하게 만들거나 왜국의 군사적 지원을 요청하는 것이었다. 백제왕은 그들이 백제로 건너오기 전에 소속되어 있던 씨족과 연계하여 백제의 대왜 교섭을 유리하게 만들 수 있었기에 '왜계백제관료'를 활용하였던 것으로 생각된다. 따라서 가야 지역이 신라에 완전하게 복속되어 '왜계백제관료'가 활동할 여지가 사라진 것과 왜 왕권의 집권력이 강해지면서 개별 씨족과의 연계가 큰 의미를 가지지 못하게 되었던 것을 계기로 '왜계백제관료'의 존재 가치가 사라지게 되고, 이에 따라 자연스럽게 소멸의 길을 걸었던 것으로 이해하는 역사학자들이 많다. 그런데 이들은 왜의 씨성과 백제의 관위를 함께 가졌다는 사실을 통해 짐작할 수 있는 것처럼 백제와 왜 왕권 모두에 신하로서 속해 있었던 일종의 양속적인 존재였던 것으로 보인다. 물론 두 국가에 동시에 속한 관료가 존재할 수 있는가라는 반론이 없는 것은 아니지만, 오히려 한반도와 일본 열도 사이에 인간의 이동과 교류가 비교적 활발하게 전개되었으며, 국가라는 소속감이 지금의 그것보다는 느슨했을 것이라는 점을 생각하면 그 가능성을 낮게만 보기는 어려울 것 같다.

그런데 '왜계백제관료'의 이러한 양속성은 앞서 이야기한 하내직과 이나사, 그리고 마도가 가야인과 왜인의 정체성을 함께 가지고 있었다고 볼 수 있다는 점을 연상시킨다. 흥미로운 점은 '기신나솔미마사'에 대해 《일본서기》에서 "기신나솔은 아마도 기신이 한(韓)의 부인을 얻어 낳았는데, 백제에 머물러 나솔이 된 사람일 것이다"라고 주석을 달아 설명하고 있다는 사실이다. 이는 '기신나솔미마사' 역시 이나사와 마도와 같이 한반도 계통의 여성과 왜인 남성 사이에서 태어난 혼혈이었음을 알려 주는데, 모든 '왜계백제관료'가 그렇다고 할 수는 없겠지만, 그들이 가진 양속성이 어느 정도는 혈연에 기반한 것이었을 수 있음을 추측하게 한다.

이러한 양속성은 그들이 외교사절로서 한반도와 일본 열도 사이를 누비는 데 큰 장점이 되었을 것이다. 언어는 물론 상대에 대한 친근성과 소속감 모두 단순한 백제인이나 가야인 또는 왜인보다 우위에 있었을 것이기 때문이다. 하지만 여러 사정의 변화로 인해 그들의 존재 가치가 소멸했을 때 그들의 이 같은 양속성은 그들이 한 나라에 정착하는 데 큰 약점이 될 수도 있었다. '왜계백제관료'의 소멸을 다룬 연구에서는 그들이 백제의 중앙 행정 단위인 왕도 5부에 소속되었다는 표식인 부명(部名)을 가지게 되거나, 과거 '왜계백제관료'로서 활동할 때보다 높은 관위를 보유하게 되었다는 점을 근거로 백제관료층에 완전하게 편입되었다고 보기도 했다. 하지만 이나사와 마도의 앞에 펼쳐진 길은 그처럼 순탄하지는 않았으며, 그 길은 그들이 가진 또 다른 정체성인 경계인적 속성에 이끌려 맞이할 수밖에 없는 운명이기도 했다.

경계인, 어디에도 속할 수 있지만 어디에도 속할 수 없는

안라국이 신라에 접근하는 모습을 보인 것이 백제를 긴장시켰고 그것이 백제의 성왕이 하내직과 이나사, 그리고 마도를 질타하며 가야의 여러 나라들을 회유하는 행동으로 이어졌다는 이야기를 이 글의 첫머리에서 했다. 이후로도 백제는 끊임없이 안라국과 왜국에 사신을 보내 가야의 여러 나라들이 신라에 접근하는 것을 막으려 했다. 이때 백제의 사신으로 활약한 사람들이 앞서 이야기한 '왜계백제관료'였다. 그러면서 동시에 백제는 하내직 등을 가야 지역에서 축출하려는 시도 또한 이어 나갔다. 안라국의 신라 접근이 하내직 등의 중개를 통해 좀 더 원활할 수 있었다는 사실을 백제 또한 눈치 채고 있었기 때문이다.

544년 11월 사비에서 두 번째 국제회의가 열렸다. 이 자리에서 백제의 성왕은 안라국과 신라의 국경에 군대를 보내 신라를 막기 위한 방어선을 구축해 줄 것을 약속하고, 그와 동시에 하내직 등을 가야 지역에서 축출할 것을 요구했다. 기존의 태도와는 비교할 수 없을 정도로 적극적이고 구체적인 제 안이었지만 이 역시 안라국을 포함한 가야의 여러 나라들을 설득하지는 못했던 것 같다. 그들은 성왕의 제안에 찬성하지만 "심사숙고하여 계책을 세워야 한다"는 핑계로 결정을 뒤로 미룬 채 돌아갔다.

그런데 이 시점에 상황을 완전히 반전시키는 사건이 발생했다. 그리고 그 사건이 이나사와 마도의 운명을 결정했다. 548년 1월, 고구려가 백제의 독산성(獨山城)을 공격했다. 백제는 신라에 사신을 보내 구원을 요청했는데, 몇 년 동안 가야 지역을 둘러싸고 옥신각신한 일이 거짓말이었던 것처럼 신라는 신속하게 구원병을 파견했다. 고구려를 상대로 하는 한 백제와 신라는 여전히 끈끈한 군사 협력의 파트너였다. 전투는 백제·신라 연합군의 승리로 끝났는데, 전투 중에 사로잡힌 포로의 한 마디가 모두를 경악시켰다.

"안라국과 '일본부'가 고구려를 불러들여 백제를 정벌하기를 권하였습니다."

안라국이 실제로 고구려군을 불러들였는지, 아니면 백제의 회유에도 신라에 접근하려는 시도를 멈추지 않은 안라국의 입지를 약화시키기 위해 당시 한반도 남부의 최대 위협 요인이었던 고구려와 내통했다는 누명을 백제가 안라국에 덮어씌웠는지는 역사학자들마다 의견이 다르다. 하지만 분명한 점은, 이 사건으로 안라국은 대단히 곤란한 상황에 빠지게 됐다는 것이다. 이는 바다 건너 왜 또한 마찬가지였다. 그들이 파견한 사신단인 '일본부'

또한 내통의 당사자로 지목되었기 때문이다. 당시 백제는 고구려를 대비하는 것, 또는 앞서의 국제회의에서 말한 대(對)신라 방어선 구축을 위한 원군으로 군대를 파견해 줄 것을 왜에 요청하고 있었다. 하지만 내통 사건 발생후 백제는 진상을 규명하기 전까지는 군대 파견을 수용할 수 없다는 태도를 보이며 강력하게 항의했다. 백제의 강경한 태도에 왜는 자세를 낮춰 응할수밖에 없었는데, 그들은 머지않아 하나의 해결책을 생각해 낸 것 같다. 내통의 책임을 이나사와 마도에게 돌리는 것이었다.

《일본서기》의 기록을 보면 사건이 발생한 초기에 왜는 '일본부'가 고구려와 내통하였다는 사실을 믿을 수 없다는 반응을 보였다. 그런데 몇 번의 사신이 오간 후 왜에서 먼저 내통한 이는 이나사와 마도인 것으로 보인다는 반응이 나왔다. 이는 두 가지 가능성을 생각할 수 있게 한다. 첫째는 실제로 이나사와 마도가 안라국의 사주를 받고 고구려군을 끌어들였을 수 있다는 점이다. 이렇게 보는 역사학자도 있다. 하지만 좀 더 현실적이라고 생각되는 점은 왜가 고구려와 내통한 혐의를 과거 여러 차례 백제로부터 축출 요구가 있었던 이나사와 마도의 사사로운 행동으로 돌리며 그들을 희생양 삼아 자국의 책임을 피하려 했을 수 있다는 것이다. 왜의 씨성을 가진 하내직이 내통의 혐의자에서 빠지고 있다는 것 또한 의미심장하다.

이렇게 생각할 수 있는 이유는 이나사와 마도가 내통의 혐의자로 부각되던 시점에 안라국은 내통 사건에서 빠져나가고 있기 때문이기도 하다. 즉 안라국 역시 내통의 혐의를 자신이 외교사절로 활용했지만 엄밀히 말해 안라국 사람이라고 보기는 애매했던 이나사와 마도의 사사로운 행동으로 돌려 위기를 모면하려 했을 수 있다는 것이다. 독산성 전투의 승리로 백제와 신라의 군사 협력이 원활하게 운용되는 것이 입증된 상황에서 그간 안라국이 펼쳐 온 줄타기 외교는 효과를 거둘 수 없었으므로 그 일선에 있었던 이나사와 마도의 입지가 약화되는 일은 예정된 수순이었다. 안라국은 이전보다 더 철저하게 백제에 의지하는 것을 선택했다. 하지만 그 선택이 그다지 현명하지 못했다는 사실을 깨닫게 되는 데는 그리 많은 시간이 필요하지 않았다. 안라국은 562년 신라가 고령의 가라국을 멸망시켜 가야의 전 지역을 손에 넣기 전에 이미 신라에게 멸망당했던 것으로 생각되기 때문이다.

하내직과 이나사, 그리고 마도가 이후 어떻게 되었는지는 기록이 남지 않아 분명하게 말하기 어렵다. 하내직은 자신의 씨족의 근거지인 일본 열도의 가와치 지역으로 돌아갔을지도 모르겠지만, 이나사와 마도의 행방은 짐작조차 하기 어렵다. 그들이 한창 주가를 올리던 시절 신라의 나마(奈麻) 관직을 받았다는 점을 근거로 신라로 망명했을 것이라 추측하기도 하지만 확실하지는 않다. 분명한 것은 이제 백제와 가야의 여러 나라, 그리고 왜라는 고대국가에는 더 이상 그들이 서 있을 자리가 없었다는 사실이다. 이는 그들이 한반도 남부의 외교 무대를 누비면서 활동할 수 있었던 원천이었던 경계인으로서의 성격이 동시에 한반도와 일본 열도의 고대국가 어디에도 속하지 못하고 버림받는 결말을 맞이하는 요인이 되었음을 알려 준다.

한국 고대의 시공간에서 이러한 경계인이 이나사와 마도뿐이었을까 생각을 해 본다. 《일본서기》에서는 한인과 왜인의 혼혈로 '한자(韓子)'—일본식으로 읽으면 '가라쿠니노우마레(カラクニノウマレ)'가 되며 '가라국[韓國] 출생'이라고 번역할 수 있다—라고 불리는 사람들을 노골적으로 질시하고 배제하는 모습을 확인할 수 있다. 이는 그들이 한반도와 일본 열도에 살았던 사람

들의 혼혈로서 두 지역의 어느 고대국가에도 속하지 못하고 그 바깥에 위치한 존재였음을 알려 주는 것이 아닐까. 고대국가의 구성원이 "너는 어느 나라 사람이냐"고 물었을 때 쉽게 대답하지 못하던 존재들의 모습이 이나사와 마도는 물론 구체적인 기록이 남지 않은 많은 '한자'들의 삶은 아니었을까. 고구려와 백제, 그리고 신라는 물론 가야의 여러 나라들과 바다 건너 왜까지 이른바 고대국가를 이루었던 정치체에 속하지 못하고 또는 속할 수 없어서 그 바깥에 머물렀던 존재들에 대해서도 관심을 기울일 때, 한국 고대의 시공간에 대한 이해가 좀 더 깊어질 수 있을 것이다. 물론 쉬운 일은 아니겠지만.

위가야 _동북아역사재단 연구위원

3부 고대사회의 사람들

우리나라 최초의 성씨는?

이순근

우리나라에서 성씨가 사용된 것은 중국 문화의 영향이라고 보고 있다. 기록에 의하면 최초의 성씨 사용은 지금으로부터 약 2,200년 전인 위만조선 초기로 올라간다. 중국의 역사책에 "위만이 일으킨 정변으로 쫓겨난 준왕(準王)이 한(韓) 땅에 들어가 한왕(韓王)을 칭하자, 고조선에 남아 있던 아들과 친족들이 한(韓)을 성씨로 사용하였다."라는 기록이 전한다. 이것이 사실이라면 '한(韓)' 성이 우리나라 최초의 성씨가 된다.

그런데 또 다른 중국의 역사책을 보면, 준왕은 기원전 12세기경에 주나라 무왕의 명을 받고 조선의 제후로 온 기자(箕子)의 후손이라고 한다. 그렇다면 준왕의 본래 성은 기(箕)씨였다는 말이 된다. 현재 학계에서는 대체로 기자가 조선의 제후로 온 사실을 인정하지 않고 있으나, 유교적 전통을 숭상하던 조선시대에는 기자가 조선에 왔다는 주장이 사실로 받아들여졌고, 또 강조되었다. 그로 인해 기자를 시조로 하는 기씨(행주 기씨)와 한씨(청주 한씨)는 같은 성족으로 되었고, 역시 기자를 시조로 하는 선우씨(태원 신우씨)도 분화한 동족으로 간주되었다.

이처럼 준왕이나 기자에 관련된 중국 쪽 기록이 있기는 하지만, 우리나라에서 그 시기부터 성씨가 사용되었다고 주장하는 학자는 거의 없다. 이 방면 전문가들은 최초의 성씨 사용 시기는 삼국시대 중반 이전으로 올라가기는 어렵다고 보고 있다.

성씨 사용은 삼국시대부터

《삼국사기》나 《삼국유사》와 같은 역사책에는 삼국을 세운 시조가 건국 당시부터 성씨를 사용한 것처럼 되어 있다. 고구려에서는 기원전 1세기 무렵 시조 주몽이 나라의 이름을 고구려라 하고, 성을 '고(高)'씨라 하였다고 한다. 백제의 시조 온조는 출신이 부여라고 하여 '부여(扶餘)'씨라 칭하였으며, 신라의 경우 시조인 혁거세는 '박(朴)', 탈해는 '석(昔)', 알지는 '김(金)'을 각기 성씨로 삼았다고 전한다. 가야에서도 시조 수로왕이 '김(金)', 왕후가 '허(許)'씨의 성을 사용하였다고 한다.

그러나 《삼국사기》나 《삼국유사》에는 후대의 사실이 초기의 사실인 것처럼 시기를 끌어올려 기록된 것이 많기 때문에 이 기사들을 그대로 믿기에는 주저되는 면이 많다. 신라를 예로 들자면, '김(金)'이 왕의 성으로 처음 사용된 것은 6세기 중반인 진흥왕(재위 540~576) 때로 보인다. 진흥왕이 중국과 교섭하면서 '신라 국왕(新羅國王) 김진흥(金眞興)'이라는 명호를 쓴 것이 최초의 공식 사용례이다. 이것은 당시 중국과 통교하는 과정에서 중국식으로 격식을 갖출 필요성에서 나온 것이 아닐까 추정되고 있다. '김(金)'을 성으로 사용한 것은 시조인 알지가 금 궤짝에서 탄생하였다는 설화에서 비롯된 것

모두루 묘지명(왼쪽, 중국 지린성 지안 소재)과 흑치상지 묘지명
5세기 고구려 귀족이었던 모두루의 묘지명에서는 아직 성씨의 흔적을 찾아볼 수 없지만, 7세기 백제 귀족이었던 흑치상지의 묘지명에는 "그 조상이 부여씨(扶餘氏)로부터 나왔다."라고 하여 성씨를 밝혔다. 백제 귀족 사이에 점차 성씨가 확산되는 양상을 엿볼 수 있다. (흰색 선)

같다. 그래서 실제로 알지는 '김' 성의 최초 사용자가 아니라, 진흥왕 대에 왕실이 '김'을 성으로 사용하면서 시조의 성도 '김'이었다고 윤색하는 바람에, 최초의 김씨가 되었을 뿐이다.

한편 신라에는 육부성(六部姓)이라는 것이 있다. 《삼국사기》에 따르면, 기원후 32년에 당시 왕이었던 유리왕이 육부에 이(李)·최(崔)·정(鄭)·손(孫)·설(薛)·배(裵) 등 여섯 개 성씨를 하나씩 하사했다고 나온다. 그렇지만 이것 역시 시기기 소급된 것들이다. 이 여섯 개 성씨들은 중국의 귀성(貴姓) 혹은 대성(大姓)으로서, 특히 수나라나 당나라 시기에 명망을 얻고 있던 것들이다. 신라에서 이 성씨들이 사용된 것도 이 시기보다 크게 올라가지 않을 것이다.

고구려나 백제의 경우도 초기부터 성씨가 사용되었다는 것은 그대로 믿기 어렵다. 다만 중국 문화의 영향으로 성씨를 쓰기 시작했다고 볼 때, 일찍부터 중국과 교섭하고 있던 고구려에서는 시기가 올라갈 가능성은 있다. 그렇지만 3세기 말 무렵에 쓰인 중국의 역사책《삼국지》에 고구려왕의 이름이 기록되어 있으면서도 그의 성씨는 전혀 나타나지 않는다는 점을 고려한다면, 고구려에서의 성씨 사용 시기가 3세기 후반보다 더 올라가기는 어렵지 않을까 한다. 백제는 4세기 후반 근초고왕 대부터는 성씨가 사용되었던 것 같다. 중국 사서에 백제의 왕성인 부여(扶餘)씨가 '여(餘)'씨로 축약되어 나오는 것이 바로 이 시기부터이다.

성씨는 귀족 신분의 징표

성씨는 삼국시대부터 사용되기 시작했지만, 이 시기에는 아직 사용층이 매우 제한되어 있었다. 조선시대에 만들어진 족보에는 많은 성씨가 삼국시대 혹은 그보다 더 일찍부터 있었던 것처럼 쓰여 있지만, 여기에는 전설적인 요소가 많다. 더욱이 족보라고 하는 것은 윤색되기 쉬운 특징을 갖고 있기에, 그 기재 내용을 사실로 확인하기란 대단히 어렵다. 족보류의 기록을 제외한다면, 삼국에서 사용된 성씨는 얼마 되지 않는다.

고구려에서는 왕성인 고(高)씨 외에 극(克)·중실(仲室)·소실(少室)·을(乙)·을지(乙支)·연(淵)·명림(明臨)·송(松)·우(于)·우(優)·예(禮)·주(周) 등 20여 종의 성씨가 있었던 것으로 파악된다.

백제는 왕성인 부여(扶餘)씨를 필두로 몇몇 성씨가 확인되는데, 특히 해(解)·진(眞)·국(國)·사(沙)·연(燕)·목(木)·협(劦)·백(䓝) 등 여덟 개 성씨는 대성(大姓)으로 중국에까지 알려졌다. 그 밖에도 사마(司馬)·흑치(黑齒)·수미(首彌)·재증(再曾) 등의 성씨가 각종 기록에 나오고 있어 대체로 20여 종의 성씨가 사용되었던 것으로 추정된다.

신라에서는 왕을 배출한 박·석·김의 세 성씨와 왕성인 '김'과 구별하기 위해 '신김(新金)'이라고도 표기되었던 가야계 김씨, 그리고 위에서 말한 이·최·정·손·설·배 등 이른바 육부성이 있었고, 기타 장(張)·고(高)·요(姚)·고(顧) 등의 성씨가 있었다.

이렇게 보면, 세 나라 모두 각기 20개 안팎의 성씨가 사용되었다는 말이 된다. 이 성씨들은 대부분 왕족과 귀족들의 전유물이었다. 삼국의 성씨 가운데는 왕이 하사한 성씨가 많았는데, 신라에서 육부 제도를 갖추면서 각 부에 성씨를 하나씩 내려 주었다고 하는 것이 그 대표적인 예이다. 왕이 성씨를 하사한다는 것은 곧 성씨를 갖는 것이 사회적 특권을 부여받는 것과 밀접히 관련되어 있음을 의미한다. 또 신라에서는 김 성(왕실) → 박 성·석 성 → 가야계 김 성 → 육부 성 → 기타 성의 순서로 성씨의 출현이 확인되는데, 이 역시 성씨의 보유가 신분에 따라 순차적으로 이루어졌음을 뚜렷이 보여 준다. 성씨는 그것을 사용하고 있는 인물이나 집단에 특별한 신분적 특권이 부여되어 있음을 상징하는 것이었고, 그런 점에서 일반인들은 함부로 성씨를 칭할 수 없었던 것이다.

성씨 사용이 전국적으로 확산된 것은 신라 말

우리나라에서는 1909년 민적법(民籍法)이 제정된 이래 누구나 법적으로 성씨를 갖도록 되어 있다. 그래서 현재 우리나라 사람으로 성씨를 사용하지 않는 사람은 없다. 2000년 통계청 조사에 따르면, 우리나라에는 외국인 귀화 성을 제외하고 286개의 성이 있다고 한다. 이는 1985년 조사에서 누락된 12개 성이 새로 확인된 통계이다. 삼국시대에 불과 20여 개 성씨가 사용되고 있었던 것과 비교하면, 엄청난 변화라 할 수 있다.

우리 역사상 성씨가 가장 많았던 시기는 조선 후기로, 1782년에 간행된 《증보동국문헌비고》의 씨성조에는 당시 전국에 무려 496개 성이 있었던 것으로 나타난다. 조선 전기 자료인 《세종실록지리지》나 《동국여지승람》 등의 250여 개나 277개에 비해 두 배 가까이 늘어난 것으로, 조선 후기에는 천민층에 이르기까지 성씨의 사용이 보편화되었음을 알 수 있다.

삼국시대에 일부 특권층에게만 한정되고 있었던 성씨의 사용이 전국적으로 확산된 것은 신라 말에서 고려 초의 사회변동이 한창이었던 10세기 전반부터였다. 당시 신라 중앙정부는 지방에 대해 통제력을 잃어 가고 있었는데, 이를 기화로 각 지방에서 독자적인 세력들이 등장하였고, 그들은 마치 유행처럼 저마다 성씨를 칭하기 시작했다. 오늘날 많은 성씨의 도시조(첫 시조) 혹은 중시조

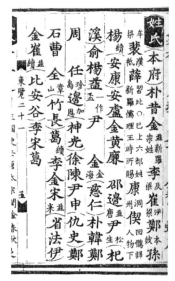

《동국여지승람》 경주부의 성씨조
《동국여지승람》에는 각 군현별로 싱씨가 상세히 기록되어 있다. 일반 양민들도 대부분 성씨를 갖게 되었음을 보여 주는데, 이 성씨들 가운데 상당수는 신라 말·고려 초에 생겨났다.

(중간 시조)가 신라 말이나 고려 초의 인물로 되어 있는 것은 이 때문이다.

이후 전국의 각 지역마다 여러 개의 성씨가 있게 되었으며, 성씨는 지역과 밀접한 관계를 지니게 되었다. 후삼국의 혼란기를 거치고 다시 전국을 통합한 고려 정부는 수많은 지방 세력들의 성씨를 국가적 차원에서 파악하고 정리하였다. 오늘날 성씨마다 '본관(本貫)'을 가지고 있는 것은 고려 초의 이러한 과정을 거치면서 생겨난 것이다.

성씨 사용의 보편화 현상은 시간이 흐를수록 현저해졌다. 신라 말에서 고려 초에는 주로 지방의 유력한 세력가들이 사용하였으나, 점차 평민층으로 확대되어 고려 중기에는 일반 양민들도 대부분 성씨를 갖게 되었다. 그리고 마침내 조선 후기에는 천민층까지 성씨를 칭하기에 이르렀다.

부계 계보를 나타내는 성씨

그러면 성씨를 사용한다는 것은 사회적으로 어떤 의미를 지니는 것일까?

성씨란 흔히 개인에 대한 호칭으로 사용되지만, 원래 가족(family) 혹은 혈족(clan)을 표시하는 명칭이다. 그래서 우리가 성씨를 갖는다는 것은 그 가족이나 혈족에 소속하는 성원권(membership)을 갖는 것을 의미한다. 그런데 가족 가운데 아버지 쪽과 어머니 쪽의 성씨는 서로 다른 경우가 대부분이다. 양자 중 어느 쪽의 성을 갖느냐에 따라 아버지 쪽 집단의 성원권을 갖느냐 어머니 쪽 집단의 성원권을 갖느냐가 결정된다.

세계적으로 성씨의 취득에는 아버지 쪽의 것을 따르는 것이 보통이다. 그러나 어머니의 성을 따르는 경우도 간혹 있고, 때로는 성을 바꿀 수도 있다.

아예 성을 사용하지 않는 경우도 있다.

새로 개정된 호주제법이 시행되는 2007년 이후부터 법적 강제력은 철폐될 전망이지만, 2005년 현재 우리나라에서는 모든 자녀가 아버지의 성을 따르고 있다. 자녀가 아버지의 성을 따른다는 것은 부계적 계보 관념을 가지고 있다는 것이다. 우리나라의 성씨 사용은 중국의 영향을 강하게 받았는데, 그 시기의 중국에서는 부계적 계보 관념이 강했다. 물론 고금을 통해 볼 때, 우리나라나 중국에서도 아버지의 성씨와 다른 성씨를 사용한 경우가 없지는 않았다. 그러나 이 경우들도 자신의 성씨를 버린 것이 아니라 특수한 이유로 성을 바꾼 것에 불과하였다. 예컨대 특별한 공훈이나 범죄 때문에 왕이 상벌로서 성을 바꾸어 내린 경우라든지, 또는 족내혼으로 인해 대외적으로 동성임을 밝히기가 어려운 경우였다. 후자의 경우, 성을 아예 바꾸기도 하고, 어머니 쪽의 성을 취하기도 하였다. 그렇지만 이런 부득이한 경우들을 가지고, 성씨에 반영된 부계적 계보 관념이 바뀌었다고 볼 수는 없다.

결국 동일한 성씨를 사용한다는 것은 같은 부계 친족 의식을 갖는다는 것을 뜻하며, 따라서 성씨를 매개로 형성되는 친족 집단은 자연히 부계 친족 집단(patrilineal decent group)이 되는 것이다.

중국과는 달랐던 삼국시대의 친족 관념

중국에서는 일찍부터 부계적인 계보 관념이 강했다. 기원전 2852년에 황제가 명령을 내려 가속의 성을 세습적으로 사용하도록 했다고 기록되어 있을 정도이다. 물론 씨(氏)가 아직 없는 시기, 초기의 성(姓)은 글자 앞에 여

(女)가 붙는 것에서 부계적인 관념과 다른 성격이 있었음을 반영하고 있다. 그러나 이것은 전설에 불과하여 그대로 믿을 수 없다. 늦어도 기원전 4세기에는 성씨를 동일한 하나의 의미로 사용하면서 부계적으로 세습하는 것이 제도화하였다고 한다. 우리나라가 중국과 교섭하면서 성씨를 받아들인 시기는 그로부터 수백 년 이상 떨어지는 셈이다. 이는 삼국시대에 우리 조상들이 가지고 있던 친족 관념이 성씨의 사용과 밀접한 관련이 있는 부계적 친족 관념과는 차이가 있을 수 있음을 암시한다.

그러면 사람들이 성씨를 본격적으로 사용하기 이전에는 어떤 친족 관념을 갖고 있었을까? 성씨를 사용하지 않는 상태에서 특정 사람을 표현하는 방법은 대개 '○○○의 아들 아무개', '○○ 집안의 아무개', '○○○에 사는 아무개' 등이 있을 것이다. 앞의 두 개는 혈족을 통해 아무개를 표현하는 방식이며, 세 번째의 것은 지역을 가지고 아무개를 표현하는 방식이다. 그런데 원래 성씨라는 것은 그 유래를 보면, 혈연관계를 통해서 그 혈족을 표현하는 것일 뿐 아니라, 직업이나 사는 지역을 통해서 표현되기도 하였다.

서구의 경우에도 이런 면은 잘 드러나는데, 리처드의 아들[Richardson], 딕의 아들[Dickson], 해리의 아들[Harrison] 등이 혈연관계를 성으로 표시한 것이고, 스미스(Smith), 카펜터스(Carpenters), 베이커(Baker) 등은 대장장이, 목수, 제빵사 등의 직업을 성으로 표시한 것이다. 또 이름이나 성 중에는 산을 뜻하는 '—berg', 꽃을 뜻하는 '—blom' 등도 있는데, 사는 지역과 관련이 있는 것들이다. 중국에서도 처음 성을 쓸 때에는 지명을 따른 것이 많았다고 한다.

우리 조상들 역시 성씨를 사용하기 이전에는 특정인을 지칭할 때, 혈연관계를 통해 표현했을 가능성도 있으나, 대체로는 지역 명을 써서 표시하였을 것으로 보고 있다. 삼국시대의 자료에는 어떤 인물의 표기가 '○○촌(村) 아무개'로 되어 있는 경우가 흔하다. '○○촌'이라고만 해도 그 촌에 있는 혈족을 어느 정도 알 수 있고, 그 '아무개'라는 인물에 대해 대체적인 파악이 가능했을 것이다.

2~3세기의 상황을 전해 주는 《삼국지》는 지금의 강원도 북부 동해안 지역에 있던 동예(東濊)에 대해 "산천에 각기 구분이 있어 다른 지역 사람들이 함부로 드나들 수 없으며, 성이 같으면 혼인하지 않는다."라고 적어 놓고 있다. 여기에 보이는 '성'은 실제의 성씨를 가리키는 것이 아니라, 당시 동예의 각 지역에 존재하던, 중국의 동성 집단과 유사한 혈족 집단을 중국식으로 표현한 것이다. 그러나 어쨌든 삼국 초기 무렵에는 족외혼을 하는 혈족 집단이 지역을 단위로 존재하고 있었음을 알 수 있다. 따라서 '○○촌 아무개'라고 할 때, 여기에는 지역적인 개념과 혈연적인 개념이 모두 포괄되어 있었던 것이다.

부계적 계보 관념만으로 설명 안 되는 점들

우리나라에서는 삼국시대만 하더라도 부계적 계보 관념이 중국처럼 투철하지 않았다. 때로는 모계 쪽 혹은 여계 쪽의 계보를 잇는 경우도 흔히 있었던 것 같다. 어머니 쪽의 계보를 취한다는 것은 그 쪽의 친족 집단에 성원권을 가지고, 그 집단 내에서 동일 친족으로서의 권리와 의무를 갖는다는 뜻이다. 여계 쪽의 계보를 잇는다는 것은 할머니 측 또는 배우자 측 친족 집단의 성원권을 가짐을 의미한다.

이런 계보 관념은 신라의 왕실에서 두드러졌다. 초기에 박성족이 연속적으로 왕위를 이어 갈 때 3대 유리왕에 이어 석성족인 탈해가 왕위에 오른 적이 있다. 탈해가 유리왕의 아버지인 남해왕의 사위였다는 점, 그리고 그가 박성족 집단의 거주 지역에 들어와 살고 있었던 점 등이 즉위의 배경이었다. 그 뒤 석성족의 왕위 계승이 이어지던 중간에 김성족인 미추왕이 왕위에 오르게 되는데, 미추가 즉위하는 데에도 그의 처가 석성족 출신이었다는 점이 큰 배경으로 작용했다. 그 밖에도 신라에는 부계적 계보 관념만으로는 해석하기 어려운 친족 관계나 현상이 적지 않다. 이런 것들은 모두 부계 쪽이 아닌 다른 쪽의 친족 집단에 속하고 있었기에 일어난 것이라고 보아야 제대로 이해된다.

또 친족 관계나 계보 관념에 직접 관련되는 것은 아니지만, 전형적인 부계 사회에서 보기 어려운 사회적 현상들이 많이 보인다. 예를 들어 혼인이 이루어질 때에도, 중국과는 달리 우리나라에서는 여자 쪽의 위상과 비중이 매우 높았다. 고구려에서는 혼인 후 한동안 신랑이 신부 집에서 생활해야 하며, 아이가 장성하고 나서야 자기 집으로 거느리고 돌아올 수 있었다고 한다. 옥저의 경우, 신부가 될 여아를 미리 남자 집에서 여러 해 동안 키우다가 혼인을 치를 때 귀가시킨 후, 신부 집에 상당한 예물(신부값)을 치르고 다시 데려올 수 있었다.

결국 삼국시대 사람들의 친족 관념은 중국처럼 철저하게 부계적인 것이 아니었다. 지역을 단위로 혈연관계가 강했지만, 모계 측의 계보를 따르거나 혼인 또는 거주 지역의 이동 등의 과정을 통해 부계 친족 집단이 아닌 다른 친족 집단의 성원권을 가질 수 있는 융통성이 있었던 것이다. 더욱이 친족 집단 자체가 혈연성과 함께 강한 지연성을 띠었기 때문에, 친족 관념에서 지연은 혈연 못지않게 중요한 요소로 인식되었다.

성씨를 사용하면서 달라진 것

삼국시대부터 성씨를 사용하면서, 친족 집단은 많은 변화를 겪었다. 성씨의 사용을 통해 전통적인 친족 집단 안에는 부계 관념이 확고히 자리 잡았고, 이를 바탕으로 새로운 친족 관계가 성립되어 갔다. 이전까지는 같은 친족 집단의 구성원으로 인식되던 사람들이 더 이상 친족으로서 인정받지 못하는 상황이 생겼다. 특히 모계 계보상의 조상은 친족의 범주에서 점차 벗어났다.

뚜렷한 부계 관념 위에 형성된 새로운 친족 관계는 기왕의 친족 관계를 해체시키는 동시에, 친족 집단의 급속한 분해 현상을 야기시켰다. 부계 계보상에서 동일한 고조부를 둔 자들을 친족으로 생각하는 경향이 성씨 사용의 확대에 발맞추어 확산되었다.

삼국시대에 왕족과 귀족층에서 한정적으로 성씨를 사용했을 때, 성씨는 사용 집단 특권의 상징이면서 특권층 내부의 구별 장치였다. 그러나 신라 말에 이르러 성씨의 사용이 전국적으로 확대되면서, 성씨는 특권으로서의 의미를 차츰 잃어 갔다. 그렇지만 그와 함께 전통적 친족 관념이 부계 중심으로 바뀌는 현상이 시역을 가리지 않고 나타났다. 이것은 전통적인 친족 집단의 해체 및 분별화 과정을 촉진시켰다. 그리고 이를 토대로 전통적인 사회 기반의 변화가 이어졌다. 신라 말과 고려 초의 사회 동요와 변동의 바탕에는 이러한 사회 기반의 변화도 한 배경을 이루고 있었다고 할 수 있다.

이순근 _가톨릭대 명예교수

고대 여성의 삶, 공존과 다양성

이현주

여성에 관한 기록은 적다. 그나마 기록된 여성도 대부분 왕실 여성이다. 소실되어 없어진 기록도 있겠지만, 그보다도 기록 자체가 매우 적다. 고대의 문헌사료는 대부분 남성에 의해 남성의 시각으로 씌어졌기 때문이다. 기록의 대상과 주체 역시 지배층, 그중에서도 왕실과 귀족이었다. 따라서 지배층 남성에 의해 선택되고 기록된 문헌사료에서는 그들이 생각하는 중요한 정보, 즉 왕과 관련된 여성에 대한 기록만 주로 남겼다.

반면 고고학 유물과 유적, 금석문을 포함한 문자자료는 종종 문헌사료에서 생략하거나 누락시킨 여성의 이름과 삶에 대한 기록을 전한다. 문자자료는 당시 살고 있던 사람들이 기록하고 새긴 자료로, 기본사료 또는 1차 사료라고 한다. 문자자료는 당대인의 모습을 있는 그대로 전하고 있으므로, 편집되거나 재정리된 2, 3차 사료보다 사료적 가치가 높다. 이들 자료를 통해 역사에 기록되지 않았기 때문에 잊혀진 여성의 흔적을 발견하기도 한다. 문헌사료와 문자자료를 통해 고대 여성의 삶과 역할을 다각적으로 복원할 필요가 있다. 그렇다면 한국 고대사회에서 여성은 어떠한 삶을 영위하였으며,

어떠한 역할을 하였을까.

선사시대, 일하는 여성

여성의 삶의 흔적은 언제부터 찾을 수 있을까. 한반도에 인류가 살았던 시기는 전기 구석기시대부터이다. 1964년에 평양 상원군 검은모루 동굴에서 많은 동물뼈와 여러 종류의 뗀석기가 발견되었는데, 약 70만~100만 년 전의 것으로 추정된다. 공주 석장리 유적, 연천 전곡리 유적, 웅기 굴포리 유적, 제천 점말동굴 등에서도 구석기시대 유물과 유적이 발견되었다. 구석기시대 사람들은 주로 뗀석기를 사용하여 자연물을 사냥하고 채집하였다. 구석기시대에는 동물의 사냥은 남성이, 나무뿌리나 열매, 꿀이나 조개 등의 채집은 여성이 주로 담당하였다. 이처럼 성별에 따른 분업이 이루어졌는데, 노동의 편의에 따라 서로 보완하는 관계로, 사회적인 차별은 존재하지 않았다.

신석기인들은 식물 재배와 동물 사육을 통해 식량을 안정적으로 확보할 수 있게 되었고, 강가나 바닷가에서 정착생활을 하기 시작하였다. 신석기시대에 식물 재배, 즉 농경을 하면서 식량채집단계에서 식량생산단계로 전환되었다. 이는 인류 최초의 혁명, 신석기 혁명이라고 할 정도로 질적인 전환을 가져온 사건이었다. 신석기인들은 식량을 가공하고, 저장하기 위해 토기를 만들었고, 농사와 사냥에 유리하도록 석기를 가공하여 간석기를 만들어 사용하였다. 또한 신석기인들은 가락바퀴를 이용하여 실을 만들고, 실을 짜서 옷감을 만들었다. 서포항 유적에서 뼈바늘과 바늘통, 가락바퀴가 발견되었고, 궁산리 유적에서 삼 껍질로 만든 실이 꿰어진 뼈바늘귀가 출토되었다. 신석기시대의 남성은 동물의 사냥을 주로 담당하였고 여성은 농경, 채집 등의 식량 생산과 식사, 직조 등의 일상 노동을 담당했다. 여성의 노동 중 출산과 양육은 공동체의 지속과 유지를 위해서 필수불가결한 요소였다. 여성의 재생산 기능과 성성(性性)은 신성의 영역으로 숭배되었다.

신석기시대 유적에서는 여성 인물상이 여럿 출토되었다. 함북 청진 농포동 유적에서 발견된 흙으로 빚은 4센티미터의 소조인물상, 울산시 서생면 신암리 유적에서 발견된 여성상, 웅기 서포항 유적에서 발견된 동물 뼈조각을 만든 여성상, 용천 신암리 유적에서 발견된 여성상 등이 있다. 이들 여성상은 여성의 유방이나 성기를 표현하여 여성을 형상화한 인물상인데, 무녀상(巫女像)이나 여신상(女神像) 등으로 추정된다. 여성상은 후기 구석기시대부터 세계 곳곳의 유적에서 발견되는데, 다산과 풍요를 상징한다. 여성은

| 울주 신암리 흙으로 빚은 여인상
(국립중앙박물관 소장)

출산을 할 수 있는 존재로, 다산과 풍요를 주관하는 지모신(地母神)으로 숭배되었고, 사제(司祭)로서 제의를 주관하였다. 한반도 신석기시대 유적에서 출토된 여성상은 다산과 풍요의 여신상이다. 신석기시대 여성의 재생산력과 성성이 대지의 모성과 생식력으로 인식되고, 숭배되었다는 것을 알 수 있다.

선사시대의 여성 노동은 차별의 대상이 아니라 존중과 숭배의 대상이었다. 여성의 일상 노동은 살아가는 데 필요한 필수 노동으로 인식되었고, 여성의 출산은 자연의 생산과 동일시되었다.

고대국가의 건국, 신성한 여성

청동기시대의 여성은 고대국가의 건국신화에 흔적을 남겼다. 청동기시대에는 생산력의 발달과 생산관계의 변화를 기반으로 사회의 분화와 권력의 독점이 이루어졌다. 청동기시대 유물인 고인돌과 청동기는 권력자의 존재를 증거한다. 고인돌은 커다란 돌을 채취하고 운반해서 만든다. 그러기 위해서는 많은 사람들을 동원하고 조직해야만 한다. 또한 고인돌과 주거지 유적에서 청동무기, 청동거울, 청동 방울 등이 출토되는데, 이는 우두머리가 착용했던 의식용 장신구이다. 청동기시대에 특권을 가진 권력자, 조직력을 갖춘 지배자가 존재했던 것이다. 청동기시대에 최초의 고대국가인 고조선이 건국되었고, 뒤이어 부여·고구려·백제·신라 등의 고대국가가 등장하였다.

고대국가의 건국신화에는 여성들이 있다. 고조선의 웅녀, 고구려의 유화, 고구려와 백제의 소서노, 신라의 알영, 가야의 정견모주가 그들이다. 웅녀는 고조선의 시조인 단군왕검의 어머니이고, 유화는 고구려의 시조인 주몽의 어머니이다. 정견모주(正見母主)는 대가야의 시조인 뇌질주일과 금관가야의 시조인 뇌질청예의 어머니이다. 또한 알영은 신라시조인 박혁거세와 함께 2명의 성인(二聖)으로 추앙받던 왕비이고, 소서노는 고구려 시조인 주몽의 아내이자, 백제 시조인 온조의 어머니이다. 소서노는 주몽이 고구려를 건국할 때 정치·경제적 지원을 하였으나, 주몽이 친아들인 유리에게 왕위를 계승하기로 결정하자 그녀의 아들들인 온조와 비류와 함께 남쪽으로 내려와 백제를 건국하는 데 조력하였다.

이처럼 고대국가의 건국에 참여한 여성들은 건국신화에서 건국시조의 어머니와 아내로 등장한다. 이들이 건국 과정에서 중요한 역할을 하였다는 것은 신성성을 통해 입증된다. 웅녀는 곰이었으나, 인간이 되고 싶어서 동굴 속에서 햇볕을 보지 않고, 마늘과 쑥만 먹는 시련을 견뎠다. 인간이 된 이후에는 아이를 낳고 싶어서 환웅에게 기원하여 단군을 낳았다. 고조선 최초의 왕인 단군은 웅녀의 의지와 시련 극복의 결과로 태어난 것이다. 웅녀와 환웅의 결합은 지신계(地神系)와 천신계(天神系)의 결합, 토착집단과 이주집단 간의 결합으로 해석한다. 이질적인 두 집단의 결합은 고조선의 건국으로 이어졌다. 웅녀는 토착집단인 지신계였고, 숭배의 대상인 지모신이었다.

고구려의 건국시조인 주몽은 천제(天帝)의 아들인 해모수와 강의 신 하백의 딸인 유화의 아들이다. 유화는 하백의 딸일 뿐만 아니라 후에 주몽이 남쪽으로 피신할 때 비둘기를 통해 보리씨앗을 전해 주었다. 유화는 곡신(穀神), 곧 농경을 관장하는 농업 신, 지모신이었다. 6세기 중반 고구려에서는 국가 수호신으로 부여 신(扶餘神)과 등고 신(登高神)을 모셨는데, 전자는 유화이고 후자는 주몽에 해당한다고 한다. 실제 당시 신묘(神廟)에 안치된 부여신은 나무로 깎은 부인상이었다. 한 해의 풍성한 수확을 기념하는 10월 동맹제(東盟祭)에서 모셔졌다는 수신(隧神)도 유화로 추정된다.

신라 혁거세의 왕비 알영(閼英)은 우물가에서 용(龍)의 몸을 빌려 태어났다. 용은 물의 신으로, 풍요를 가져다준다. 벼가 한창 자랄 무렵, 논둑에 음식을 장만하여 놓고 기원하는 '용왕먹이기'는 바로 풍요의 제의이다. 알영은 혁거세와 함께 나라 안을 다니며 농사를 권장하였고 나중에는 선도성모(仙桃聖母)로 모셔졌다. 이로 보아 알영 역시 풍요를 관장하는 지모신이었음을 알 수 있다. 남해왕의 왕비인 운제 부인(雲帝夫人)도 운제산성모로 숭배되었는데, 실제 가뭄이 들었을 때 기도를 드리면 효험이 있었다고 한다.

가야의 정견모주는 가야산의 산신인데, 천신 이비가지(夷毗訶之)에게 감응하여 대가야의 왕 뇌질주일(惱窒朱日)과 금관국의 왕 뇌질청예(惱窒靑裔) 두 사람을 낳았다. 대가야와 금관가야의 시조 역시 산신인 어머니와 천신인 아버지의 결합으로 태어났음을 알 수 있다. 가야신화 역시 지신계와 천신계가 결합한 결과로 가야시조가 탄생하고, 가야가 건국했음을 밝히고 있는데, 정견모주 역시 지모신으로 숭배되었던 것이다. 백제의 소서노 역시 "사당을 세우고, 국모(國母)를 제사지냈다."라는 기록으로 보아 시조모로서 제사 지내졌음을 알 수 있다.

또한 고대사회에 여성 제사장, 여사제(女司祭)의 존재가 보이는데, 남해왕의 누이인 아로는 일년에 4번, 주기적으로 시조묘 제의를 주관하였다. 아달라왕대 연오랑세오녀 설화에서 세오녀는 그가 짠 베로 하늘에 제사를 지내니 광채를 잃었던 해와 달이 다시 빛을 찾았다. 가야 수로왕의 왕비인 허왕후는 아유타국에서 배를 타고 바다를 건너 김해 지역에 도착하였는데, 육지에 오르면서 입었던 비단바지를 벗어서 산신령에게 제사를 지냈다. 이들은 여성 사제가 제의를 주관하던 모습을 보여 준다. 또한 알영과 석탈해를 거두어 기른 노구(老嫗), 즉 할머니는 비범함을 알아보는 예지력의 소유자이자, 정치적 판단을 돕는 지혜를 가진 조력자이다. 할머니로 기록된 여성들 역시 존중의 추앙의 대상이었다.

선사시대의 지모신 신앙은 고대국가가 건국되고 발전하는 과정에서 국모(國母)제의와 성모(聖母)신앙, 여성 사제의 존재로 이어졌다. 초기 고대국가에서 왕의 어머니, 왕의 아내, 왕의 누이는 숭배의 대상이었고, 신성한 존재의 매개자인 사제였다. 이러한 인식은 건국신화에서 신성한 왕의 어머니이자, 성스러운 왕의 아내로서 기록되어 전해졌다.

고대국가의 발전, 정치하는 여성

고대사회에는 공적인 공간에서 정치활동을 한 여성들이 있었다. 세 명의 여왕이 있었고, 여성 섭정이 있었으며, 왕권에 영향을 미치던 왕비들이 있었다.

우선 여왕에 대해서 살펴보자. 왜 신라에만 여왕이 있었을까. 첫 번째 여왕인 선덕여왕이 왕위에 오른 이유는 두 가지이다. 하나는 "성골남진(聖骨男盡)", 즉 성골남성인 왕위계승자가 없었기에 성골여성인 진평왕의 딸, 덕만이 왕위를 계승하였다는 것이다. 다른 하나는 국인(國人)들의 추대이다. 선덕여왕의 즉위 배경인 두 가지 이유는 전혀 다른 의미를 지닌다. 전자는 불가피한 상황에서 의외의 사건으로 여왕의 존재가 나타났다는 의미이고, 후자는 여성인 왕이 즉위할 만한 정치·사회적 기반이 있었다는 것을 의미한다. 《삼국유사》의 〈선덕여왕지기삼사〉는 선덕여왕의 능력을 보여 주는 세 가지 일화를 전한다. 즉 즉위 전에 당태종이 보낸 모란꽃 그림을 보고 향기가 없음을 알아맞힌 지혜, 즉위 후에 영묘사의 개구리 울음소리를 듣고 백제군의 공격을 알아차리고 섬멸한 통찰력, 죽기 전에 자신의 죽을 날을 미리 알고 묻힐 곳을 정해 준 예지력이 그것이다.

선덕여왕은 즉위한 후 "여왕"이 아닌 "신라왕"으로서 해야 할 역할을 잘 해내었다. 대내적으로 홀아비, 홀어미, 부모 없는 어린 아이, 늘어 자식이 없는 사람, 혼자 힘으로 살아갈 능력이 없는 사람 등 어려움에 처한 백성을 구휼하고 구제했다. 또한 분황사 등의 사찰을 세워 불교를 통해 민심을 안정시키고자 하였다. 대외적으로 당과의 외교에 관심을 기울이고, 당에 유학생을 파견하여 선진문물을 배우게 하였다. 동시에 인평이라는 연호를 사용하고, 황룡사구층목탑을 건립하여 신라의 자주성을 내세웠다. 선덕여왕은 통찰력과 예지력, 균형 잡힌 국제인식과 정치적 지도력을 갖춘 왕이었다. 신라 최초의 여왕은 신라의 정치사회적 기반하에 성골이라는 정통성과 개인적 능력을 갖춘 진평왕의 딸인 덕만으로 인해 가능할 수 있었다.

선덕여왕에 이어 즉위한 진덕여왕은 적극적으로 대당외교를 했고, 이를 기반으로 당제에 기반하여 신라의 관부를 개편하였다. 신라의 3명의 여왕 중 마지막 여왕인 진성여왕은 경문왕의 딸로, 헌강왕과 정강에 이어 왕위에 올랐다. 신라 말의 여왕인 진성여왕은 문란하고, 무능력하여 신라 멸망을 재촉하였다는 비난을 받는다. 진성여왕에 대한 부정적인 인식은《삼국사기》편찬자인 김부식을 비롯한 고려의 유학자들의 시각이 반영된 것이다.

진성여왕은 삼대목을 편찬하고, 6두품인 최치원을 등용하고, 백성을 진휼하는 등의 왕으로서 통치 행위를 하였다. 다만 신라 말의 정변과 천재지변 등의 혼란을 수습하기에는 한계가 있었다.

여성 섭정으로 고구려 태조왕의 어머니, 신라 진흥왕의 어머니인 지소태후, 신라 혜공왕의 어머니인 만월태후 등이 있다. 태조왕은 7세의 나이로 즉위하였기 때문에 어머니인 태후가 섭정하였다. 진흥왕도 7세의 어린 나이로 즉위하였기 때문에 어머니인 지소태후가 섭정을 하였고, 혜공왕 역시 8세의 나이로 즉위하였기에 어머니인 만월태후가 섭정을 하였다. 이처럼 왕이 어린 나이로 즉위할 경우에 왕이 성년이 될 때까지 어머니인 태후가 섭정을 하였다. 태후의 섭정은 왕위계승을 안정적으로 하고, 왕권을 강화하기 위한 것이었다.

또한 신라의 6세기 금석문인 〈울주천전리각석〉에는 지소태후에 관한 기록이 있다. 〈울주천전리각석〉은 경주의 남쪽, 울산만으로 흘러들어가는 태화강 줄기를 따라 형성된 계곡에 위치하고 있다. 천전리계곡에는 높이 2.7미터, 폭 9.5미터의 편평한 바위가 비스듬하게 서 있는데, 바위의 평면에 선사시대의 사냥하는 모습, 사냥 대상인 고래 및 여러 동물들의 모습, 기하학 문양 등이 새겨져 있다. 또한 신라 시대의 왕족들이 이 계곡에 놀러 와서 새긴 글도 있다. 그중 법흥왕 대에 새겨진 명문으로, 을사년(법흥왕 12년, 525)에 새긴 을사명(乙巳銘)과 기미년(법흥왕 26년, 539)에 새긴 기미명(己未銘)이 있는데, 이 중 기미명에 부걸지비, 심맥부지, 지몰시혜비가 놀러 와서 새긴 글이 있다. 부걸지비는 법흥왕비인 보도부인, 심맥부지는 진흥왕, 지몰시혜비는 지소태후이다. 진흥왕은 540년에 즉위했으므로, 기미년은 즉위 1년

┃ 울주천전리각석 전경(문화재청 국가문화유산포털)

전의 기록이다.

지소태후는 법흥왕의 딸이고, 진흥왕의 어머니이다. 진흥왕은 법흥왕의
외손자로, 어린 나이에 즉위하였다. 진흥왕의 즉위와 통치는 어머니인 지소
태후의 정치적 지원으로 가능하였을 것이다. 지소태후는 섭정기간에 국사
(國史)를 편찬하고, 흥륜사를 중건하는 등의 정치적 업적을 남겼다.

만월태후 역시 어린 혜공왕 대신 섭정을 하였다. 국보인 〈성덕대왕신종〉
은 성덕왕의 공덕을 기리고, 명복을 빌기 위하여 경덕왕이 구리 12만 근을
희사하여 1장이나 되는 종 1구를 만들고자 하였던 것으로 계획되었다. 그러
나 종이 완성되기 전에 경덕왕이 돌아가시고, 경덕왕에 이어 왕위에 오른
혜공왕이 신해년(771) 12월에 종의 주조를 완성하였다. 이에 성덕대왕신종

의 명문(銘文)은 혜공왕 7년인 신해(771) 12월 14일에 작성되었다. 성덕대왕
신종의 명문에서 "우러러 생각컨대 태후께서는 은혜로움이 땅처럼 평평하
여 백성들을 어진 교화로 교화하시고 마음은 하늘처럼 맑아서 부자(경덕왕과
혜공왕)의 효성을 장려하셨다."라고 하여 태후의 아름다운 덕을 칭송하였다.

섭정기의 만월태후는 〈성덕대왕신종〉의 주조를 완성시켰고, 대당외교에
주력하였다. 이는 왕권을 강화하고, 왕위를 안정시키기 위한 정치적 노력이
었다. 이처럼 태후들은 어린 아들을 대신하여 섭정으로서 정국을 운영하였
는데, 이는 안정적인 왕위계승을 기반으로 왕권을 강화하기 위한 통치행위
였다.

한편 왕비는 왕의 정치적 지지자이
자 경제적 후원자의 역할을 담당하였
다. 역사서에서는 왕비의 이름과 계
보, 역할에 대한 기록이 누락된 경우가
많다. 백제의 •사택왕후가 대표적이다.
사택왕후는 무왕의 왕비인데, 문헌기
록에서는 그 이름을 찾을 수 없다. 사
택왕후가 세상에 알려진 것은 2009년
1월 미륵사지의 서탑을 해체 수리하는
작업 도중에 석탑의 초층 탑신의 내부
에 있는 심주에서 발견된 사리장엄구
에 의해서였다. 사리상엄에는 금제사
리호, 유리사리병, 청동합 6점, 은제관

성덕대왕신종(문화재청 국가문화유산포털)

식 2점, 은제과대장식 2점, 금동정(金銅鋌) 3점, 금제 족집게 1점, 유리구슬 등 많은 유물이 있었다. 이중 639년(무왕 39)에 백제 무왕의 왕비가 탑을 건립하면서 사리를 봉안했다는 내용이 새겨진 〈금제사리봉안기(金製舍利奉安記)〉가 발견되었다.

〈금제사리봉안기〉에는 639년(무왕 39)에 무왕의 왕비가 탑을 건립하면서 사리를 봉안하였다는 내용이 새겨져 있다. 이 명문에서는 백제 무왕의 왕비가 백제의 좌평 사택적덕(沙宅積德)의 딸이라고 하였다. 사택왕후는 왕실의 안녕을 기원하기 위해 무왕이 재위한 지 40년이 되는 해인 기해년(639)에 사리를 봉안하였고, 이를 금제사리봉안기의 명문으로 남겼던 것이다. 이로 인해 639년 당시 무왕의 왕비는 사택왕후임이 밝혀졌다.

《삼국유사》의 무왕조의 〈서동요〉에서도 알 수 있듯이 백제의 무왕은 선왕의 적자가 아니라는 출신의 한계를 안고 있었다. 이는 무왕의 즉위는 물론 왕권에도 한계로 작용하였다. 왕후의 성인 사택씨(沙宅氏)는 사탁씨(沙矺

氏), 또는 사씨(沙氏)로 기록한다. 《수서(隋書)》 백제전에 백제의 유력한 여덟 가문, 즉 대성팔족(大姓八族)을 열거할 때 사씨를 가장 먼저 언급하고 있다. 사택씨는 사비 지역을 기반으로 백제 후기의 가장 유력한 귀족가문이었다. 사택왕후 가문의 정치적 입지와 경제적 역량은 무왕의 왕권을 강화하는 정치·경제적 기반이 되었다.

왕실 여성의 경제적 기반은 사찰이나 불사에 재물이나 토지를 시주한 기록에서 알 수 있다. 경덕왕 13년(754)에 왕비였으나, 출궁당한 삼모부인은 시주하여 황룡사종을 만들었다. 황룡사종의 규모가 길이는 1장 3촌, 두께는 9촌, 무게는 49만 7,581근인 것으로 보아 삼모부인이 시주한 재물의 양이 많았음을 알 수 있다. 소성왕의 왕비는 소성왕이 죽자, 그의 정토왕생을 위하여 무장사에 미타상을 조성하였다. 또한 경문왕 8년(867)에 경문왕의 누이인 옹주가 절에 토지와 노비를 희사하였고, 소성왕의 모후인 성복태후는 애장왕 3년(802)에 해인사를 창건할 때 후원을 하였다.

이처럼 고대사회는 여성이 공적으로 정치 행위를 할 수 있었던 사회였다. 여왕이 통치하고, 여성 섭정이 정국 운영을 할 수 있는 정치·사회적 기반이 마련되어 있었고, 왕비는 정치력을 행사할 수 있는 사회·경제적 기반을 갖고 있었다.

역동적인 고대, 공존한 여성

발해 공주인 정혜공주와 정효공주가 알려진 것은 길림성 돈화시의 육정산고분군에서 1949년에 정혜공주(738~777)의 묘가 발굴되고, 1980년에 정효공주(757~792)의 묘가 발견되면서부터이다. 육정산고분군은 발해 지배층의 무덤군으로, 정혜공주와 정효공주는 각각 발해의 3대 문왕의 둘째 딸과 넷째 딸이었다. 두 공주의 묘비는 변려체(騈儷體: 중국의 육조와 당나라 때 성행한 한문 문체. 4자 구와 6자 구의 대구로 구성된 문장이 읽는 이에게 아름다운 느낌을 준다.) 문장으로 작성되었는데, 두 공주의 생년과 사망월일만 다르고, 문장이 거의 같다. 정혜공주와 정효공주 모두 남편과 어린 자녀들이 먼저 죽고, 공주들 역시 젊은 나이에 세상을 떠났다.

누 공주의 비문은 《상서(尚書)》·《춘추(春秋)》·《좌전(左傳)》·《시경(詩經)》·《역경(易經)》·《예기(禮記)》·《맹자(孟子)》·《논어(論語)》 등 중국의 유교 경전과 역사서들을 다수 인용하였다. 또한 비문에서는 공주가 육행(六行)을 갖추고, 삼종(三從)을 지켰다고 하여 부녀자의 미덕[婦德]을 칭송하였는데, 유교적 규범이 여성의 미덕으로 인식되었음을 알 수 있다.

신라에서도 유교는 윤리적 규범으로 작용하였다. 김유신의 부인인 지소부인 역시 삼종지의(三從之義)를 지키고자 남편의 뜻을 따랐다. 삼종은 《의례(儀禮)》에 나오는데, "여자는 집에서는 아버지를 따르고, 남에게 시집가서는 남편을 따르고, 남편이 죽으면 아들을 따라야 한다."는 것이다. 신라에서 유교에 기반한 가족 윤리가 있었음을 알 수 있다.

유교 윤리는 지배층뿐만 아니라 피지배층인 일반 백성에게도 영향을 미쳤다. 효녀 지은의 효는 《예기(禮記)》에서 "어버이는 봉양하는데, 그 마음을 즐겁게 하고, 그 뜻을 어기지 않으며 음식으로 정성껏 봉양해야 한다."라는 문구에 의한 것이었다. 또한 설씨녀는 늙고 병든 아버지가 군역을 지는 것을 걱정하였는데, 가실이 아버지 대신 군역을 하겠다고 하자, 그와 혼인을 하고자 했다. 지은과 설씨녀와 같은 피지배층인 여성 역시 유교의 실천윤리인 '효'를 실천하였다.

이처럼 고대사회의 여성은 고대사회의 발전과 더불어 변화하고, 다양한 삶을 영위하였다. 선사시대에 여성의 출산과 양육의 능력은 풍요와 다산을 주관하는 지모신 신앙으로 연계되었다. 고대국가가 건국된 후, 왕실 여성은 지모신의 현현이자, 신앙 의례를 주관하는 사제였다. 고대국가가 성립된 후, 정치치제가 발전하고, 왕권이 강화되었다. 고대의 여성은 공적인 정치 활동을 하였는데, 여왕과 섭정은 직접적으로 통치행위를 하였고, 왕비는 직간접적으로 정치적 영향력을 행사하였다. 또한 고대국가는 왕권을 강화하기 위하여 불교와 유학을 수용하였는데, 고대의 여성은 불교 및 유학을 신앙과 윤리로써 주체적으로 실행하였다. 이처럼 고대사회의 여성은 다양한 삶 속에서 여러 역할을 수행하며 공존하였다.

역사서는 선택된 사실을 편찬한 사료이다. 위정자인 남성의 시각에서 편찬된 역사서는 여성의 삶과 역할을 상대적으로 적게 선택하고 기록하였다. 역사서에서 여성의 기록은 배제되었고, 여성의 삶과 역할이 축소되고 숨겨졌다. 여성의 삶과 역할을 알기 위해서는 기록된 흔적의 의미를 찾고, 기록의 행간을 읽어 내어 복원해야 한다. 역사에서 배제되었던 여성의 삶을 복원하는 것은 인간의 역사를 총체적으로 파악하기 위한 필수적인 작업일 것이다.

이현주 _아주대 인문과학연구소 연구교수

삼국시대의 금수저, 흙수저

박수진

삼국시대, 아주 오래전이다. 고구려가 멸망한 668년을 삼국시대의 끝이라고 봐도 2022년 기준으로 1354년 전의 일이다. 그런데 그 오래전 사람들도 우리와 비슷했다. 서로 시기하고, 질투하고, 사랑하고, 슬퍼하고, 즐거워했다. 배가 고프면 밥을 먹어야 하는 것도, 누가 때리면 아픈 것도, 때가되면 죽는 것도 비슷했다. 오래전 사람들이 지금과 다른 것은 과학기술, 사회적 조건 등이었다. 그리고 사회적 조건 가운데 지금과 다른 것이 신분제였다.

신분제. 출신에 따라 계층을 나누는 제도를 말한다. 이것은 비단 한국의 삼국시대만이 아니라, 서양에도, 인도에도 있었다. 어쩌면 인류가 농경을 시작하며, 잉여생산물이 생기고, 빈부의 격차가 나뉘면서 나타난 보편적 현상 가운데 하나가 신분제일지도 모른다. 태어날 때부터 내 운명이 결정된다는 것은 타고난 금수저에게 축복이지만, 흙수저에게는 그야말로 불행일 수밖에 없다.

금수저의 삶

연개소문. 어떤 사람들에게는 고구려의 마지막 자존심을 지킨 사람으로, 어떤 사람들에게는 고구려를 멸망으로 이끈 사람으로 기억된다. 어느 쪽이든 그가 유명인이라는 것은 변함이 없다. 그와 그의 아들들은 금수저에 속했다. 그의 집안은 '물속에서 나왔다.'고 했다. 그의 성인 연(淵)은 연못을 의미한다. 그의 성이 샘을 뜻하는 천(泉)으로 불리기도 한 것도 같은 이유였다. 이렇게 집안의 출신이 신기한 것에서 시작하는 것 자체가 그가 금수저였음을 보여 준다. 주몽과 혁거세, 모두 알에서 나왔다. 웬만한 집안은 이런 전설을 가질 수 없었다.

연개소문의 아버지는 동부대인(東部大人)인 대조(大祚)였다. 관등은 대대로였다고 한다. 고구려의 수도는 5개의 부(部)로 되어 있었는데, 그 한 부의 대인이라는 것이다. 대대로는 당시 고구려에서 가장 높은 관등으로 국정을 총괄하는 일종의 수상 역할을 했다. 얼마나 서로 탐내는 자리였으면, 임기는 3년에 합의로 선출되는 자리였지만, 합의가 되지 않으면 서로 싸워서라도 갖고 싶어했다. 아버지가 동부대인의 대대로였으니 연개소문은 금수저 가운데 금수저였다.

그가 금수저였던 것을 증명하는 것은 단순히 아버지의 지위 때문이 아니었다. 그 지위를 물려받을 권리가 있었기 때문이었다. 《삼국사기》에는 다음과 같이 나온다.

"그 아버지 동부대인 대대로가 죽고, 개소문이 마땅히 (그 관등을) 계승하려 했지만, 나라 사람들이 (연개소문의) 인성이 포악하고 잔인하다고 여겨 그를 미워하여 지위에 오를 수 없었다."

위의 글을 그대로 해석하면 대대로의 아들은 마땅히 최고 관등인 대대로를 아버지로부터 물려받을 수 있었다. 거기에는 능력이 필요 없었다. 다만 귀족회의의 '합의'는 중요했던 것 같다. 결국 연개소문은 여러 사람들을 찾아가 머리를 조아리고, 사죄하여 대대로라는 최고의 관직에 오르는데, 정확히 말하면 '물려받는 것'에 성공한다. 연개소문은 대대로에 오르고 얼마 되지 않아, 왕과 귀족들을 모두 죽이고 명실공히 최고 권력자가 된다.

연개소문의 아들 연남생은 금수저의 삶을 더 잘 보여 준다. 그의 공직은 아홉 살에 선인(先人)이라는 말단 관직에서 시작된다. 선인은 고구려의 14관등 가운데 가장 낮은 관등이다. 하지만 말단에서 시작하는 것보다, 아홉 살에 시작하는 것이 더 눈에 띈다. 열다섯 살에는 중리소형(中裏小兄)에 임명되는데, 중리소형은 14관등 가운데 열한 번째로 높은 관등이었다. 6년 만에 3개의 관등이 올랐다. 중요한 것은 중리(中裏)인데, 왕의 측근에서 근무하던 사람들을 의미했다. 다시 3년이 지난 열여덟 살에는 중리대형(中裏大兄)이 된다. 중리대형은 14관등 중 7번째에 해당했다. 3년 만에 4개의 관등이 올랐다. 중국 자료인《신당서》에는 "국정을 관할하여 모든 정령(政令)을 주관하였다."라고 적고 있다. 고작 열여덟 살 때의 일이다. 5년 후인 스물셋에는 중리위두대형이 된다. 5번째로 높은 관직이었다. 스물네 살에는 장군이라는 직함을 더한다. 스물여덟 살에는 막리지라는, 거의 가장 높은 관등에 오르고, 3군 대장군이 되었으며, 아버지인 연개소문이 죽자 대막리지가 된다. 서른두 살의 일이다. 아홉 살에 공직에 나가, 서른두 살에 최고의 지위에 오르는 삶은 금수저의 끝을 보여 준다.

신라의 대표적인 금수저로는 김유신이 있다. 그는 가야의 왕족 출신이었다. 폐쇄적인 신라에서도 그들은 대우를 받았다. 그의 할아버지 무력은 나중에 신라의 세 번째 관등에 해당하는 잡간(迊干)까지 오르며, 신라가 백제의 성왕을 죽인 관산성 전투에서도 큰 공을 세운다. 김유신의 아버지인 서현은 《삼국사기》에 따르면 자신의 아버지와 같은 소판(蘇判), 즉 잡찬까지, 《삼국유사》에 따르면 최고 관등인 각간에 오른다. 모두 진골만이 오를 수 있는 관등이었다. 심지어 서현은 진흥왕의 동생인 숙흘종의 딸과 결혼한다. 왕실과 결혼을 한 것이다. 비록 외부인이었지만 김유신은 모계로는 왕실의 후손이었다.

김유신은 열다섯 살에 화랑이 된다. 그냥 화랑이 아니라 용화향도(龍華香徒)라는 화랑의 무리를 이끌었다. 《삼국유사》에 따르면 열여덟 살에는 검술을 익혀서 국선(國仙)이 되었다고 한다. 국선을 화랑의 대표라고 한다면, 김유신은 열여덟 살에 화랑 최고 지위에 오른 것이다. 본인의 능력도 있었겠지만, 그의 집안이 평범했다면 가능하지 않은 일이었다. 이후의 한동안 그의 행적은 보이지 않는다. 다시 등장하는 것은 서른다섯 살이 되던 629년(진평왕 51) 중당당주로 낭비성 전투에 참여했다는 기록이다. 쉰 살이 되던 644년에는 제3등 관등인 소판이 된다. 빠르다고 할 수 없지만, 착실하게 승진을 하고 있었다. 655년에는 신라 최고 관등인 각간을 넘어서는 대각간이, 고구려가 멸망하는 668년에는 태대각간이 된다. 그의 나의 일흔네 살의 일이나. 김유신의 사례는 금수저가 능력까지 갖추면 어디까지 오를 수 있는지를 보여 주는 것이다.

그 밖에도 신라의 금수저들 이야기는 더 찾을 수 있다. 신라의 역사서인 《국사(國史)》를 편찬한 것으로 알려진 거칠부는 내물왕의 5대손이다. 진골에 속했음은 당연하고, 넓게 보면 왕족으로도 볼 수 있다. 그는 젊어서 머리를 깎고 승려가 되어 여러 곳을 돌아다녔다고 하는데, 이것도 여유가 있어야 가능한 일이었다. 그는 고구려까지 갔다가 다시 돌아와서 대아찬에 임명되었다. 신라에서 5번째 높은 관등이며, 진골만 오를 수 있는 관등이었다. 《삼국사기》에는 원래 관직으로 돌아왔다고 기록되어 있는데, 그렇다면 한참을 관직을 떠났어도 원래 관직으로 돌아올 수 있던 신분이었다는 셈이다. 그는 이후 군공을 세우고 착실히 승진하여 신라의 최고 관등인 상대등에 오르고, 일흔여덟 살을 일기로 사망한다. 더 없이 영화로운 인생이었다.

울릉도를 정벌한 이사부의 경우도 비슷하다. 내물왕의 4대손인 그는 신라에서 두 번째로 높은 관등인 이찬과, 가장 중요한 관직 가운데 하나인 병부령을 지냈다.

공이 있으니 승진했다고 생각할 수도 있다. 그런 경우 내물왕의 7대손이라고 나오는 사다함을 보면 된다. 《삼국사기》에는 "높은 가문의 후예로 풍채가 맑고 빼어났으며 뜻과 기개는 바르고 점잖았다. 당시 사람들이 화랑(花郞)으로 받들기를 청하였으므로 하는 수없이 그렇게 하였다. 그 무리가 무려 1천 명이었고 그들의 환심을 다 얻었다."고 기록되어 있다. 높은 가문의 후예라는 점에 주목하자. 물론 뜻과 기개가 바르고 점잖았다고도 하지만, 그가 높은 가문의 후예가 아니었다면 1천 명이나 되는 사람들이 따랐을까? 그가 죽은 때는 열일곱 살 남짓으로 추정되는데, 그렇다면 1천 명이나 따르는 화랑이 된 것은 그 이전의 일이 된다. 이는 능력이 있어도 출신이 미천했다면 불가능한 일이었다. 앞서 소개한 거칠부와 이사부의 어린 시절도 사다함 같지 않았을까? 조심스럽게 추측해 본다.

연개소문, 연남생, 김유신, 거칠부, 이사부, 사다함 등 역사에 기록을 남긴 많은 사람들은(물론 그 자신의 능력과 노력도 작용했겠지만) 어떤 이의 자식으로 태어났다는 이유만으로 남들보다 더 많은 것을 누릴 수 있었다. 지금 우리의 눈으로 보기엔 엄청난 행운으로 보이지만 그들은 그것이 행운이었는지도 알지 못했을 것이다. 당시의 세상은 원래 그런 것이었으므로…….

흙수저의 삶

태어나면서부터 삶이 결정되어 있다는 것은 누군가에겐 행운이었지만, 누군가에겐 불행이었다. 능력이 있어도 한계는 명확했다. 신라의 신분제인 골품제를 보면 신분에 따라 올라갈 수 있는 관등이 정해져 있었다. 관직은 관등에 따라 결정되니 마찬가지였다. 지금의 장관에 해당하는 자리는 진골만 올라갈 수 있었다. 6두품 출신이 아무리 능력이 좋아도 장관이 될 수는 없었다. 일반 백성은 말할 것도 없다.

먼저 백성들의 삶을 보자. 가장 먼저 볼 것은 《삼국유사》에 있는 김대성 설화이다. 대성은 모량리의 가난한 여성인 경조의 아들이다. 경조는 아이를 혼자 키울 수 없어 부자인 복안의 집에서 품팔이를 하였다.

손순의 경우는 더 극적이다. 그 역시 모량리 사람이었는데, 아버지가 돌아가시자 부인과 힘께 품을 팔아 어머니를 모셨다. 그럼에도 가난했다. 얼마 되지 않은 밥은 아이들이 먼저 먹곤 했다. 부부는 '아이는 다시 낳을 수 있다.'고 하고 아이를 묻을, 즉 죽일 생각까지 하게 된다. 끔찍한 일이다. 결국 부처님의 뜻으로 아이를 묻지 않게 되는 훈훈한 결말로 끝나지만, 당시 가난한 사람들의 삶이 얼마나 비참했는지를 보여 주는 일화이다.

《삼국사기》에서도 흙수저의 사례를 찾을 수 있다. 효녀 지은의 이야기이다. 지은은 한기부 백성 연권의 딸이라고 되어 있다. 백성이라고 기록된 것으로 보아 지은은 노비 등 천인은 아니었다. 그럼에도 삶은 어려웠다. 품을 팔았고, 품팔이가 안 되면 구걸을 하기도 했다. 하지만 결국 가난을 이기지 못하고, 남의 집에 종(비)으로 들어가고 쌀 10석을 얻었다. 이 이야기도 결국 효종랑이라는 화랑의 도움을 받아 종에서 벗어나고 먹고 살 수 있을 만큼 넉넉한 곡식을 받는 것으로 마무리된다. 기록은 지은의 효성을 남기려 했을지 모르지만, 이 기록은 당시 보통 사람들의 힘든 삶의 모습을 보여 준다.

다음으로는 관직에 올랐지만 한계를 보였던 사례를 보자. 먼저 장보고의 사례가 있다. 그는 고향은 물론 할아버지와 아버지도 알 수 없는 사람이었다. 그야 말로 출신도 모르는, '근본 없는' 사람이었다. 그럼에도 무력(武力)은 뛰어났던 것으로 보인다. 바다를 50리나 헤엄쳐도 숨이 막히지 않았다고 전한다. 활도 잘 쏘았던 것 같다. 그의 본래 이름은 '활보'로 활을 잘 쏘는 사람이었다. 한자로는 궁복(弓福)이나 궁파(弓把)라고 썼는데, 모두 활을 잘 쏜다는 뜻이었다. 하지만 이런 능력을 가졌어도 신라에서 장보고가 출세할 길은 없었다. 그들이 선택한 것은 당으로 가는 것이었다. 그리고 당은 그에게 기회를 주었다. 그는 물론 그와 같이 간 정년이란 동무에게도 기회가 왔다. 이들은 당에서 적게는 1천 명, 많게는 5천 명까지 부하를 거느렸을 것이라고 보이는 무령군중소장(武寧軍中小將)이 되었다. 신라에서는 상상도 할 수 없는 일이었다. 장(張)이라는 성과 보고(保皐)라는 이름도 이때 얻은 것이었다.

이렇게 '대국' 당나라에서 쌓은 명성을 갖고 신라로 돌아왔다. 그는 당시 신라의 왕이었던 홍덕왕에게 신라인들이 해적에게 잡혀 중국에 노예로 팔려가고 있음을 전하고, 당시 청해라고 불리던 지금의 완도에 군대를 주둔하는 진(鎭)을 설치할 것을 건의했다. 그곳에서 자신이 해안을 지키며 백성들이 노예로 팔려가는 것을 막겠다는 것이었다. 홍덕왕은 이를 승낙했다. 이후 장보고는 대단한 활약을 펼친다. 《삼국사기》에는 '이후 신라 백성을 파는 사람이 없었다.'고 전하고 있다. 그뿐만 아니었다. 그는 중국-신라-일본의 해상 무역로를 장악했다. 그가 지원하여 중국 산동성에 건립된 법화원(法華院)이라는 사찰은 당시 중국에 머물던 신라인들의 중심지 역할을 했다. 일본의 승려 엔닌[圓仁]은 본국으로 돌아가기 위해 장보고를 위시한 신라인들의 도움을 받아야 했다.

이렇게 엄청난 성장을 이룬 그는 신라 왕위 계승 다툼에도 참여하게 된다. 그가 적극적으로 참여했는지, 시대가 그를 참여할 수밖에 없게 했는지는 알 수 없다. 다만 당시 치열한 신라 하대의 왕위 계승 다툼에서 모든 사람이 그의 세력에 눈독을 들였을 것은 확실하다. 이때 장보고를 찾아온 이가 훗날 신무왕이 되는 김우징이다. 왕위 계승 다툼에서 밀려난 후 몸을 숨기기 위해 청해진을 찾은 것이다. 장보고는 김우징을 숨겨 주었을 뿐만 아니라, 그가 왕위에 오르는 데 적극 가담한다. 거기에는 "왕위에 오르면 딸을 왕비로 삼겠다."는 김우징의 약속도 한몫 했을 것이다. 김우징은 결국 장보고의 도움을 받아 왕위에 오른다. 그리고 감의군사(感義軍使)라는 관직과

2,000호의 식읍도 받는다. 대단한 성공이었다. 그 아들 문성왕은 장보고에게 다시 진해장군이라는 벼슬을 내린다. 하지만 딸을 왕비로 삼겠다는 약속은 지키지 않았다. 문성왕은 장보고의 둘째 딸을 왕비로 삼으려 했지만, 신하들은 장보고가 '섬사람'임을 들어 반대했다. 결국 장보고는 이에 분노하여 반란을 일으켰다. 신라는 이를 막을 힘이 없었다. 방법은 암살뿐이었다. 결국 그는 염장이란 사람에게 암살당했다. 그리고 신라의 위세등등했던 청해진도 역사 속으로 사라졌다. 능력이 있고, 능력을 보여 줬으며, 심지어 왕을 만들기도 했지만 그의 출신은 결국 그를 가로막았다. 그가 받은 진해장군역시 '명예직'이었을 가능성이 높다.

흙수저라고 이야기하긴 어렵지만 최치원의 사례도 생각해 볼만 하다. 그는 6두품이었다. 신라에서는 성골과 진골 다음으로 높은 신분이었다. 그는 어려서부터 총명했고, 학문을 좋아했다. 그의 아버지는 그를 당으로 유학보냈다. 단번에 과거에 합격한 그는 높은 관직은 아니지만 당나라에서 관직도 받았다. 황소(黃巢)가 일으킨 반란을 진압하는 군대에도 참여하여 황소를 토벌하는 격문을 썼는데, 이것으로 당나라에 이름을 알리기도 했다. 그리고 스물여덟에 신라로 귀국한다. 당나라에서도 이름을 떨쳤지만, 신라에서 그는 똑똑한 6두품 출신의 관료일 뿐이었다. 그의 시무책은 진성왕이 받아들였지만, 그것이 추진되었다는 이야기는 어디에서도 찾을 수 없다. 그는 신라에서 왕이 시키는 여러 선사들의 비문을 짓다 역사의 뒤안길로 사라졌다. 6두품이 이러니, 그 이하는 말할 것도 없다.

최치원과 비슷한 사례로 녹진이라는 인물도 있다. 아버지가 6두품이었던 것으로 보이니, 그 역시 6두품이었을 것이다. 최치원과 같다. 그는 여러 관직을 거치며, 왕의 신임을 얻었던 것으로 보인다. 그리고 신라 최대의 반란이라는 김헌창의 난이 일어났을 때 군공을 세운다. 공도 있고, 왕의 신임도 있으니 헌덕왕은 그에게 대아찬의 관등을 수여한다. 진골만 받을 수 있는 관등이었다. 기록에는 그가 거절한 것으로 나오지만 아마도 받지 말라고 하는 사회적 압박이 있었을 것이다. 승진을 누가 마다하겠는가?

노력이 통하지 않는 사회

이런 사회가 무서운 것은 개인의 노력과 능력이 소용없다는 것이다. 중요한 것은 내가 누구의 핏줄이냐는 것이다. 효녀 지은, 대성, 손순은 다들 열심히 살았다. 품팔이도 마다하지 않았다. 하지만 그들은 끝내 가난을 극복할 수 없었다. 그들의 가난은 부처님, 혹은 다른 권력자에 의해서 구제되었다. 개인의 능력과 노력은 끝내 사회의 한계를 넘을 수 없었다. 많은 사람들이 '그러려니'하고 세상을 살았겠지만, 끝내 사회의 벽에 좌절한 사람도 있었을 것이다.

신분제는 이제 남아 있지 않다. 1894년 갑오개혁으로 한반도에서 신분제는 사라졌다. 이제 대한민국의 국민은 모두 법 앞에서 평등하다. 출신에 따라 출세가 제한되지도 않는다. 최소한 법적으로는 그렇다. 오랜 시간 동안 인류가 한 발자국씩 나아간 결과물이다. 하지만 정말 그런가? 금수저, 흙수저라는 말이 등장한 것 자체가 지금의 사회가 평등하지 않다는 것을 방증한다. 여전히 어떤 이늘은 누구의 아들, 딸이라는 이유로 남들은 엄두도 낼 수 없을 만큼 빠른 속도로 승진한다. 연개소문, 연남생과 다를 것이 없다. 무거운 죄를 지어도 돈이 많아 좋은 변호사를 쓰면 처벌을 받지 않거나, 가벼운 처벌로 끝난다. 반면 어떤 이들은 아무리 노력해도 가난의 사슬을 벗어날 수 없다. 이런 것을 흔히 '개인의 노력 부족'이나 '능력 부족'으로 설명하지만, 이미 기울어진 사회에서 노력과 능력만으로 넘을 수 없는 벽은 분명 존재한다. 삼국시대가 끝나고 1,350년이 넘게 지났다. 갑오개혁 이후로도 120년이 넘게 흘렀다. 하지만 이 땅에 불평등이 사라졌는가, 개인의 능력보다 부모의 능력이 더 중요한 사회는 더 이상 존재하지 않는가? 우리 스스로에게 물어봐야 할 때이다.

박수진 _ 성북문화원 부장

습속과 금기 그리고 법

한영화

습속과 금기란 무엇일까

3세기 후반 진(晉)의 진수(陳壽, 233~297)가 편찬한 《삼국지》에는 동이에 속한 여러 나라의 정보가 실려 있다. 나라의 위치, 정치, 사회, 습속[俗], 법 등 비교적 상세히 기록하고 있어 일종의 민족지적 성격을 가지고 있다고 해도 과언이 아니다. 그중에서도 습속과 법은 고대인들의 일상 생활과 밀접할 뿐만 아니라, 언어, 의복 등과 함께 각각의 나라들의 특색을 설명하는 데에 지표로노 활용뇌고 있다.

습속은 중국의 문자사전인 《설문해자》에 따르면 반복적으로 연습하여 익히는 것으로, 토지에서 생산된 것에 익숙해지는 것이요, 항상 행하는 것과 싫어하는 것을 뜻한다. 《삼국지》 동이전에서도 고구려의 습속 중 하나로, 농사짓기 어려운 자연지리적인 조건 때문에 식량이 충분하지 않아 음식을 절약하게 되었다는 것을 언급하고 있다. 음식을 절약하는 고구려의 습속은 자연적, 경제적 여건에 의해 자연스럽게 형성된 것으로 사회 성원들이 무의식적으로, 지속적으로 반복해 온 습관이었다. 다른 한편 《한서》에서는 흉노의 사람들은 가축의 고기를 먹고 가죽을 입으며, 그 가축은 풀을 먹고 마셔야 하기 때문에 계절에 따라 옮겨다닌다는 것을 전제로 하여, 이 때문에 급하면 말을 타고 활을 쏘고, 편할 때는 즐긴다는 것을 흉노의 습속으로 설명하고 있다. 중국의 사서에서 습속을 설명하는 가장 원초적인 형태는 자연적 환경 혹은 조건에서 비롯된 것임을 확인할 수 있다.

금기는 대체로 상반된 두 방향으로 설명된다. '신성한' 무엇, 그리고 '두려운' 무엇이다. 독일의 심리학자인 분트(1832~1920)는 금기에 대해 제의와 연관된 관념들, 그리고 특정한 대상 및 행위에 대한 두려움이 나타나는 풍습 일체를 포괄하며, 인간의 풍습적인 강제와 법의 뿌리로 설명하기도 하였다. 이와 관련해서 독일의 정신분석학자인 프로이트(1856~1939)는 금기를 위반하여 공동체에 위험을 가한다면 공동체 내에서 특정한 처벌이 행해지게 되는데, 이는 속죄나 회개, 혹은 정화의 의식으로 나타나기도 한다고 설명하였다.

여러 자료에 파편적으로 나타나는 고대인들의 습속과 금기는 사람들의 기질과 생활습성을 비롯하여 좋아하고 싫어하는 것, 기강(紀綱) 등이 다양하게 나타나며 자연스럽게 '형성된' 것들이었다. 하지만 공동체의 구성원들에 의해 반복성, 집합성, 지속성을 가지면서 관습의 규칙으로, 더 나아가서는 법률적 규칙으로 '만들어진다.'

오랫동안 해 왔고 해야 하는 일들, 습속·관습

《삼국지》 동이전에서는 고구려, 옥저, 부여 등의 혼인이나 장례 등을 그

나라의 습속 중의 하나로 설명하고 있다.

고구려에서는 '서옥'이라는 혼인의 형태가 습속으로 언급되었다. 혼인을 할 때 말로 미리 정하고, 남편이 될 사람은 여자의 집 뒤편에 별채인 '서옥'을 짓는다. 남자는 신부가 될 여자와의 잠자리를 여자의 부모에게 요청하고 부모는 이를 받아들인다. 남자는 돈과 폐백을 서옥 옆에 두며 아이를 낳아 장성하면 여자를 데리고 자기의 집으로 돌아가는 것이다. 남자가 여자의 집에 머문다는 점에서 '모처제'에 기반을 두고 있으며, '서류부가혼(남자가 혼인하여 여자의 집에 머무르는 혼인의 형태)'으로 칭해지기도 한다.

옥저에서도 습속의 하나로 혼인이 거론되었다. 여자가 열 살이 되기 전에, 혼인을 약속하고 남자 집에서 여자를 기른 후 아내로 삼는다. 여자가 성인이 되면 다시 친정으로 돌아가고 남자 집에서 돈을 지불하여 다시 여자를 집으로 데려온다. 고구려도 옥저도 남녀가 거처하는 바는 다르지만, 공통된 혼인 과정을 치르고 있다. 즉 혼인에 대한 약속, 부모의 동의와 허락, 폐백의 지불로 이어지는 것이다. 이러한 과정은 자연스럽게 형성된 것이었지만, 공동체 내에서 공유됨으로써 대부분의 구성원들이 행해야 하는 일로 정착된 것이었다.

여기서 중요한 부분은 부모의 허락이나 동의인데, 고구려에서는 하백의 딸이었던 유화가 중매 없이 남자를 좇았다는 이유로 부모에게 꾸짖음을 듣고 쫓겨났었고, 신라에서도 김유신의 여동생인 문희는 부모의 허락 없이, 혼인도 하기 전에 임신했다는 이유로 불태워져 죽을 뻔하였다. 공동체 안에서 암묵적으로 공유되었던 혼인의 과정은 점차 꼭 지켜야 하는 규칙이 되었고 이를 어겼을 경우는 추방, 죽음 등 공동체나 가족 안에서 처벌이 가능했던 것이다.

부여의 습속 중의 하나는 장례였다. 부여에서는 5개월 동안 초상을 치르는데, 오래 둘수록 영화롭게 여긴다고 하였다. 그렇기 때문에 상주는 상을 서두르고 싶어하지 않지만, 다른 사람들이 빨리 마치도록 강권하여 항상 실랑이를 벌이는 것을 일종의 예절로 여긴다는 것이다. 고대인들은 죽은 후 영혼이 저승에 가서 현세와 같은 삶을 누릴 것이라 생각했고, 영혼의 불멸을 보증하기 위해 시신을 보존하는 것을 중요하게 생각하였다. 부여의 사람들은 시신을 보존하기 위해 얼음을 사용한다든가, 왕의 장례에서는 한나라 현도군에서 제공된 옥갑(玉匣)을 사용하기도 하였다. 옥갑의 사용은 시신을 보존하고 생명을 재생시킨다는 믿음에서 연유된 것이었다. 장기간의 장례는 시신의 보존에 대한 상주의 과시가 될 수도 있지만, 너무 많은 시간을 지체하기는 어렵기 때문에 다른 사람들이 이를 저지해 주는 과정으로 이어진 것이다. 만일 이러한 과정에서 벗어나거나 행하지 않는다면, 공동체 성원들로부터 비난을 받거나 지탄의 대상이 되었을 것임이 분명하다.

혼인, 장례 등에서 나타나는 일련의 과정들은 고구려, 옥저, 부여 등의 사람들의 일상생활과 죽음관을 기반으로 하여 자연스럽게 형성된 일이었지만, 이는 결국 구성원들의 공유를 통해 하나의 기준 혹은 규칙으로 전화되어 '해야만 하는 일'로 변화하게 되었다. 만일 이를 어겼을 경우는 공동체 안에서 물리적, 심리적 제재를 받는 것으로 나아가게 된다.

꺼리고 하지 말아야 하는 일들, 금기

고대인의 금기는 인류학적 보고에 따르면 동물에 대한 금기뿐만 아니라 사람이나 어떠한 행위에 대해 다양하게 나타났다. 신성을 가진 사람은 축복만이 아니라 위험도 가져다주는 존재로서 사람들은 그를 지킬 뿐만 아니라 경계도 해야 한다. 왕이나 사제, 출산이나 월경중인 여성 등은 신성하기도 하지만, 분만이나 월경으로 오염된 것에 대한 두려움으로 금기가 설정된다. 전사, 사냥꾼이나 어부도 마찬가지이다. 이들은 사람이나 동물의 죽음과 밀착되어 있는 자들로, 죽은 사람·동물의 정령에 대한 두려움으로 이들에게 금기를 부여하고 사회에서 격리 또는 고립시키기도 한다. 상을 치르는 경우도 마찬가지이다.

왜의 경우 중국으로의 뱃길이라는 안전이 보장되지 않은 상태에서, 한 사람을 선택해서 씻지도 못하게 하고 금욕생활을 강요하였는데, 마치 상을 치르는 사람과 같았다고 한다. 만일 무사히 잘 도착했다면 그에게 생구(生口)와 재물을 주지만, 질병이나 폭풍 등의 재해를 만났다면 그가 삼가지 않았기 때문에 일어난 일로 여겨 그를 죽였다.

예(濊)의 경우도 꺼리는 것이 많았다. 첫 번째는 산과 천(川)을 중요하게 여겨서 그 경계는 함부로 침범하지 않았으며, 만일 이를 어겼을 경우는 그 벌로 생구(生口), 소, 말을 내야 했다. 여기서 경계를 함부로 침범하지 않는다는 것은 단순히 침범에 따른 인적, 물적 손실을 막으려는 데에 그 목적을 둔 것만은 아닌 듯하다. 외부인 혹은 이방인에 대한 두려움을 보이는 경우가 인류학적 보고를 통해서도 알려져 있기 때문이다. 외부인은 주술과 마법을 가지고 있으며 해로운 영향력을 가지고 있으므로 공동체를 보호하기 위해서는 이를 막아야 하는 것이었다. 이를 어겼을 때 지불해야 하는 인간[生口], 소, 말은 단순한 경제적 보상이 아니라 외부인으로 인해 생긴 불길함과 주술, 더러움에 대한 정화의식과 연관되었을 것이다. 범금에 대한 보상을 예에서는 '책화(責禍)'라고 하였는데, 그 사전적 의미를 살펴보면 책은 '구하는 것[求]'이고, 화는 '해치는 것', '신에 의한 불행'이다. 다시 말하면, 해를 입히거나 신에 의한 불행에서 구제하는 것이다. '책화'라는 용어가 예의 말을 음차한 것인지, 그 뜻을 가지고 한문식으로 표현된 것인지 명확하지는 않지만, 한자식 표현으로 그 뜻을 새긴다면, 신에 의한 불행에서 구제하는 것으로 주술, 부정에 대한 정화의 의식에 필요한 제물일 수도 있을 듯하다.

두 번째는 '동성불혼(同姓不婚)', 즉 같은 성끼리 혼인하지 않는다는 것이다. 여기서 '같은 성[同姓]'의 범위는 명확하지 않지만, 당시 한반도에 중국식의 '성(姓)'이 있다고 보기 어렵기 때문에 이는 한반도 상황을 보고 들은 것에 기반했던 중국인들의 시각이 반영된 것으로 보인다. 아마도 예의 사람들이 일정 집단 안에서 혼인하지 않는 현상을 보고 중국인들이 같은 성끼리 혼인하지 않았다라고 인식했을 가능성이 높은 것이다. '일정 집단 안에서'라는 범위를 구체적으로 설명할 수는 없지만, 혼인에 대한 금기 사항으로 이를 어겼을 경우는 집단 차원에서 어떠한 제재가 이루어졌을 것은 미루어 짐작할 수 있다.

세 번째는 병을 앓거나 사람이 죽으면 그 집을 폐기하고 새 집을 짓는다는 것이다. 병자와의 접촉은 감염에 대한 두려움이며, 죽은 사람에 대해서는 망령에 대한 두려움일 것이다. 인류학적으로도 상을 당한 사람은 오염되었다고 보기 때문에 상을 치른 후 격리되거나, 죽은 사람의 망령을 멀리하고 쫓기 위한 의식을 행하였다는 사례들이 다수 발견된다. 기존 거주지의 폐기와 새로운 공간으로의 이동은 병균이나 망령과 같이 오염되거나 부정한 것들의 정화(淨化)를 전제로 하는 행위로 추정된다. 왜에서도 상을 치르고 나면 온 가족이 물속으로 들어가 씻어 냈다고 하기 때문에, 이러한 정화의 의식은 필연적일 수밖에 없다.

습속과 금기의 위반 - '범금(犯禁)'에서 '용형(用刑)'으로

《한서》 지리지에는 '범금(犯禁) 8조'라는 고조선의 법이 기록되어 있다. 8개의 항목이지만, 기록으로 남은 것은 3가지 조항이다. 첫째, 살인: 상대방을 죽이면 바로 죽음으로 갚는다. 둘째, 상해: 상대방에게 상해를 입히면 곡식으로 배상한다. 셋째, 절도: 상대방의 물건을 훔치면, 노비로 삼는다. 이를 속죄하려면 50만을 지불해야 한다. 비록 속죄하더라도 부끄럽게 여겨 혼인할 수 없다.

고조선의 범금 8조는 공동체에 위험이 될 수 있는 가장 기본적인 범죄인 살인, 상해, 절도를 큰 틀로 하고 있으며, 당사자간의 해결이 우선이었으며 상해나 절도는 손실에 대한 보상이 원칙이었던 것으로 파악된다. '범금(금기를 범한다.)'이라는 표현에서도 알 수 있듯이 대체로 이른 시기의 금기는 살인, 상해, 절도를 비롯하여 신에 대한 모독이나, 해를 끼치는 주술, 간음 등으로, '범금 8조'의 범주 역시 여기서 크게 벗어나지 않았을 것으로 파악된다. 더욱이 이어서 "부인은 정신하여 음란하지 않았다."리고 서술되어 있기 때문에, 역설적으로 고조선 사회에서 어떠한 방식으로든 부인의 간음에 대한 제재가 있었을 것임을 짐작하게 한다. 다만 실제로 간음죄가 8조에 포함되었던 것인지, 아니면 다른 방식의 제재가 있었던 것인지는 명확하지 않다.

'범금 8조'의 내용은 오랜 시간에 걸쳐 형성된 것으로 여러 가지 요소들이 복합적으로 얽혀 있다. 예를 들면, 절도죄에 대한 처벌은 인간노동력의 배상으로, 제3자의 개입 여부가 명확하게 보이지 않는다. 하지만 단서조항으로 죄를 용서받을 수 있는 조건으로 50만의 지불은 화폐의 이용과 이를 강제할 수 있는 권력이 있었을 것임을 짐작하게 한다. 다시 이어지는 속죄를 하더라도 부끄러운 일이라 혼인할 대상을 찾기가 어렵다는 것은 구성원들 사이에서 비난이나 지탄을 받을 수 있는, 즉 심리적 제재를 말한다. 한 조항 안에 기존의 공동체 내에서 실행되고 있었던 제재, 사회적으로 합의, 공유되고 있었던 규칙, 그리고 국가권력이 성장하면서 개입했던 흔적들이 남아 있는 것이다.

특히 고조선에서의 살인죄는 그 즉시 죽음으로 갚는 것으로 해석되며 이후 보복적 행위로 이어질 가능성도 포함하고 있다. 다만 《삼국지》 오환전에서 오환의 경우 살인 사건이 일어나면 살해된 자의 부락 구성원들이 보복을 하였고, 계속 보복이 그치지 않으면 대인을 찾아가 심판을 받고 죄 있는 사람이 속죄로서 재물을 주면 멈췄다고 하였다. 이를 본다면, 고조선에서의 살인죄 역시 이른 시기에는 살인에 대한 보복적 행위가 행해지다가 공적 권위나 권력이 발생하면서 오환의 경우처럼 제3자의 개입이 이루어졌을 것으로 추정할 수 있다. 결국 사회의 규모가 커지면서, 혹은 고대국가로 형성, 발전해 가면서 점차 조항의 수도 늘어날 것이며, 국가권력과 같은 제3자의 개입이 적극적으로 이루어지게 되는 것이다. 이는 곧 국가에 의한 형벌[刑]로 체계를 갖추어 나가게 된다.

부여에서는 '용형(用刑)', 즉 '형(刑)을 쓰는 것'이 엄하고 급하다고 하였다. 《삼국지》 동이전에 열거된 부여의 죄와 형벌은 살인, 절도, 음란, 투기죄이다. 첫째, 살인: 사람을 죽인 자는 죽이고 그 집안 사람들을 모두 노비로 삼는다. 둘째, 절도: 12배로 배상한다. 셋째, 음란, 투기: 남녀가 음란하거나 부인이 투기하면 모두 죽인다. 투기하는 것을 더욱 미워하여 이미 죽인 후 그 시신을 나라 남쪽 산 위에 썩을 때까지 둔다. 여자 집에서 그 시신을 얻고자 할 때는 말과 소를 바쳐야 한다. 이 내용이 부여의 법 전체를 설명한다고 단정하기는 어렵지만, 중국인들이 파악한 부여의 개략적이거나, 특이한 죄와 형벌의 내용이었을 것이다. 먼저 살인죄와 관련해서는 가해자의 사형뿐만 아니라 연좌된 집안 사람들을 노비로 만들었다. '범금 8조'에서 보였던 살인죄와 달리, 단순한 보복 행위를 넘어서 제3자의 개입에 따른 판결과 그 집행이라는 부분이 부각된다. 절도의 경우 12배의 배상이며, 남녀의 음란과 부인의 투기는 사형이다. 형을 쓰는 것이 엄하다고 한 것은 10배가 넘는 배상과, 음란과 투기를 무겁게 다스리고 있다는 점 등이 감안이 되었던 듯하다.

한 가지 특이한 점은 부인의 투기죄의 경우, 죽인 후에 그 시신을 나라 남쪽 산 위에 버려 둔다 하였고, 여자 집에서 그 시신을 수습하려면 비용을 치러야 한다는 것이다. 앞서 설명했던 것처럼 부여에서는 시신을 오랫동안 보존하는 깃이 영혼의 불멸을 보증하는 일이었다. 하지만 투기한 부인은 사형에 처해졌을 뿐만 아니라 그 시신을 방치함으로써 노출된 채로 육체가 훼손

되는 것이었다. 여자 집에서 말과 소와 같은 재물을 치러서라도 시신을 회수하려는 것은 시신을 보존하여 영혼을 구제하는 것이 장차 생길 수 있는 죽은 자의 원혼이 보내는 저주를 막는 길이었기 때문일 것이다. 결국 형벌이라는 것은, 특히 사형과 같은 처벌은 그 사회가 가지고 있는 죽음관이나 영혼관을 파괴하는 형태로 발달할 수밖에 없는 것이었다.

이제 '용형'이라는 표현에서 알 수 있듯이 '금기를 범한다.'라는 '범금'을 뛰어넘어, '형을 사용한다.'라는, 즉 처벌을 적극적으로 강제할 수 있는 권력의 통치가 실현되고 있다는 것을 의미하는 것으로 파악할 수 있다. 물론 공적 권력의 등장과 그에 따른 판결과 집행 과정을 거칠 테지만, 그 과정은 이미 지속적으로 형성되어 왔던 습속이나 금기가 기반이 되었음을 확인할 수 있다.

형벌과 정화 의식 – 물과 불

형벌은 습속이나 금기와 같은 규칙을 위반했을 때 신의 노여움을 사게 되어 벌을 받거나 재앙을 받게 된다는 믿음에서 출발한다. 신의 노여움을 가라앉히려면 희생이나 정화의 의식이 필요하다. 그러므로 형벌은 불제(祓除)로서의 의미를 지닌다. 즉 신의 노여움을 풀기 위해서, 공동체의 질서나 관습을 유지하기 위해서 그 더러움을, 부정함을 씻어 낼 필요가 있는 것이다.

형벌과 함께 행해졌다고 추정되는 정화의 의식으로 보이는 방식은 크게 두 가지가 있다. 첫 번째는 물에 의한 정화이다. 고구려 중천왕 4년(251) 관나부인이 투기죄로 인해 가죽 주머니에 넣어져 바다에 던져졌다. 중천왕의 왕후와 관나부인 간의 불화는 결국 거짓말로 왕후를 해치려 했던 관나부인의 죽음으로 마무리되었다. 부여에서도 투기죄는 중죄였던 것처럼 고구려 역시 관나부인의 투기죄에 대한 처벌은 죽음이었다. 원래 '법(法)'의 초기 문자는 죄지은 사람을 물에 유기하여 죄를 씻어 내는 것을 형상화한 灋이다. 이 글자는 물[水]과 상상의 동물인 치(廌), 제거한다는 의미의 거(去)로 구성되어 있다. 관나부인이 강에 버려진 것은 그 중죄를 씻기 위함이며, 다른 한편으로는 죽은 후 육체를 물에 흘려 버림으로써 고정된 안식처를 뺏는 것이기도 하였다. 이는 백제와 신라에서도 확인된다. 백제의 무령왕은 원년(501)에 좌평이었던 백가가 가림성을 근거지로 하여 반역을 일으키자 이를 토벌하고, 항복한 백가를 참수하고 백강에 던져 버렸다. 머리를 자르는 참수형을 가하였지만, 그에 멈추지 않고 강물에 던져 버린 것이다. 신라에서도 태종무열왕 7년(660) 신라를 배반했던 모척과 검일을 잡아, 모척은 목을 베었고, 검일은 사지를 찢어 그 시체를 강물에 던져 버렸다. 태종무열왕은 검일에 대한 죄목으로, 앞서(642) 모척과 모의하여 백제 군사를 끌어들이고 창고에 불을 질러 대야성을 함락시키는 데 도움을 주었고, 태종무열왕의 딸과 사위인 품석 부부를 윽박질러 죽게 했으며, 백제와 함께 신라를 공격했던 것을 꼽고 있다. 대야성의 함락도 그러하지만, 태종무열왕의 딸과 사위가 이 때문에 죽게 되었으니, 그 노여움은 이루 다 헤아리기 어려웠을 것이다. 그 노여움은 검일의 사지를 찢고 그 시신을 강물에 흘려 보냄으로써 그 더러움을 씻는 것과 동시에 죽어서도 땅에 매장하지 않음으로써 영혼의 안식처를 뺏겠다는 의지를 보여 준 것이었다.

물이 더러움을 씻는 것이라는 점을 명확하게 보여 주는 것은 죽지의 무리 중 한 사람이었던 득오와 관련된 일화이다. 득오는 화랑인 죽지의 무리 중의 한 사람이었지만 모량부의 익선이라는 사람의 부름을 받아 일을 하게 되었다. 죽지는 익선에게 득오의 휴가를 요청했지만 거절당했다. 이에 간진이라는 사람이 죽지를 도우려 익선에게 뇌물을 주고 요청하자, 그제서야 득오를 보내 주었다. 조정에서는 이를 듣고 익선의 더럽고 추악함을 씻으려 하였으나 익선은 도망가 버렸고, 그 첫째 아들이 붙잡혀 왔다. 한겨울 추운 날 성 안의 연못에서 그 아들을 목욕시켰고 결국 얼어죽게 되었다. 실제로 그 목적이 죽음에 이르게 하는 것이었는지는 알 수 없으나, 연못에서의 목욕은 그 더럽고 추악함을 씻어 내는 정화의 과정이었음은 틀림없다.

두 번째는 불에 의한 정화 의식이다. 고구려의 경우 그 법에 반란을 도모한 사람은 사람들을 모아 횃불을 들고 서로 지지게 하여, 온 몸이 짓무른 뒤에 참수하였다. 즉 모반죄를 범한 사람에 대해 사람들이 모인 공개적인 장소에서 군중들에 의해 산 채로 불에 지져지고 고통이 다한 후에 참수한다는 것이다. 일단 많은 사람들이 모인다고 하는 공간은 광장, 즉 시장[市]이었을 가능성이 크다. 이미 백제나 신라에서도 반역자를 시장에서 참수하는 경우가 있기 때문이다. 시장에서의 참수는 그야말로 공개적인 처형 방식이다. 시장이라는 공간은 원래 신이 강림하는 곳으로 제사의 중심이자, 집회의 장소였다. 강림한 신의 권위를 통해 처형이나 사면, 재화의 재분배가 이루어지는 공간이었다. 고조선의 신화에서도 환웅이 무리를 거느리고 태백산 신단수로 내려와 그곳을 '신시(神市)'라 칭한 바가 있었다. 신이 강림하고 머무는 곳에서의 처형이 갖는 원초적 의미는 그야말로 신에게 행해진 모독이나 오염을 깨끗이 제거한다는 의미였고, 죄인을 희생으로 바치는 제사로 거행되기도 했던 것이다. 이는 곧 세속적인 통치자에 의해, 많은 사람들이 모이는 것을 이용하여 죄인을 본보기로 징계함으로써 효율적인 통치와 통제가 가능한 정치적 공간으로 전환되었지만, 본래의 의미는 여전히 그 공간에 녹아 있었던 것이다.

금기나 규범을 위반한 자들에 대한 처벌은 물과 불 등의 방법으로 더러움, 부정함을 씻어 내는 정화 의식이자, 종교적 의식이었다. 고대국가가 발전하면서 공동체에서 자연스럽게 '형성되었던' 금기와 행위 규칙들은 권력에 의해 법으로 '만들어지기' 시작했다. 단순히 종교적인 정화 의식으로 신의 권위를 보여 주는 것을 넘어서 정치 권력의 힘을 보여 줄 수 있는 형(刑)이 법으로 나타나기 시작한 것이었다. 앞서 보았던 것처럼 고구려, 백제, 신라 등 고대국가에서 반역과 같은 정치적 위반에 대한 처형은 왕이나 국법에 의해 정해져서 집행되었지만, 여전히 그 내용과 방식은 본래 의미였던 불제로서의 정화 의식이 중첩되어 나타나고 있었던 것이다.

한영화 _성균관대 교수

출세하고 싶으면 배워야지

정동준

왜 학교를 세웠을까?

현대사회를 살아가는 사람들에게 교육은 권리이자 의무이다. 현대의 국가는 모든 국민을 가르치려고 하고, 모든 국민도 배우려고 한다. 현대의 국가는 모든 국민을 평등한 민주시민으로 양성하려고 하고, 모든 국민은 배워서 시대에 뒤떨어지지 않는 것은 물론 '계층의 사다리'를 통해 출세하려는 꿈을 꾸기도 한다. 이러한 교육과 관련된 국가와 국민의 관계는 근대 국가가 이전과 달리 전 국민을 대상으로 '보통 교육'을 실시하면서 생겨난 것이었다.

그렇다면 근대 이전, 특히 이 글에서 다루고자 하는 삼국시대의 사람들도 그러했을까? 그렇지 않았을 가능성이 높다. 근대 이전에는 '보통 교육'이 존재하지 않았기 때문이다. 근대 이전의 교육은 한정된 계층 또는 신분만을 대상으로 하였고, 그에 따라 전 국민을 대상으로 교육해야 한다는 관념도 없었다. 그 한정된 계층 또는 신분이라는 것은 결국 사회의 지배층을 의미하는 것이어서, 피지배층이 교육을 받을 수 있는 기회는 거의 찾아보기 어려웠다. 또 운 좋게 교육의 기회를 얻는 경우에도 여러 가지 제약으로 '계층의 사다리'를 타고 보다 상층으로 올라가는 것은 제한적이었다. 신분제가 있고 없는 차이는 교육에서도 나타났던 것이다.

그렇기 때문에 교육이 이루어지는 학교의 수도 근대 이전과 이후의 차이가 컸다. 특히 삼국시대에는 고구려의 경당(扃堂) 이외에는 지방에 세워진 학교의 흔적을 찾기 힘들어서, 지방에 세워진 학교는 아직 수가 많지 않았다고 생각된다. 학교 이전의 교육은 개인적인 사제 관계나 청소년 조직을 통하여 이루어졌다는 것이 일반적인 이해이다. 지방 학교의 비중이 적기 때문에 삼국시대의 학교에서 핵심적인 것은 지방의 학교보다는 수도에 세워진 국립학교였을 것이다.

삼국에는 모두 수도에 국립학교가 있었던 것으로 알려져 있다. 고구려와 백제의 태학(太學), 신라의 국학(國學)이 그것이다. 신라의 경우 국학이 세워지기 전에 그 역할을 대신했던 것은 널리 알려져 있는 청소년 조직인 화랑도(花郎徒)가 아닐까 생각된다. 이미 화랑도라는 조직이 존재하는 데도 국학이라는 학교를 별도로 세운 것은 둘의 교육 내용이 달랐기 때문일 것이다.

삼국이 수도에 국립학교를 세운 이유는 무엇이었을까? 그것은 나중에 살펴볼 교육 내용과 깊은 관련이 있다. 삼국의 국립학교에서 교육한 내용은 유학(儒學) 경전이 중심이라고 알려져 있다. 다시 말해서 삼국의 국립학교는 유학 경전에 대한 지식을 바탕으로 하는 관리를 양성하는 것이 목적이었던 것이다.

그렇다고 모든 관리가 국립학교 출신일 필요는 없었다. 삼국에서는 훌륭한 귀족 가문의 출신이라면 국립학교를 졸업하지 않고도 고위직에 오를 수 있었다. 예를 들어 연개소문(淵蓋蘇文)의 장남이었던 연남생(淵男生: 634~679)은 불과 9세에 관리가 되어 30세에 최고위직까지 승진하였는데, 그가 태학을 다닌 흔적은 전혀 보이지 않는다. 연남생 이외에 삼국의 사례를 보더라도 태학이나 국학 출신으로 고위직에 오른 귀족의 사례는 아직 발견되지 않았다.

결국 삼국에서 국립학교를 통해 양성하려고 했던 관리는 고위직이 아니라 중·하위직이었을 가능성이 높다. 그렇다면 지배층이더라도 최상층이나 상층보다는 중간층 이하가 주된 교육대상이었을 것이다. 이러한 상황은 고려시대 이후에는 점차 바뀌게 된다. 고려시대부터는 지방에 학교를 많이 설립하였고, 국립학교를 졸업한 고위직의 비중도 점차 늘어나게 된다.

이것은 삼국시대의 신분제가 혈연 중심이었으나, 고려시대 이후 지배층의 증가로 신분제에서 혈연적 요소가 약화되고 능력이 점차 중시되었던 것과 관련이 있다. 삼국시대 이후로 아버지 잘 만나서 출세하던 시대는 점점 저물어 갔던 것이고, 열심히 배우고 공부해야 출세하는 시대로 바뀌었던 것이다. 다만 조선시대까지는 학교에서 배워서 출세한다는 것이 어디까지나 금수저, 은수저, 동수저의 이야기일 뿐이었다. 맨몸으로 태어난 흙수저는 이 틈에 낄 수 있는 기회조차 없었다.

여기서 삼국이 국립학교를 세운 시기에 주목할 필요가 있다. 고구려는 372년, 백제는 4세기 중반 또는 6세기 초반, 신라는 682년이다. 모두 관리와 그 업무가 많이 필요하고, 특히 고위직보다도 실무를 담당할 중·하위직이 많이 필요한 시기였다. 그렇다면 삼국이 국립학교를 세운 주된 목적은 중·하급의 실무형 관리를 양성하기 위한 것이라고 할 수 있다. 다만 그것이

전부는 아니고 다른 부차적인 목적도 있었는데, 그것은 국립학교의 교육 내용을 통해서 살펴볼 수 있다.

학교에서 무엇을 가르쳤을까?

고대 동아시아의 국립학교는 기본적으로 유학의 경전을 가르쳤다. 때로는 유학 이외에 도교(道敎) 등의 다른 종교나 사상을 가르치기도 하고, 때로는 전쟁에 필요한 군사지식을 가르치기도 했지만, 기본이자 중심이 되는 것은 언제나 유학의 경전이었다. 삼국도 마찬가지였다.

고구려의 태학에서 가르친 내용은 구체적으로 남아 있지 않다. 다만 연구에 따르면 전한(前漢) 이래의 중국 왕조에서 사용해 온 태학이라는 이름을 그대로 받아들인 것이나, 태학 설립 이후 법제가 정비되는 모습을 보면 유학의 경전이 중심이라는 것은 쉽게 짐작할 수 있다. 그리고 전쟁으로 많은 이익을 취한 국가답게 군사학도 가르쳤던 것으로 추정된다.

백제의 태학에서 가르친 내용도 구체적으로 남아 있지 않다. 대신 백제에서 유통되고 귀족이 학습한 유학의 경전, 태학이 설치되었던 중국 왕조와 백제의 관계 등을 고려하여 유추해 볼 수 있다. 고대 동아시아에서 유학의 경전을 대표하는 것은 《시경(詩經)》·《서경(書經)》·《역경(易經)》·《예기(禮記)》(또는 《의례(儀禮)》)·《춘추(春秋)》로 이루어진 오경(五經)이다. 고대 동아시아의 국립학교에서는 오경 이외에도 유학의 기본소양으로서 《효경(孝經)》과 《논어(論語)》를 함께 가르쳤다.

현대적으로 비유하자면 《시경》은 고전문학, 《서경》은 고전시대 역사 이

〈표 1〉 고대 동아시아 국립학교의 유학 교육 내용

왕조	오경(五經)					논어(論語)	효경(孝經)	기타
	역(易)	서(書)	시(詩)	예(禮)	춘추(春秋)			
유송(劉宋)	주역(周易)	상서(尙書)	모시(毛詩)	예기(禮記) 주관(周官) 의례(儀禮)	좌씨전(左氏傳) 공양전(公羊傳) 곡량전(穀梁傳)	○	○	없음
당(唐)	주역	상서	모시	주례(周禮) 의례 예기	좌씨전 공양전 곡량전	○	○	노자(老子)
신라	주역	상서	모시	예기	좌씨전	○	○	문선(文選)
백제 일본	주역	상서	모시	주례 의례 예기	좌씨전	○	○	없음

야기, 《역경》은 철학서, 《예기》 등은 예절과 의례 지침서, 《춘추》는 역사학 서적에 해당된다고 할 수 있다. 이 중《서경》은 내용과 문장을 암송해야 하는 것이라면, 《춘추》는 내용 이상으로 해석이 중요한 것이었다. 결국 오경에서는 고전, 역사, 예절, 철학 등이 중시된 것인데, 이러한 것들이 지배층으로서의 교양이었기 때문일 것이다. 《효경》은 제목 그대로 효행에 대한 책이고, 《논어》는 널리 알려진 대로 공자(孔子)의 말씀을 모은 것이어서, 유학적 도덕 관념의 기초를 익히기 위한 것이다.

오경은 그 내용이 압축적이고 난해하여 주석서가 함께 있어야 이해할 수 있었다. 현대적으로 비유하자면 오경 원문이 교과서에 주석서가 참고서에 해당된다고 할 수 있다. 중국왕조의 태학에서 교육되었던 오경의 대표적인 주석서 등의 텍스트는 《모시(毛詩)》·《상서(尙書)》·《주역(周易)》·《춘추좌씨전

《春秋左氏傳》》 등이고, 《예기》 이외에 예서로서 《의례》·《주례(周禮)》 등이, 《춘추좌씨전》 이외에 《춘추》의 주석서로서 《춘추공양전(春秋公羊傳)》·《춘추곡량전(春秋穀梁傳)》 등이 함께 교육되는 경우도 많았다.

백제의 태학에서도 고대 동아시아 국립학교의 기본 교육내용인 《모시》·《상서》·《주역》·《예기》·《춘추좌씨전》의 오경과 《효경》·《논어》를 가르쳤을 것으로 추정된다. 특히 《모시》·《주역》·《예기》·《춘추좌씨전》·《논어》 등은 백제에서 유통되거나 귀족이 학습한 흔적이 보인다. 또 양(梁)에서 백제로 파견된 강례박사(講禮博士) 육후(陸詡)가 《예기》·《의례》·《주례》, 즉 삼례(三禮)에 두루 능통했다는 것으로 보아, 《의례》·《주례》도 가르쳤을 가능성이 높다. 다만 《춘추공양전》·《춘추곡량전》은 유통되거나 귀족이 학습한 흔적이 보이지 않고 신라나 일본의 국립학교에서도 가르치지 않았던 것을 고려하면, 백제의 태학에서도 가르치지 않았을 것이라고 생각된다.

신라의 국학에서 가르친 내용은 기록이 남아 있어 상세하게 알 수 있다. 신라의 국학에서도 다른 고대 동아시아의 국립학교와 마찬가지로 《모시》·《상서》·《주역》·《예기》·《춘추좌씨전》의 오경과 《효경》·《논어》를 가르쳤다. 다만 다른 동아시아의 국립학교와 달리 《문선(文選)》도 가르쳤는데, 외교문서 등의 고급 문장을 작성하는 능력을 기르기 위한 것이라고 추정하는 경우가 많다. 실제 《문선》은 최근 발견되는 고구려·백제 유민의 묘지명 등에서도 그 일부 구절이 인용되어 있는 경우가 많을 정도로, 당시 동아시아 지역에서는 고급 문장을 작성하기 위한 대표적 교재였다. 백제의 태학과 달리 《의례》·《주례》를 가르치지 않았던 것은 국학의 설립이 상대적으로 늦어지면서 입학을 쉽게 하기 위해 교육 내용을 간략화하였기 때문이 아닐까 생각된다.

참고로 고대 일본의 국립학교인 대학료(大學寮)에서는 백제의 태학과 동일한 내용을 가르쳤다. 대학료가 설립된 시기는 백제가 멸망하고 일본이 신라하고만 외교를 전개하던 시기였다. 그런데도 교육 내용이 신라의 국학과 달랐던 것은 대학료의 설립을 주도한 것이 백제의 유민(일본 입장에서는 백제계 도래인)이었기 때문일 것이다.

학교를 어떻게 운영했을까?

예나 지금이나 학교에는 학생이 있고, 학생을 가르치는 교사가 있고, 전체적인 운영을 책임지는 교장이 있다. 삼국시대라고 해서 다를 것이 없었다. 다만 그 명칭이 지금과 달랐을 뿐이다.

고구려의 태학에 대해서는 기록이 매우 소략하다. 태학의 운영과 관련하여 알 수 있는 내용은 태학박사(太學博士)와 국자박사(國子博士)가 있다는 정도인데, 이들이 현대의 교사에 해당될 것이다. 또 태학박사와 국자박사가 별도로 있다는 것은 당(唐)에서 국자감 내에 태학, 국자학(國子學) 등을 별도로 운영한 것을 연상시키는데, 태학과 국자학의 차이는 입학하는 학생의 신분에 따른 것이었다. 다시 말해서 고구려의 태학은 내부에 신분에 따라 구별되는 태학과 국자학 같은 조직을 가지고 있었고, 그러한 구별이 필요할 정도로 학교의 규모가 비교적 큰 편이었다는 것을 추정할 수 있다. 기록이 없어서 어떠한 학생들이 입학하였는지는 알 수 없다.

그런데 600년에 고구려의 태학박사 이문진(李文眞)이 역사서인 《신집(新

集)》편찬을 주관한 사례가 있어 주목된다. 삼국의 국립학교가 현대의 대학에 해당된다는 것까지 고려하면, 태학박사·국자박사는 일반적인 교사처럼 교육에만 종사하기보다는 현대의 대학 교수처럼 교육은 물론 각종 연구 및 저술활동에도 종사한 것이 아닌가 추정된다.

백제의 태학에 대해서도 기록이 소략하다. 태학이라는 명칭이 기록으로 확인된 것도 최근의 일이고, 그나마도 현대의 교장에 해당되는 태학정(太學正)만이 확인되었을 뿐이다. 다만 태학과의 관련성을 직접적으로 언급하지는 않았지만 백제 관련기록에 등장하는 오경박사, 역박사(易博士), 역박사(曆博士) 등도 태학 소속이었을 가능성이 높고, 고구려의 사례처럼 현대의 대학 교수와 같은 역할을 하였을 것이다. 다만 고구려처럼 태학과 국자학의 구별이 있었는지, 어떠한 학생들이 입학하였는지는 알 수 없다.

신라의 국학에 대해서는 고구려나 백제의 태학에 비해 기록이 상세하다. 국학은 예부(禮部) 소속이고 경덕왕(재위 742~765) 때에 일시적으로 대학감(大學監)이라는 이름으로 개칭되었다가 다시 국학으로 바뀌었다. 교장에 해당하는 것은 경(卿)이었고, 박사와 조교(助敎)가 교육을, 대사(大舍)·주부(主簿)·사(史) 등이 행정을 담당하였다. 이러한 신라의 사례로 보아 고구려나 백제의 태학에서도 행정을 담당하는 관리가 박사와는 별도로 존재하였을 가능성이 높다.

국학의 교육방식에 대해서도 상세한 기록이 있다. 오경과 《문선》은 해당 텍스트를 전문으로 하는 박사와 조교가 나누어 담당하였다. 학생의 선택에 따라서 《주역》·《예기》·《논어》·《효경》 또는 《춘추좌씨전》·《모시》·《논어》·《효경》 또는 《상서》·《논어》·《효경》·《문선》을 한 세트로 배울 수 있었다. 다시 말해서 어떤 코스를 선택하더라도 《논어》와 《효경》은 필수과목이었다.

이와 관련하여 독서삼품과(讀書三品科)는 대체로 관인 선발을 위한 시험으로 알려져 있으나, 실제로는 국학의 졸업시험이었다. 그 내용은 《춘추좌씨전》·《예기》·《문선》을 읽고 그 뜻에 통할 수 있고 겸하여 《논어》·《효경》에 밝은 자를 상급으로, 《예기》 곡례(曲禮)·《논어》·《효경》을 읽은 자를 중급으로, 《예기》 곡례·《효경》을 읽은 자를 하급으로 평가하였다. 만약 오경·삼사[三史: 《사기(史記)》·《한서(漢書)》·《후한서(後漢書)》]·제자백가(諸子百家) 등의 책에도 능통한 자는 제한을 뛰어넘어 발탁하였는데, 우수한 인재에 대한 우대책으로 보인다. 이러한 독서삼품과의 평가 방식으로 보면, 국학에서는 애초에 오경 전체에 통달한 인재를 양성할 목적이 없었고, 교육을 통해 오경 전체에 통달한 인재를 양성할 수 있다고 기대하기도 어려운 상황이었을 것이라고 추정된다.

이 밖에 국학에는 유학 이외에 산학(算學)도 가르쳐서 산학박사(算學博士)가 있었다. 이와 관련하여 백제 관련 기록에 보이는 의박사(醫博士) 등도 태학 소속일 가능성이 있지만, 백제의 22부사 중 내관12부인 약부(藥部)에 소속되었을 가능성도 적지 않아서 결론을 내리기는 어렵다. 다만 삼국의 국립학교에서 유학과 군사학 이외의 교육 내용이 있었을 가능성은 높다.

학생들은 왜 배웠을까?

국립학교에는 누구나 입학할 수 있는 것이 아니었다. 예를 들어 신라의 국학에는 신라 17관등 중 12번째 관등인 대사 이하의 관등 소지자나 관등이 없는 자만 입학할 수 있었고, 나이는 15~30세로 제한되었다. 재학 연한은 9년이었는데, 9년이 지났어도 향후 대성할 가능성이 있다고 판단하면 계속 다닐 수 있었다. 재학 중에 10번째 관등인 대나마(大奈麻)나 11번째 관등인 나마(奈麻)로 승진하면 더 이상 재학할 수 없었는데, 이것은 재학생 중 관등 소지자가 많았다는 것을 의미할 것이다. 신라에 골품제라는 신분제가 있고 국학은 골품제가 정착된 이후에 설립되었다는 것을 고려하면, 관등이 없는 자라고 하더라도 일반 백성보다는 신분이 높아서 관리가 될 수 있는 자를 의미하였을 것이다.

한편 국학의 재학생이 대나마·나마로 승진함과 동시에 졸업하게 하였다는 것은 국학의 설립 목적이 대나마·나마 정도의 중급 관리를 양성하려는 것임을 보여 준다. 그런데 고구려·백제의 태학에 대해서는 입학 연령이나 재학 연한, 입학 자격 등에 대한 기록이 없다. 그러나 고구려·백제에서도 일반 백성보다 신분이 높아야만 관리가 될 수 있었다는 점을 고려하면, 신라의 국학과 입학 연령, 재학 연한, 입학 자격 등이 크게 달랐을 가능성은 적을 것이다. 따라서 고구려·백제의 태학도 신라의 국학처럼 중급 관리의 양성을 위하여 설립되었을 것이다.

널리 알려져 있듯이 삼국시대에는 시험으로 관리를 선발하는 제도가 없었고, 앞서 살펴본 독서삼품과도 관리 선발과 연관되어 있기는 하지만 엄밀하게 말하면 국학의 졸업시험이었다. 따라서 삼국시대에 대부분의 관리는 추천으로 임명되었는데, 그렇기 때문에 일정 이상의 신분을 가진 자만이 추천을 받아서 임명되었던 것이다. 일반 백싱이 현직 고위 관리의 추천을 받아서 관직에 임명된다는 것은 기대하기 힘든 매우 이례적인 일이었다.

이러한 상황이라면, 고구려·백제의 태학과 신라의 국학에 입학하는 학생들은 최상위 귀족도 아니고 일반 백성도 아닌 중하층의 지배층이었을 것이다. 그들은 국립학교에서 우수한 성적으로 졸업함으로써 빠른 시일 내에 더 높은 관등으로 승진하려고 한 것이고, 그럼으로써 그들의 후손이 지배층 내에서 더 높은 신분으로 자리잡기를 소망하였을 것이다.

다만 삼국 모두 최상층의 관등에는 인원이나 신분의 제한 등 일정한 제약이 있었던 것을 보면, 국립학교에 입학하지 않는 최상층 귀족까지 올라가기는 어려웠을 것이다. 그렇다면 중간층 지배층은 자신들의 신분을 안정적으로 유지하기 위해서, 하층 지배층은 중간층 지배층으로 올라서기 위해서 국립학교에 입학하였을 가능성이 높다. 또 국립학교는 왕권이 강할 때에 설립되어 왕실과 밀접한 관계가 있었기 때문에, 국립학교를 우수한 성적으로 졸업할 경우 왕권에 접근하기 쉬워진다는 점도 고려되었다고 추정된다.

누가 유학을 갔을까?

삼국시대에 일반 백성은 교육의 기회가 사실상 없었고, 중하층 지배층이 국립학교에 입학하여 중간층 이하의 관리가 되었다는 것은 이미 설명한 대로이다. 그렇다면 왕족과 상층 또는 최상층의 지배층에 해당하는 귀족들은 어떻게 교육을 받았을까?

먼저 왕족의 경우 고구려와 백제는 기록이 없어서 알 수 없다. 신라의 경우 8세기에 태자와 관련되는 관청이 설치된 것으로 보이는데, 교육을 맡았다고 추정되는 관직은 찾기 어렵다. 귀족의 경우에도 학교 등의 기관에서 교육을 받은 흔적은 찾기 어렵다.

그런데 고대 중국왕조나 일본에서는 왕족이나 귀족이 개인적으로 스승을 두고 교육을 받는 사례를 적지 않게 발견할 수 있다. 현대적으로 말하자면 개인 과외인 셈이다. 지금도 개인 과외는 학교나 학원에 비해 비용 부담이 커서 아무나 할 수 있는 것이 아닌데, 고대에도 유사하지 않았을까 생각된다. 특히 고대 일본의 경우 태자의 교육을 맡은 사람이 삼국에서 파견된 사례가 적지 않다. 실존 여부를 두고 논쟁이 있는 백제의 아직기·왕인을 제외하더라도 고구려의 승려인 혜자(慧慈: ?~623)가 쇼토쿠[聖德]태자(574~622)를 가르친 사례 등을 들 수 있다.

귀족 중에는 개인 과외 대신에 유학을 선택하는 경우도 있었다. 그중에서도 640년 당 태종(太宗: 재위 626~649)이 국자감을 확대·개편하면서 주변의 여러 나라에 알려서 외국인 학생을 대대적으로 모집하였을 때, 삼국도 귀족 자제를 파견하여 입학하였다는 기록이 있어 주목된다. 비록 당 왕조의 국제적 면모를 과시하고자 하는 태종의 요청에 응한 것이어서 자발적 유학이라고 하기는 어렵지만, 그렇더라도 기본적으로 삼국에 유학을 가고자 하는 수요가 있었기에 별다른 문제 없이 유학생을 파견할 수 있었을 것이다.

특히 8세기 이후 신라에서 당으로 유학을 가는 경우가 많았고, 귀국 후에 고위 관직을 맡아 활약한 사례도 적지 않다. 이 중에 가장 많이 알려진 인물이 최치원(崔致遠: 857~?)이고, 후삼국이나 고려 초기에 활약한 최승우(崔承祐)·최언위(崔彦撝: 868~944) 등도 이에 해당한다. 이들 중에는 신라의 최상위 귀족인 진골도 있었지만, 주로 그보다 신분이 낮은 6두품이 많았다는 것이 일반적인 이해이다.

진골은 모든 관등과 관직에 취임할 수 있는 반면, 6두품은 신라 17관등 중 5번째인 대아찬(大阿飡)보다 높은 관등과 진골로 자격이 제한된 관직에 취임할 수 없었다. 그 결과 주요 관청의 장관은 전부 진골만 취임할 수 있었고, 6두품은 아무리 노력해도 차관 이상이 될 수 없었다. 이러한 상황에서 같은 차관이지만 권력이 있거나 중요한 직무를 담당하는 관직에라도 취임하려면 남들보다 화려한 스펙이 필요하였고, 당시에 그러한 스펙은 당 유학뿐이었던 것이다.

특히 숙위학생(宿衛學生)이라고 해서 당 황제의 주변에 교대로 근무하면서 국자감에서 배우는 학생의 경우에는 신라 왕이 아니라 당 황제의 눈에 들 수 있는 기회도 있었다. 다만 숙위학생은 대체로 진골이 많았던 것으로 보인다. 진골 같은 최상층 귀족이 출세에 좋은 기회를 자신보다 신분이 낮은 6두품 등에게 양보할 이유가 없었던 것이다.

이렇다 보니 당 유학이 모든 것을 보장해 주지는 않았다. 실제 당 유학과 국학 졸업이 과연 차이가 있는가 하는 인식도 일부나마 존재하였던 것 같다. 8세기 말인 원성왕(재위 785~798) 때에 자옥(子玉)이라는 인물이 양근현(楊根縣: 현재의 경기도 양평) 소수(小守: 현의 장관)에 임명되자, 집사사(執事史: 집사부의 최하층 관리)인 모초(毛肖)는 자옥이 국학 출신이 아니기 때문에 적절하지 못한 인사라고 비판하였다고 한다. 결과적으로는 모초의 상관인 시중(侍中: 집사부의 장관)이 자옥의 당 유학 경력을 이유로 문제 없다고 하여 왕도 그 의견에 따랐지만, 당시에 모초와 같은 인식을 가진 사람도 적지 않았기에 문제가 되었을 것이다.

좀더 과감하게 추정을 해 보자면 모초 자신이 국학 출신이었을지도 모른다. 집사사는 12번째 관등인 대사부터 최하위 관등인 조위(造位)까지 중에서 임명되는 것이 원칙인데, 이것은 국학의 입학자격과 정확히 일치하는 관등 범위이기 때문이다. 참고로 소수는 이보다 조금 높아서 10번째 관등인 대나마부터 14번째 관등인 길사(吉士)까지 중에서 임명된다. 자옥과 모초의 이야기는 국학 출신과 당 유학 출신이 관직을 두고 다투는 모습의 하나였던 것이다.

정동준 _성균관대 초빙교수

4부 고대사회의 정신세계

하늘의 과학, 하늘의 정치

천신과 조상신, 무덤과 종묘

고대인과 신의 매개자, 무(巫)

왜 불교를 받아들였을까?

고구려벽화고분으로부터의 초대

하늘의 과학, 하늘의 정치

임기환

혜성이 사라지니 왜군이 돌아갔다

신라 진평왕 때였다. 거열(居烈)과 실처(實處) 그리고 보동(寶同)이라는 세 화랑이 모여 낭도들을 거느리고 금강산에 놀러 가기로 하였다. 그동안의 고된 수련으로 지친 몸과 마음을 풀면서 모처럼 휴가를 즐길 셈이었다. 먼 길을 가야 하기 때문에 동이 트기 전부터 여행 준비를 서두르면서도 모두들 들뜨고 즐거운 마음이었다. 그런데 누군가 "혜성이다."라고 소리쳤다. 모두들 눈을 들어 밤하늘을 쳐다보니 긴 꼬리를 단 혜성이 나타나 심성(心星)을 침범하는 것이었다.

이를 본 세 화랑과 낭도들은 가슴이 철렁하였다. 혜성은 불길한 징조라고 하는데, 혹 나라에 무슨 변고가 일어난 것이 아닌가 하며 여기저기서 수군거렸다. 불안한 마음에 세 화랑은 여행을 중단하기로 결정하였다. 이때 함께 있던 융천사(融天師)라는 스님이 노래를 지어 불렀다.

　　　동쪽 옛 나루에

건달파가 놀던 고장을 바라보고

왜병이 쳐들어왔다고

봉화를 올린 국경이 있다.

세 화랑이 명산에 유람가심을 듣고서

달도 부지런히 밝히려 하는데

길을 쓰는 별을 바라보고

혜성이라 말한 사람이 있다.

아아

달이 떠갔도다

이 벗아 꺼리는 혜성이 있을까.

이 노래가 끝나자 이제까지 붉게 불타던 혜성이 갑자기 어디론가 사라졌다. 모두들 신기해하며 탄성을 올리고 있을 때, 잠시 뒤 달려온 전령이 "몰려오던 왜군이 웬일인지 갑자기 배를 돌려 제 나라로 되돌아갔다."라는 소식을 전하였다. 세 화랑과 낭도들은 비로소 안도를 하고 나라의 큰 경사라며 좋아하였다. 이튿날 아침 조회 때 이런 정황을 전해 들은 진평왕은 매우 기뻐하였다. 그리고 세 화랑을 불러 나라를 걱정하는 갸륵한 마음을 치하하고, 변고가 사라졌으니 예정대로 금강산으로 유람을 가도록 하교하였다.

위 이야기는 《삼국유사》에 전하는 〈혜성가〉라는 향가에 얽힌 설화를 재구성해 본 것이다. 이 실화에서 보듯이 고대인들은 혜성이 나타나면 불길하게 생각하였다. 혜성을 전쟁이나 역병 또는 여러 천재지변 등 재앙을 예고하는 별로 여겼기 때문이다.

오늘날에는 혜성이 나타난다고 할 때마다, 천문학자는 물론이고 일반인들도 천체망원경을 들고 혜성 우주쇼를 구경한다고 떠들썩하다. 이렇듯 우리에게는 장관을 연출해 주는 혜성이지만, 반대로 고대인들에게는 그야말로 두려움의 대상이었다. 수많은 별들이 평화롭게 밤하늘을 장식하고 있을 때, 마치 침입자와도 같이 긴 꼬리를 달고 갑자기 나타나는 붉은 별은 공포심을 안겨 주기에 충분하였던 것이다. 혜성만이 아니라 해와 달이 갑자기 사라지는 일식이나 월식, 햇무리와 달무리도 그들에게는 두렵고 경이로운 현상이었다.

재이(災異)와 점성

《삼국사기》에는 일식·혜성 등 천문 현상이 일어난 후, 얼마 지나지 않아 전쟁과 반란이 일어나거나 왕이 사망하였다는 기사가 자주 나온다. 또 667년에는 동북 하늘에 나타난 혜성을 보고 고구려의 멸망을 예언하였다는 기록도 있다. 고대인이 천문 현상에 얼마나 민감하였는지는 다음과 같은 기록에서도 엿볼 수 있다.

신라 선덕여왕 16년(647)에 비담 등이 반란을 일으켜 김유신이 거느린 관군과 대치하고 있었다. 어느 날 밤, 큰 별이 관군이 주둔하고 있는 월성(月城)에 떨어졌다. 반란군은 여왕의 군대가 패전할 조짐이라고 기세가 등등하였고, 반대로 관군은 크게 동요하기 시작하였다. 이에 김유신은 꾀를 내어 연에 허수아비를 매달아 불을 붙여 하늘로 띄우고는, 별이 다시 하늘로 올라갔다는 말을 퍼뜨렸다. 군사들의 마음은 다시 안정되었고 반대로 반란군의 사기가 크게 떨어지게 되었으니, 김유신은 이 기회를 틈타 반란군을 크게 무찔렀다고 한다.

이처럼 고대인들은 혜성이나 일식, 유성(流星) 등 천문 현상을 인간에게 무엇인가 알리려는 하늘의 경고라고 받아들였다. 즉 정치를 잘하면 천체 운행과 기상이 순조롭고, 정치가 잘못되면 여러 변괴를 일으켜 경고를 하고, 그래도 잘못이 계속되면 재앙을 내린다는 것이다. 그래서 하늘에 변고가 일어나면 왕은 정치를 반성하며 근신을 하고, 때로는 하늘의 노여움을 풀기 위하여 하늘에 제사를 지내기도 하였다. 흉년이 들거나 곡식이 익지 않으면, 왕을 바꾸거나 심지어 왕을 죽이기까지 하였다는 옛 부여의 풍속도 이러한 생각과 통하는 것이다.

나라의 운명만이 아니라 개개 인간의 수명이나 갖가지 일도 하늘의 별에 매어 있다고 생각하였다. 제웅치기(나후성(羅睺星)에 운이 엮인 사람이 액막이하는 풍속)와 같은 점성 풍습은 그러한 생각에서 나온 것이다. 별똥별이 떨어지면 영웅이 죽거나 혹은 위인이 탄생한다는 이야기도 마찬가지이다. 별과 인간의 탄생이 밀접히 관계가 있다는 생각은 김유신이나 원효라는 걸출한 인물의 탄생 이야기를 통해서도 짐작할 수 있다. 김유신의 아버지 서현은 어느 날 밤에 형성(熒星: 화성)과 진성(鎭星: 토성)의 두 별이 자기에게 내려오는 꿈을 꾸었는데, 얼마 후 아내 만명(萬明)이 임신하여 김유신을 낳았다고 한다. 원효의 탄생도 이와 비슷한데, 원효의 어머니가 별이 떨어져 품속으로 들어오는 꿈을 꾼 후 임신하여 원효를 낳았다고 전한다.

이런 생각들은 모두 하늘과 땅과 인간이 서로 상응하고 관계를 맺고 있다는 생각, 즉 천문과 인문의 감응(感應) 사상에서 나온 것이다. 이러한 관념에서 출발한 천문에 대한 관심은 점성적 성격을 두드러지게 갖는 것이 당연하였다. 그래서 고대사회에서 왕과 국가기관은 백성들을 다스리는 일만이 아니라, 천문의 변화를 관측하는 일도 정치의 중요한 덕목의 하나로 생각하였다. 즉 천문 관측은 하늘을 통한 정치 행위였던 것이다.

하늘의 정치

우리나라에서 언제부터 천문을 관측하였는지는 잘 알 수 없으나, 이미 삼국시대에는 천문 관측의 기술이 상당한 수준에 올랐다. 오늘날 남아 있는 고구려 고분벽화의 천문도나 신라의 첨성대를 통해서 대강이나마 짐작할 수 있다.

삼국에서는 국가 차원에서 천문 관측 제도를 갖추고 운영하였다. 고구려에서는 일자(日者)라는 천문과 관련된 관직이 있었으며, 백제에는 중앙 22관부 중에 일관부(日官部)라는 관청이 있었다. 또《일본서기》에 따르면 675년에 백제의 천문학자가 일본에서 '점성대'라는 천문대를 세웠다고 하는데, 이를 통해 백제에서도 천문대를 설치·운영하였음을 짐작할 수 있다. 신라에서는 선덕여왕 때 첨성대를 세웠으며, 또 천문박사, 사천박사와 같은 천문을 담당하는 전문 관리와 부서가 설치되어 있었다.

삼국시대 천문 관측의 발달은 일식의 관찰 기록을 통해서도 알 수 있다. 《삼국사기》에 전하는 기록을 보면, 신라는 965년 동안 29회, 고구려는 445년 동안 11회, 백제에서는 606년 동안 26회에 달하는 일식 기록이 있다. 이러한 관찰 기록은 상당히 정확한 것인데, 특히 559년의 일식 기록은 아시아에서는 보이지 않고 유럽에서나 관찰할 수 있었던 것으로, 아마도 계산에 의하여 이 일식을 예측한 것으로 추정되고 있다. 혜성 관측 기록 역시 삼국에서 모두 57번의 기록이 있으며, 서로 중복된 것을 빼더라도 53회에 달한다. 이런 정도의 관측 기록은 중국을 제외하고는 그 예를 찾아볼 수 없을 정도이다.

이처럼 천문 현상의 변화에 큰 관심을 보인 것은 왕조의 운명을 예시하는 천문에 민감할 수밖에 없었기 때문이다. 그러나 단순히 점성적인 배경에서 천문을 관측한 것만은 아니었다. 오히려 달력을 제정하거나 농사에 관련된 천문 기상을 예측하려는 실용적인 목적 또한 매우 중요하였다. 사실 백성들에게 언제 씨를 뿌리고 언제 추수를 할 것인지를 알려 주는 일은 제왕(帝王)이 해야 할 가장 중요한 덕목 중의 하나였던 것이다.

따라서 천문 관측의 실용성은 무엇보다 역(曆)의 제정에서 찾아볼 수 있다. 역이란 본래 천체의 운행에 맞추어 인간의 시간 생활을 조정하기 위하여 만들어졌다. 그러나 역이 국가와 사회 구성원의 시간 생활을 통일적으로 규정하게 될 때, 그것은 일종의 법률이며 국가 제도로서의 성격을 갖게 된다. 따라서 역은 아무나 함부로 만들 수 있는 것이 아니었다. 그것은 하늘의 뜻을 살피는 제왕만의 고유한 덕목으로 간주되었다.

첨성대에 담긴 암호

신라의 천 년 수도인 경주에 가면 누구나 반드시 둘러보는 곳이 몇 군데 있다. 신라 불교문화의 극치인 불국사와 석굴암은 필수이고, 그리고 현재 남아 있는, 세계에서 가장 오래된 천문대라는 첨성대도 빠뜨릴 수 없는 곳이다. 그러나 막상 첨성대를 보면 다소 실망스럽기도 하고, 또 어떻게 저런 곳에서 별을 관측할 수 있었을까 의문이 들기도 한다. 오늘날 천문대처럼 산꼭대기에 있는 것도 아니고, 그렇다고 높은 건축물도 아니며, 또 첨성대 윗부분은 몇 사람이 서 있기에도 좁아 보인다. 그래서 이런저런 이유로 첨성대는 천문 관측대가 아니라는 주장도 제기되고 있다.

어떤 사람들은 수학적 상징물로 보았고, 또 일종의 규표(圭表)나 해시계라는 견해도 있다. 일부 학자들은 불교의 수미산(須彌山)을 본떠서 만든 종교적 상징물이라고 주장하고 나섰고, 다른 한편에서는 농업 신인 영성(靈星)에 제사 지내는 제단이었다는 견해도 들고 나왔다. 이런 여러 주장들이 모두 나름대로 그럴듯한 근거가 없는 것은 아니지만, 사실 첨성대가 천문대였음을 부정할 이유는 별로 없다.

첨성대를 잘 살펴보면 달력이 갖는 여러 가지 상징수를 포함하고 있음을 알 수 있다. 우선 첨성대를 만든 돌의 총수가 365개 내외인 것은 의도적인 것으로 생각된다. 우연이 아니라면 이는 1년 365일을 의미할 것이다. 첨성대의 본체는 27단으로 쌓았는데,

▌ 첨성대(경북 경주시 소재)

©하일식

이는 첨성대를 축조했다고 전해지는 선덕여왕이 신라 27대 왕이라는 점과 관련이 있을 것이다. 다음 여기에 꼭대기의 정자석(井字石)을 합하면 28단이 되고, 2층의 기단부까지 합하면 29단과 30단이 된다. 28이라는 수는 28수(宿)라는 별자리에 대응하고, 29와 30이라는 수는 음력의 한 달 길이와 일치한다. 또 중앙에 있는 창문을 기준으로 상단 12단과 하단 12단으로 나누어지는데, 이는 1년 열두 달과 24절기를 의미하는 것으로 해석된다.

이렇게 보면 첨성대는 전통 달력에서 이용되는 여러 수의 개념이 적용되어 축조되었음을 알 수 있다. 이외에도 첨성대의 창문을 통하여 들어온 빛이 바닥에 비추는 것을 통하여 춘분·하지·추분·동지를 측정할 수 있다는 점 등도 달력과 밀접히 연관된 구조임을 시사한다. 이런 이유로 첨성대는 신라시대에 사용된 역법(曆法)이 갖는 개념을 포함하고 있는 천문 관측의 상징적 조형물임을 알 수 있다.

그러면 삼국시대에는 어떠한 역법을 사용했을까? 삼국시대에 독자적인 달력을 제정하였을 가능성도 없지는 않지만, 현재 남아 있는 자료로 볼 때에는 중국의 역법을 받아들여 사용하였던 것으로 짐작된다. 백제에서는 후기에 중국 송(宋)나라의 원가력(元嘉曆)을 채택하였고, 고구려에서는 624년에 당(唐)으로부터 역서를 수입하였다고 한다. 또 신라의 경우도 674년에 당에서 역술을 배워 와 책력을 만들었다는 기록이 있다. 사실 역법의 제정은 고도로 발달된 천문 관측 기술이 뒷받침되지 않으면 안 된다. 아직 중국과 같은 수준에 도달하지 못한 삼국은 중국의 역법을 수용하지 않을 수 없었던 것이다.

시간 생활

오늘날과 같이 몇 시 몇 분에 약속을 한다는 것은 삼국시대로서는 생각할 수 없는 일이고 또 그럴 필요도 없었다. 인간의 생활이 그만큼 태평스러워 해돋이와 해넘이라는 자연의 리듬에 맞추어져 있었다. 낮에는 부지런히 활동을 하고, 밤에는 일찍 잠자리에 들었다. 적어도 밤에 책을 읽거나 일을 한다는 것은 거의 없었으니 어떻게 생각하면 조금은 부럽기도 하다.

그렇다고 고대에 시간 측정이 전혀 필요 없었던 것은 아니었다. 일반 민들의 생활이야 그렇다손 치더라도, 적어도 국가를 관리하는 입장에서는 최소한의 시간을 잴 필요가 있었다. 나아가 천체 운행을 정밀하게 관측하기 위해서는 보다 정확한 시계까지도 필요하였다. 따라서 삼국시대에는 시간 측정 기구로 해시계와 물시계가 제작되어 사용되었다.

인간이 시간을 재고자 할 때 가장 손쉬웠던 방법은 해 그림자의 변화를 재는 방식이었다. 즉 땅에 막대기를 세워 그 그림자를 보고 시각을 알아낼 수 있었다. 중국에서는 기원전 10세기 이전부터 이런 초보적인 시간 측정 도구로 땅에 세운 막대인 표(表)와 땅에 눕혀 눈금을 새긴 규(圭), 즉 규표를 사용하였다. 우리나라에서도 규표와 같은 해시계는 일찍부터 사용하였을 것이며, 삼국시대에는 본격적으로 해시계가 일반 생활에서 사용되었다. 현재 남아 있는 신라시대 해시계 파편을 보면, 삼국시대에도 하루를 12시간으로 나눈 전통적인 시제 방식을 사용하고 있음을 알 수 있다.

물시계는 해시계 다음으로 상당히 일찍부터 사용된 시계였다. 특히 해가 뜨지 않는 밤이나 날씨가 흐린 날에도 시각을 측정할 수 있다는 장점이 있었다. 서양에서는 이집트에서 물시계를 사용하였고, 중국에서는 한나라 때

신라 해시계 잔편(왼쪽, 국립경주박물관 소장)과 그 복원 모형(신라역사과학관 소장)
6~7세기성 반지름 33.4센티미터, 두께 16.8센티미터의 원반 모양의 화강석 해시계이
다. 중앙에 세우는 막대는 북극성을 향하도록 하고, 시반은 직도에 맞추어 비스듬히 설
치하였던 것으로 추정된다.

부터 물시계를 만들어 썼다. 우리나라에서는 삼국시대에 물시계가 제작되
었을 것인데 현재 기록은 남아 있지 않다. 다만 671년에 백제인이 일본에
건너가서 물시계를 제작한 기록이 있어 백제에서는 일찍 물시계를 사용하
였음을 알 수 있다. 또 통일신라에서는 성덕왕이 718년에 누각(漏刻)이라는
물시계를 처음 만들고 누각전(漏刻典)·누각박사(漏刻博士)라는 관리를 두어
관리하게 하였다.

　그런데 해시계와 물시계는 집집마다 설치하거나 가지고 다닐 수 있는 것
이 아니었다. 물론 누구나 낮에는 해의 위치에 따라 대략의 시간을 알 수 있
었으나, 밤에는 시간을 알기 어려웠다. 따라서 고대에는 주로 밤 시간을 알
리는 시보에 관심이 많았다. 당시 중국에서는 경점법(更點法)이라 하여 밤
시간을 5등분하여, 시간마다 종을 쳐서 밤 시각을 백성들에게 알려 주는 시
보법이 있었다. 이러한 시보법의 전통은 우리나라에도 전해져 고려와 조선
시대에 널리 행해졌다. 아마도 삼국시대에도 마찬가지였을 것이다. 적어도

일본의 물시계 복원도
백제의 영향을 받아 일본에서 처음 만
들어진 물시계의 복원도이다. 수압과
수량을 일정하게 유지하기 위해 물통
을 여러 개 쌓고 관을 통해 위에서 아
래로 물을 떨어뜨린 다음, 가장 아래쪽
물통의 눈금표로 시각을 쟀다.

아침저녁으로 성문을 열고 닫아야 하는 도성 등에서는 종을 쳐서 밤 시각을
알리는 시보법이 시행되었을 것으로 추정된다.

세계 최고의 고구려 천문도

하늘은 단순히 천문 관측의 대상만은 아니다. 하늘은 종교적 신비와 경외
의 대상이기도 하였다. 초기 고대인들은 어떤 초월적인 신(神)들에 의하여
천체와 기상의 변화가 일어난다고 생각하였다. 단군신화를 보면 환인의 아
들 환웅이 하늘에서 인간 세상으로 내려오면서 풍백(바람 신)·우사(비 신)·운
사(구름 신) 등의 여러 신을 거느리고, 인간의 갖가지 일을 주관하였다고 한
다. 이는 자연의 변화와 인간의 운명이 하늘 신에 의해 좌우된다는 원초적
사고를 보여 준다. 이러한 관념을 배경으로 왕권이 하늘에서 유래한다는 고
조선의 단군신화나 삼국의 건국 신화가 출현하였던 것이다.

덕흥리 고분의 견우직녀도(평남 남포시 소재)
이 벽화를 통해 견우와 직녀의 전설이 5세기 이전 고구려에 있었음을 알 수 있다.

 그 후 유교와 불교, 도교 등 새로운 사상과 종교가 들어오면서 삼국시대 사람들의 하늘에 대한 관념은 더욱 복잡해지고 다양해졌다. 그러한 변화를 잘 보여 주는 것이 고구려의 고분벽화이다. 고구려인들은 고분의 천장을 하늘 세계로 묘사하였다. 거기에는 도교 세계의 신선과 선녀들이 살고 있고, 용과 천마 등 많은 신비의 동물이 하늘을 날고 있다. 또 연꽃 등으로 표현된 불교의 천상 세계도 중요한 자리를 차지하고 있다.

 고분벽화의 천상 세계를 꾸미는 중요한 소재의 하나는 역시 해·달·별자리를 그린 천문도이다. 물론 이 천문도가 천문 관측의 결과물로만 그려지는 것은 아니다. 거기에는 고구려인이 상상하던 풍부한 신화와 설화가 담겨져 있다. 해와 달은 중국에서 유래된 신화와 결합하여 다양한 형상으로 그려지고 있다. 그중 해까마귀와 달두꺼비의 그림은 고구려 고분벽화에 자주 등장하는 대표적인 소재이다. 또 408년에 만들어진 덕흥리 벽화고분에는 견우직녀도가 있다. 은하수를 건너 소를 데리고 떠나는 견우를 직녀가 애절하게 전송하는 장면을 그린 벽화를 보면, 칠석날 밤 견우성과 직녀성의 애틋한 사랑과 슬픈 이별의 이야기를 도란도란 나누고 있는 1,500년 전 고구려인의 모습을 떠올릴 수 있다.

고구려 천문도 중에서 특히 큰 비중을 갖는 것은 북두칠성(北斗七星)과 남두육성(南斗六星)이다. 우리나라와 중국의 점성술에서는 북두칠성을 인간의 죽음을 결정하는 별로 여기고 있었다. 손잡이 끝의 별을 '파군성(破軍星)' 또는 '요광(搖光)'이라 부르는데,《삼국지》에 나오는 제갈공명의 죽음에 얽힌 이야기는 유명하다. 반대로 남두육성은 인간의 탄생을 결정하는 별로 여기고 있었다. 그래서 고분 속에는 인간의 삶과 죽음에 대한 관념을 담은 상징으로 북누칠성과 남두육성을 그린 것이다.

이처럼 고분 속의 천문도는 설화적이고 상징적인 표현이지만, 한편으로는 삼국시대 천문 관측의 수준도 엿볼 수 있다. 삼국시대에는 중국에서 들어온 천문학의 영향을 받아 중국의 별자리와 거의 유사한 별자리에 대한 이해가 있었다. 그중에서도 중요한 것은 28수(宿) 별자리이다. 28수는 천상의 정밀한 관측을 통해서 설정된 것이다. 달이 매일 움직여 가는 곳을 밤하늘에 표시하면 28일 만에 한 바퀴를 돌게 되는데 이를 백도(白道)라고 한다. 태양의 길인 황도(黃道)에 대비되는 것이다. 이 백도의 경로상에 위치한 별자리를 28개로 나누어 28수라고 이름하였던 것이다. 이 28수는 움직이지 않지만, 일(日)·월(月)과 5성(화·수·목·금·토)은 그 위치가 불규칙적으로 변동하

기 때문에, 이 7성의 운행을 관측하는 기준으로 28수를 이용하였다.

그런데 28수를 일일이 기억하기 어렵기 때문에, 그중 동서남북 각 방향의 일곱 개의 별자리를 묶어 동청룡·서백호·북현무·남주작이라는 상상 속의 네 동물(四象이라고 함)로 별자리를 만들었다. 고구려 고분벽화에 흔히 보이는 사신도가 바로 그것이다. 물론 고분벽화의 사신도는 별자리로서의 의미보다는 사악한 것을 물리치는 수호신의 상징으로 그려진 것이다.

그런데 고구려 고분벽화의 천문도에는 덕화리 2호분처럼 28수가 다 그려진 것도 있지만, 일부만 그려진 것이 대부분이다. 그리고 그중에는 중국의 28수와는 다른 형태의 별자리도 적지 않다. 이는 고구려에서 독자적인 별자리 관측이 있었음을 보여 준다. 또 별이 원형으로 그려져 있음을 보면, 별을 관측할 때에는 육안이 아니라 사이팅튜브[망통(望筒)]라는 관측기구가 사용되었다는 것도 짐작할 수 있다. 또 진파리 4호분에 그려진 28수는 별의 크기가 6등급으로 나누어져 있는데, 이는 오늘날과 마찬가지로 별의 밝기에 따른 구분으로 생각된다. 이런 예는 고구려 천문 관측의 수준을 엿볼 수 있는 자료이다.

조선 태조 때에 어떤 사람이 왕에게 고구려의 천문도를 바쳤다. 본래는 돌에 새긴 고구려 천문도가 있었지만 언젠가 강물에 빠져 사라져 버렸는데, 이때 그 희귀한 인본(印本)을 바친 것이다. 태조는 이를 기초로 일부 오차만을 새로 관측 교정하여 새로운 천문도를 만들게 하였는데, 이것이 유명한 〈천상열차분야지도(天象列次分野之圖)〉이다. 이 천문도에는 1,464개의 별이 새겨져 있는데 이는 눈으로 볼 수 있는 거의 모든 별들을 망라한 당시로서는 세계 최고의 수준이다. 이 천문도의 원본이 정말 고구려의 천문도였는지는 알 수 없으나, 천문 관측에 대한 고대인의 집요한 노력의 흔적을 찾아볼 수 있겠다.

별 헤는 밤.

밤하늘의 별을 바라보노라면, 윤동주 시인의 유명한 〈별 헤는 밤〉의 한 구절이 떠오른다.

별 하나에 추억과

별 하나에 사랑과

별 하나에 쓸쓸함과

별 하나에 동경과

별 하나에 시와

별 하나에 어머니, 어머니.

군이 시인이 아니더라도 많은 사람들이 밤하늘의 별들에 가슴속의 많은 것을 담아 보곤 한다. 신화와 전설, 사랑과 이별과 그리움, 그리고 운명과 기원 등등을.

고대인들이 하늘에 가졌던 관념들도 이런 정서들과 그리 다른 것은 아니다. 다만 그들에게는 낭만이 아니라 하나의 믿음이었다. 바로 천(天)·지(地)·인(人)이 하나로 조화되고 통일되었다고 인식한 우주관이며 세계관이었다. 그래서 그들은 끊임없이 천문을 관측하여 하늘의 뜻을 알고자 노력하였다. 제왕은 천문을 보고 정치의 잘잘못을 깨달았고, 백성들은 천문에 자신의 운명을 기원하였다. 우리네 어머니들과 할머니들이 이른 새벽에 정화수 한 그릇을 정성스레 떠 놓고 일월성신(日月星辰)께 지극히 비는 그런 정경은, 천년, 이천 년 시간을 거슬러 올라가 고대인들의 생활 속에서도 흔히 만날 수 있을 것이다.

임기환 _ 서울교대 교수

천신과 조상신, 무덤과 종묘

강진원

고대 의례의 꽃, 제천

한국 고대에는 다양한 의례가 존재하였다. 그 가운데 널리 알려진 것은 고구려의 동맹(東盟), 부여의 영고(迎鼓), 동예의 무천(舞天), 그리고 삼한의 5·10월 제사이다. 이들은 대개 교과서나 개설서에도 실려 있기에 대중에게도 그리 낯설지만은 않을 것이다. 그런데 이러한 의례는 각기 다른 곳에서, 다른 때에 행해졌지만, 한 가지 공통점을 가지고 있다. 바로 제천행사였다는 사실이다.

제천(祭天)은 말 그대로 하늘에 제사를 지낸다는 뜻이다. 여기서 하늘은 우리 눈 위에 펼쳐진 자연으로서의 그것(sky)이 아니라, 만물을 주재하는 절대적 존재로서의 천신(天神, Heaven God)을 가리킨다. 기독교에서 말하는 '하느님', '하나님'과 통한다고 보면 편할 것이다. 그러한 대상에게 올리는 의식이니 중요성은 두말할 필요가 없으리라. 한국 고대의 여러 의례 가운데 제천행사가 대표 격으로 이야기되었던 것도 그 때문이다.

이처럼 지엄하고도 존귀한 그분을 염두에 둔 제천행사는 고대 한국에만 있었던 것은 아니다. 오히려 천신에 대한 제사가 없는 사회를 찾기 어려울 지경이다. 예컨대 유대인들은 여호와에게 공양하기를 게을리하지 않았고, 그리스인들의 제우스를 향한 의식도 마찬가지로 이해할 수 있으며, 일본의 니이나메사이(新嘗祭) 역시 의례의 정점에는 태양신 아마테라스 오미카미(天照大神)가 자리하였다는 점에서 그러하다.

그 가운데서도 특히 이목을 끄는 것은 중국의 경우이다. 흔히 동아시아의 제천행사를 떠올릴 때면, 탁 트인 곳에 단을 세우거나 원형의 구조물을 두고 하늘에 제사하는 광경을 그리기 쉽다. 그것이 바로 중국의 유교적인 제천행사, 즉 교사(郊祀)이다. 이 의례는 왕조 최고의 제사로 존중되었다. 고려에서 지낸 제천행사와 19세기 말 고종이 대한제국을 수립할 즈음 환구단(圜丘壇)에서 지낸 의례, 그리고 고대 일본에서 몇 차례 행해졌던 교사 역시 기본적으로 중국에서 정비된 방식을 받아들인 것이었다. 그런 의미에서 보자면 중국의 교사는 동아시아 전통 사회에 적지 않은 영향을 주었다고 할 수 있다. 따라서 한국 고대의 제천행사를 살펴보기 위해서는 그에 관하여 조금 더 알아볼 필요가 있는데, 무엇보다 관심을 끄는 것은 천(天) 관념이다.

중국에서는 군주를 일컬어 흔히 천자(天子), 즉 '하늘(신)의 아들'이라 하였다. 하늘과 군주가 부자지간인 셈이다. 하지만 이것이 직접적인 연결고리를 가진 혈연이라는 의미는 아니었다. 하늘이 덕이 많은 인물(有德者)에게 천명(天命)을 내려 지상을 통치할 권한을 주고, 그에 따라 그와 그 후손들이 왕조를 이어 가며 하늘과 긴밀한 관계를 형성한다는 것이었다. 따라서 엄밀히 말하면 중국의 창업 군주는 하늘의 수양아들이었고, 그의 왕조는 하늘과 의제적(擬制的) 혈연관계를 지니고 있다 하겠다.

이러한 관념은 의례에서도 드러났다. 중국에서는 교사를 지낼 때 왕실의 시조나 건국자와 같은 특별한 인물을 함께 제사하는 배사(配祀)를 병행하였다. 이들은 하늘과 직접 소통하였다고 믿어졌기에 제천행사 때도 현 군주와 하늘 사이를 중개하는 역할로 자리하였다. 물론 중국에서 처음부터 하늘과 왕실이 이러한 관계에 있었던 것은 아니다. 은(상) 시기만 하여도 군주는 절대자(上帝)와 혈연적으로 연결되어 있었다. 하지만 서주 이후 덕 있는 인물이 하늘로부터 명을 받아 천하를 다스린다는 논리가 정비됨에 따라 군주들은 하늘의 수양아들이자 후손으로 자리매김하였다.

천신은 조상신, 왕실은 천손

그렇다면 고대 한국은 어떠하였을까. 결론부터 말하자면 중국의 천 관념과는 다른 사고관을 가졌던 것으로 이해된다.

먼저 고구려의 경우, 시조 주몽(추모)은 천신의 아들로 여겨졌다. 이는 당시에 만들어진 여러 금석문에서 확인된다. 먼저 〈광개토왕비〉에서는 시조가 "천제의 아들이며 모친은 하백의 딸[天帝之子 母河伯女郞]"이라 하였고, 주몽이 추격자를 피하여 강을 건널 때에도 "나는 황천의 아들이고 어머니는 하백의 딸인 추모왕이다[我是 皇天之子 母河伯女郞 鄒牟王]"라고 외쳤음을 전한다. 이 광경은 《삼국사기》 고구려본기에도 나오는데, 천제의 아들이며 하백의 외손[我是天帝子 河伯外孫]이라 하여 기본적으로 같은 내용을 싣고 있다.

여기서 말하는 천제나 황천은 하늘, 즉 천신을 가리키는 표현으로 시조가 절대자와 직접적인 혈연적 연결고리를 가지고 있음을 드러낸다. 중국 측 기록인《위서》고구려전에서 주몽을 '일자(日子)'라 하였고, 〈모두루묘지〉에서는 '일월지자(日月之子)'라 하였는데, 이 또한 맥락을 같이한다. 덧붙여 〈광개토왕비〉에서 시조의 죽음에 대하여 용의 머리를 딛고 서 하늘로 올라간 것으로 표현한 것 또한 시조의 원향(原鄕)이 하늘이며, 그가 천신과 연결된 초월자(super being)임을 힘주어 말하고 있다.

요컨대 고구려 시조 주몽의 직계 존속은 하늘, 바로 그것이었다. 따라서 주몽의 후손인 군주들은 천신의 후손, 즉 천손(天孫)을 자임하였고, 그렇게 여겨졌다. 〈신포시 오매리 절골터 금동판〉에는 고구려왕의 혼령이 천손과 만나기를 희망하는 글이 새겨져 있는데, 여기서 말하는 천손은 역대 고구려왕들이다.

다음으로 백제는 일본 측의 사서인《속일본기》에 관련 전승을 전하고 있다. 그에 따르면 원조(遠祖) 혹은 태조라 불린 도모왕(都慕王)은 하백의 딸이 태양의 정기(日精)를 받아 태어났다고 하며, 태양신(日神)이 내려온 존재로 설명되기도 한다. 이때의 '도모'는 '동명(東明)'을 말한다. 백제 멸망 이후 일본으로 건너간 옛 백제 가문의 후손들 중 상당수가 자신들의 뿌리를 도모, 즉 동명에서 찾고 있는 점을 볼 때 동명이 시조로 여겨졌음을 알 수 있다. 이 동명이 부여 시조 동명을 가리키는 것인지, 아니면《삼국사기》에서 온조의 아버지를 주몽이라 하는 만큼 고구려 시조 동명성왕을 이야기하는 것인지, 그것도 아니면 백제 내부에 시조 동명 전승이 존재했던 것인지에 대해 의견은 엇갈린다. 다만 어떻게 보든 시조가 태양으로 상징되는 천신과 직접적 연결고리를 지니고 있다는 점은 확인할 수 있다.

다음으로 신라는《삼국유사》기이(紀異)에 따르면 혁거세가 하늘을 나는 백마가 품은 알에서 태어난 것을 들어, 사람들은 하늘에서 천자가 내려온 것으로 일컬었다. 이는 신라인들이 자신들의 시조를 하늘과 직접 맞닿아 있는 존재로 여겼음을 보여 준다. 지상의 통치자가 천상에서 하강하였다는 것은 천신과 끈끈하게 이어져 있다는 점을 말해 주기 때문이다. 〈광개토왕비〉에서 주몽이 '알을 가르고 세상에 내려왔다[剖卵降世]'라고 표현된 것 또한 같은 맥락이며, 《삼국유사》 가락국기(駕洛國記)에서 가야 시조 수로가 하늘에서 내려온 알을 깨고 태어났다고 한 전승도 마찬가지다.

아울러 《삼국유사》에서는 혁거세가 죽은 뒤 승천하였다는 전승도 전하는데, 앞서 살펴본 고구려 시조의 사례와 마찬가지로 이해할 수 있다. 즉 신라에서는 시조가 천신과 동떨어지지 않은 존재로 인식되었음을 엿볼 수 있다.

이상을 보건대 한국 고대국가의 시조는 대개 하늘, 즉 천신과 직접적인 혈연관계를 맺은 존재로 여겨졌다. 사실 이러한 천 관념이 고대 한국에만 존재하였던 것은 아니다. 중국 동북방의 여러 종족은 그와 비슷한 사고관을 가지고 있었다. 예컨대 흉노의 군주(선우)는 최고신 텡그리(Tenggeri)의 아들이라 칭하였고, 선비나 고차 및 거란의 군주들 또한 혈통적 근원을 하늘에서 찾았다. 일본도 다르지 않다. 신화에 따르면 태양신, 즉 천신 아마테라스 오미카미의 직계 비속이 일본 왕가의 첫 군주 진무(神武)였으니, 천신의 피가 왕실에 이어져 내려왔다고 믿었다. 중국도 서주 이전에는 왕실과 최고신이 혈연적으로 연결되어 있었던 것을 보면, 그러한 천 관념은 동아시아 사회에서 꽤 보편적이었던 것 같다.

여하튼 왕실의 시조가 천신의 자손인 이상, 천신은 시조의 직계 존속이었다. 그 연결고리는 대를 이어 다음 세대에게 전해졌으므로, 왕실은 천신을 구심점으로 하는 가계 인식을 지녔다. 즉 천신은 선조 중의 선조로서 조상신의 범주에서 이야기될 수 있었으며, 반대로 시조는 천신의 핏줄이었기에 기본적으로는 천신과 혈연적 동질성을 공유한다고 믿어졌다. 그렇기에 시조신에 대한 믿음은 천신의 연장선 위에서 이루어졌고, 천신과 시조신은 공통분모를 가진 존재였다. 기독교 교리에 빗대어 보자면, 여호와와 그 외아들 그리스도가 얼핏 보면 구별되는 것 같지만, 실상 같은 하느님(하나님)으로 본질적인 신성을 함께 가지고 있는 것과 비슷하다.

시조를 제사하며, 하늘을 바라보며

이러한 기조, 즉 천신과 조상신이 확연히 나누어지지 않고, 천신과 시조가 근본적 속성을 공유하고 있던 상황 속에서는 의례 역시 중국의 교사와 다른 면모를 지니게 되었다. 시조에 대한 제사가 천신을 향한 제사, 즉 제천으로 여겨진 것은 그 때문이다.

고구려에서는 제천대회 동맹 때 시조의 모친이 햇빛을 맞이하고 시조를 임신하였다는 주몽 신화의 한 장면을 연출하였다. 제천행사의 콘텐츠가 시조와 불가분의 관계로 얽혀 있었다. 신라에서도 시조를 모시는 시조묘(始祖廟)나 신궁(神宮)에서의 제사가 제천행사로서의 성격을 가지고 있었다. 이러한 양상은 천신을 조상신으로 여기던 다른 사회에서도 나타난다. 흉노에서 가장 큰 제천행사인 농성대제(龍城大祭) 때 자신들의 선우를 배출한 집단의 조상들을 제사한 것이 대표적이다.

이와는 달리 볼 수 있는 경우도 존재한다. 바로 백제이다. 백제의 제천행사로는 천지(天地合祭)와 천·오제(五帝) 제사를 들 수 있는데, 모두 중국 교사 방식을 수용한 것이었다. 당시에는 상당히 특이한 색채를 지닌 의례였다. 하지만 세부적인 운용 면에서는 천신을 조상신으로 여기는 재래의 천 관념에 기초한 모습을 보였다. 예컨대 천지합제에서 하늘과 땅을 부모로 보아 함께 제사하였다거나, 천·오제 제사를 종묘에서 조상을 모시듯 한 해 네 차례 치렀다. 백제는 중국 문물을 적극적으로 수용한 결과 제천행사에서도 중국적인 색채가 짙어졌으나, 한편으로는 고유의 사고관을 구현하고자 노력한 셈이다.

이처럼 한국 고대사회, 혹은 이를 포함한 중국 주변부에서 제천이란 시조 혹은 조상신에 대한 의례와 본질적인 구별이 되지 않았다. 그 점은 중국의 유교적 교사가 당시 이들 공동체에 깊게 뿌리내리지 못한 원인이 되기도 하였다. 교사는 천신과 시조(조상)의 직접적인 혈연적 연결고리를 상정하지 않은 채 진행되는 의례였기에 당시의 천 관념으로는 받아들이기가 쉽지 않았다. 고구려나 신라가 중국 문물을 받아들임에 큰 거부감이 없었음에도 교사와 같은 형식의 제사를 지내지 않았고, 고대 일본에서도 몇 차례 교사가 이루어진 뒤 명맥이 끊긴 것은 그 때문이다. 물론 백제처럼 표면적으로나마 수용하기도 하였으나 본질적인 부분에서는 기존의 관념을 고수하고 있었다.

그러한 면에서 보자면 제사를 하늘, 즉 천신에 대한 것과 사람, 즉 인귀(人鬼)에 대한 것으로 나누어 이해하는 전통적인 중국의 인식 틀을 한국 고대에 그대로 적용하기에는 무리가 따른다. 하늘과 왕가가 일가를 이루고, 천신이 조상신이었다는 점을 되새기며, 당시 행해지던 여러 의례에 다가갈 필요가 있다.

이렇듯 중국과 다소 결이 달랐던 한국의 제천행사는 고려시대부터 유교적 교사 방식으로 탈바꿈하였다. 이는 고려 왕실의 천 관념이 고대와 사뭇 달랐기 때문이다. 《고려사》에 실린 《편년통록》에 따르면, 왕건의 선조들은 기이한 행적을 가지고 있음에도 하늘과 직접 연계된 존재가 아니었다. 그리고 하늘로부터 명을 받아 삼한(三韓)을 다스리게 되었다고 천명하였다. 즉 왕건이 천명을 받아 제왕이 된 셈이다. 이처럼 중국의 천 관념과 유사한 사고를 지녔기에 천신은 어디까지나 천신이었을 뿐 시조는 함께하기 어려웠다. 그 결과 제천행사는 원구(圜丘)에서 교사로 치러졌으며, 태조 왕건이 왕실과 하늘을 이어 주는 중개자로서 배사되기에 이르렀다. 천 관념과 제천의 방식이 연결되어 있다는 점을 거듭 확인할 수 있다.

조상 제사의 두 기둥, 무덤과 사당

한국 고대에는 제천행사 외에 왕실 조상을 모시는 제사도 중요하게 여겨졌다. 여기서 말하는 조상은 왕가의 선조들 전반을 아우른다. 물론 자신들 혈통의 근원이 되는 천신 혹은 시조가 배제된 건 아니지만, 이 경우 그 후손들, 즉 지상에서 살아간 존재도 대상으로 하였다.

그렇다면 왕실 조상들은 어디서 모셔졌을까. 동아시아 전통 사회에서 조상의 혼령이 깃들었다고 여기는 장소는 크게 두 곳이었다. 바로 무덤과 사당이다. 무덤과 사당은 애초 혼재되어 있었으나 시일이 흐름에 따라 구역을 달리하여 존재하게 되었다.

무덤은 말 그대로 시신이 매장된 곳이며, 사당은 죽은 이의 신주를 안치한 구조물이다. 이순신을 모신 현충사(顯忠祠)가 오늘날 우리에게 익숙한 사당에 해당한다. 고구려에서는 요동성과 같이 큰 성에 주몽을 모시는 사당(朱蒙祠·朱蒙廟)이 존재하였다. 아울러 전통 시대 국가의 상징과 마찬가지로 여겨진 종묘도 사당의 한 유형이다. 종묘는 원칙적으로는 왕실만이 가질 수 있었으며, 시조를 비롯한 왕실 조상들을 모셨다. 다만 고대 이른 시기에는 꼭 왕실이 아니라 하여도 종묘를 갖출 수 있었다. 《삼국지》 동이전에서 고구려에서는 왕실(계루부) 이외에 다른 세력 집단도 종묘를 둘 수 있었다고 기록한 것은 그 점을 잘 말해 준다.

그런데 한국 고대에는 종묘라든가 현충사와 같은 형태와는 다른 개념의 묘(廟), 즉 사당도 존재하였다. 이는 크게 둘로 나눌 수 있다. 하나는 죽은 이를 묻은 곳(장지)에 사당과 같은 구조물을 세운 것이다. 오늘날로 보자면 이순신묘(墓)에 현충사가 함께 있는 셈이다. 고구려 유리명왕의 태자 해명이 자결하자 그가 죽은 곳에 사당을 세웠다거나, 부여왕 금와가 주몽의 모친 유화를 장사 지내고 신묘(神廟)를 세웠다는 전승은 사당이 장지와 연계되어 건립되었음을 보여 준다.

다른 하나는 무덤, 즉 왕릉 자체를 사당으로 인식한 경우이다. 고국원왕 때 침입해 온 전연의 모용황 세력이 미천왕릉을 훼손한 사건을 예로 들 수 있는데, 《삼국사기》 고구려본기의 기록에 따르면 미천왕묘(美川王廟)를 파서 미천왕의 시신을 탈취하였다고 하므로, 미천왕릉이 사당으로 여겨지기도 하였음을 알 수 있다. 또 《삼국유사》 미추왕죽엽군(味鄒王竹葉軍)에서는 신라 미주이사금의 무덤을 당시 사람들이 '대묘(大廟)'라 일컬었음을 전한다. 이 왕릉은 본디 '대릉(大陵)'이라 하였으므로, '능(陵)'과 '묘(廟)'가 혼용되었음을 알 수 있다. 이러한 사례는 《삼국유사》 가락국기에서도 찾아볼 수 있다.

수로를 장사지낸 뒤 그 무덤을 수로왕묘(首露王廟)라 불렀다는 전승이 그것이다. 사당, 즉 묘(廟)는 원래 조상을 제사하는 장소를 의미한다. 그러므로 무덤에서 제사가 이루어지는 이상 그곳 또한 사당으로 인식하는 게 불가능한 일은 아니었다.

이상과 같이 한국 고대의 사당 중에는 무덤과 연관된 경우가 존재하였다. 한국 고대의 제사 기록에서 빈번히 나타나는 시조묘 역시 그러한 관점에서 다가가야 한다. 시조묘는 고구려·신라에 존재하였고, 백제의 경우 동명묘(東明廟)에서 제사가 이루어졌는데, 백제 왕실은 혈통적 근원을 동명에서 찾았으므로, 이때의 동명묘는 시조묘와 다르지 않다. 그런데 고구려의 시조묘는 도읍의 이동에도 불구하고 줄곧 첫 중심지였던 졸본에 자리하였다. 사당은 본래 다른 곳에 조성할 수 있다. 그러함에도 위치가 고정되었던 것은 시조묘가 시조의 장지, 즉 졸본 지역과 불가분의 관계에 있었기 때문이다. 다시 말해 시조묘는 시조가 묻혔다고 전해지는 곳에 세워진 구조물로서, 넓은 의미에서는 이를 포함한 시조왕릉 전체를 아우르는 개념이었다.

이처럼 무덤과 사당이 연계된 사례는 한국 고대에만 존재하였던 것은 아니다. 중국 전한 때 황제릉 곁에 사당을 두는 '능방입묘(陵傍立廟)' 제도가 시행되었고, 지배층도 그것을 본 따 무덤과 함께하는 사당을 세웠다. 무덤에 죽은 이의 혼령이 거처한다는 믿음이 강고하였던 결과, 그를 제사하는 사당도 최대한 가까이에 만들고자 하였기에 그러한 현상이 나타났다.

그 점은 한국 고대도 다르지 않다. 고구려의 경우 고국천왕의 부인이자 산상왕의 부인이기도 했던 우씨가 사후 산상왕릉에 묻히겠다고 하자, 고국천왕릉 안에 있던 왕의 혼령이 분노하였고, 서천왕의 혼령은 자신의 무덤을 도굴하려던 모용외 무리를 혼내 주었다는 전승을 전한다. 신라에서도 김유신의 혼령이 자신의 무덤에서 나와 미추왕릉에 가서 미추이사금과 이야기를 나누었다는 이야기가 존재할 뿐 아니라, 김후직의 혼령 또한 자신의 무덤 안에서 진평왕의 행차를 말렸다. 가야 수로왕릉을 도굴하려던 이들이 무덤 안에서 기이한 일을 당하여 처참한 최후를 맞이한 것도 같은 맥락에서 이해할 수 있다. 즉 당시의 무덤은 단순히 죽은 이의 매장지가 아니라, 그 영혼의 실제 거처로서 위상이 남달랐다.

이는 고고학적으로도 확인할 수 있다. 신라의 금관총·금령총·천마총 등에 솥을 함께 묻은 것은 혼령도 식생활을 한다는 데서 나온 현상이며, 고구려 왕릉에서 시신이 안치되는 부분을 가옥 모양(家形)으로 만든 것 역시 무덤을 그들의 주택으로 여기던 인식이 강했던 결과이다.

요컨대 한국 고대에는 무덤과 사당에서 조상을 제사하였다. 왕실의 입장으로 본다면 왕릉과 종묘가 될 것이다. 조선시대에도 왕릉과 종묘에서 선조를 제사하였으므로, 이는 당연한 일일지 모른다. 다만 종묘가 한 국가 공동체에 여럿이 존재하기도 하였고, 무덤과 사당이 연계되기도 하는 등 구체적인 면에서는 다소 차이도 있었다.

무덤(왕릉)에서 사당(종묘)으로

무덤과 사당, 다시 말해 왕릉과 종묘는 조상 제사의 두 기둥이었고, 모두 중요한 비중을 점하였다. 하지만 한쪽이 다른 한쪽보다 중시되기도 하였고, 시간이 흐름에 따라 무게감이 바뀌기도 하였다.

애초 한국 고대에는 무덤, 즉 왕릉에서 지내는 제사가 더욱 중요하게 여겨졌다. 그 점은 잘 보여 주는 것이 시조묘 제사이다. 이 의례는 《삼국사기》에 상당히 자주 나타난다. 주로 앞 시기에 더욱 빈번하게 등장한다는 점에서 보자면, 상대적으로 이른 시기에 막중한 비중을 지녔던 것으로 짐작된다. 특히 새로운 왕의 즉위의례가 시조묘에서 치러지기도 하였기에, 한때는 최고의 무게감을 지닌 제사였음을 알 수 있다. 그런데 시조묘는 시조릉과 다르지 않으므로, 그곳에서 지내는 제사는 묘제(墓祭)였다. 따라서 시조묘 제사가 비중 있게 행해진 바탕에는 왕릉에서의 조상 제사가 종묘에서의 그것보다 중시되었던 데 원인이 있다. 시조묘 관련 기록이 자주 나올 때 종묘에 관한 기록은 드물게 나타나는 것도 그 때문이다.

왕릉이 종묘보다 중시되었음은 다른 측면에서도 확인할 수 있다. 앞서 무덤을 죽은 이의 영혼이 거처하는 곳으로 그린 전승을 여럿 살펴보았는데, 이는 무덤이 중시된 데 따른 결과이다. 이 무렵 거대한 왕릉이 조영되었던 것도 빠뜨릴 수 없다. 중국 지린성 지안 지역과 서울 석촌동, 그리고 경주에는 고구려·백제·신라가 만든 커다란 무덤들이 존재한다. 이들은 대개 왕릉인데, 특히 고구려의 경우 부대시설을 갖춘 능원(陵園)까지 마련되었다. 그 또한 무덤을 존중한 데서 비롯되었다.

이상을 보건대 애초 한국 고대사회에서는 무덤 중시 풍조가 있었다. 그 원인은 무덤을 죽은 이의 생활 공간으로 여기는 사고관이 훗날보다 강했기 때문이다. 불교가 전해지기 전까지만 하여도 사람이 죽으면 좋은 일을 하든 나쁜 일을 하든 현세와 같은 물질적(육체적) 삶을 지속해 나간다는 계세(繼世) 사상이 성행하였다. 그렇기에 무덤은 또 다른 안식처로 주목받았다. 사실 이러한 관념은 고대 초기에 꽤 보편적으로 나타나는 흐름이다. 고대 이집트인들이 거대한 피라미드를 만들고 그곳에서 왕이 사후의 삶을 이어 가리라 믿었던 것, 또 고대 중국에서 황제릉을 궁궐과 비슷한 구조로 조성하여 그 안에 많은 물품을 넣었으며, 거기서 중요한 의례를 지낸 것도 같은 이유에서였다.

그런데 조상 제사의 중심지로 왕릉을 종묘보다 우선시하는 태도가 줄곧 이어진 것은 아니었다. 이는 어느 순간부터 각국의 왕릉이 예전과 다른 양상을 보인다는 점에서도 확인할 수 있다. 예컨대 고구려에서는 대략 4세기 말~5세기 이후 왕릉의 규모가 작아지고 부대시설이 간단해졌으며, 시조묘에서 이루어지던 의례의 상당수가 종묘에서 행해졌다. 백제의 경우 늦어도 사비 천도 이후 시조묘인 동명묘를 대신하여 종묘인 구태묘(仇台廟)가 매우 중요하게 다루어졌고, 한성에 도읍하였을 때보다 대체로 왕릉의 규모도 작아졌다.

신라 또한 크게 다르지 않다. 5세기 말~6세기 이후 왕릉이 산지에 조성되고 크기도 축소되었으며, 시조묘 제사 기록이 뜸해지고, 새롭게 설치된 신궁에서 즉위의례 등 중요한 행사가 치러졌다. 신궁은 신라 시조가 탄생하였다고 전하는 곳에 세워진 구조물로서 사당의 성격을 지닌다. 종묘도 사당의 하나라는 점에서 보자면, 고구려·백제와 마찬가지로 묘제가 퇴조하고, 사당이 부상하였음을 알 수 있다.

애초 왕릉에서의 의례가 더욱 존중된 것은 무덤 중시 풍조 아래서 이루어진 일이었다. 따라서 그러한 관념이 변화하면 당연히 왕릉과 종묘의 위상에도 변동이 올 수밖에 없었다. 그 배경은 나라마다 제각각일 수 있다. 다만 교집합이라 부를 만한, 공통된 요인도 존재했다.

그것은 바로 사후 관념의 변화이다. 즉 불교 전래 이후 전생(轉生) 사상이 퍼지기 시작한 것이다. 불교에서는 현세에서의 삶이 사후의 삶으로 이어지지 않았고, 현세에 어떻게 살았는지에 따라 내세가 결정된다고 여겼다. 현세보다 좋은 내세로 가기 위하여 화려한 치장은 번거로운 짐이었다. 그 결과 물질적인 사후 생활에 대한 선호도가 줄어들었고, 무덤 중시 풍조 역시 약해져 그곳에서의 제사가 지니는 비중도 줄어들었다. 또 이러한 관념이 강해짐에 따라 영혼이 물질인 육체와 분리되어 자유롭게 오간다는 믿음이 커졌다. 따라서 종묘 혹은 사당에서 조상의 혼령을 제사하는 풍조 또한 강해졌다.

경제적인 측면도 빠뜨릴 수 없다. 무덤은 기본적으로 특정 개인을 매장한 곳이었기에 여러 명을 모시려면 여러 곳에서 제사가 이루어져야 하였다. 따라서 거기에 드는 비용이 상당하였다. 반면 종묘는 조상들이 한데 모여 있었으므로 묘제만큼 부담이 되지는 않았다. 물론 고대 초기에는 체제가 정비되지 않아 왕권이 백성들에게 가시적인 위압감을 내세우고 하였기에, 왕릉에서의 제사도 나름의 장점이 있었다. 다만 점차 중앙 집권화가 진전되어 굳이 그렇게 안 해도 권력을 행사할 수 있게 되자, 비용이 절감되는 종묘에서의 의례가 주목받기에 이르렀다. 사실 유교적인 원칙에서 보았을 때 조상 제사가 무덤보다 사당에서 이루어지는 것이 이치에 맞기도 하였다.

이처럼 조상 제사의 중심이 무덤(왕릉)에서 사당(종묘)로 옮겨간 이후 조선 시대까지도 전자보다 후자가 더욱 중요하게 여겨졌다. 오늘날 우리가 생각하는 조상 제사의 기본적인 구조기 이즈음 마련되었으므로, 그 변화가 지니는 역사적 무게감은 가볍지 않다.

강진원 _숙명여대 교수

고대인과 신의 매개자, 무(巫)

박미선

매일 기상청에서 알려 주는 날씨 예보를 확인하고 그에 맞춰 옷차림을 하거나 우산을 챙기는 등 날씨에 대비한다. 그럼에도 장마가 길어지거나 가뭄이 지속되면 하늘을 쳐다보게 되고 하늘을 원망하는 푸념이 입 밖으로 나오기도 한다. 인공위성과 슈퍼컴퓨터 등 최고의 과학기술을 이용하지만 기상 현상은 여전히 우리 인간이 마음대로 할 수 있는 것이 아니다. 기상 이변을 겪으면 인간이 자연의 일부임을 다시 한 번 자각하게 된다. 과학기술이 발달한 오늘날도 이럴진대 고대 사람들은 어땠을까?

자연의 모든 사물에 '영혼'이 있다

기후뿐 아니라 동·식물을 포함한 자연에서는 설명할 수 없는 이상한 현상들이 일어난다. 그 현상들은 대부분 예측할 수 없기 때문에 인간의 일상을 위협한다. 이상한 현상은 왜 발생하는 것일까? 고대 사람들은 자연계의 모든 사물에 '영혼'이 있기 때문이라고 믿었다(애니미즘). 동·식물은 물론 바위

와 같은 무생물, 심지어 비·바람·천둥·번개 등 기상현상에도 초자연적 존재가 깃들여 있다고 생각했다. 그러므로 이상한 현상이 일어나지 않게 하기 위해, 또는 그 현상을 잠재우고 일상을 회복하기 위해 초자연적 존재를 신격화하며 숭배하였다.

수렵과 채집 생활을 할 때는 열매를 제공하는 나무와 사냥의 대상이 되는 사슴, 고래 등을 신성시하였고, 곰과 호랑이와 같이 생존을 위협하는 동물도 숭배의 대상이 되었다(토테미즘). 〈울주 대곡리 반구대 암각화〉에는 고래와 사슴 등 바다동물과 육지동물이 가득 새겨져 있다. 동물의 모습뿐 아니라 사냥 장면도 생생하게 묘사하고 있어 사냥 활동이 원활하게 이루어지고 사냥감이 풍부하길 염원하는 마음이 담겨 있다.

청동기시대에 접어들어 농경이 본격적으로 이루어지면서 농사와 밀접한 관련이 있는 자연물이나 기후, 기상 현상 등을 신격화하였다. 청동기시대 농경사회를 배경으로 하는 단군신화에 바람·비·구름을 상징하는 풍백(風

伯), 우사(雨師), 운사(雲師)가 등장하는 것은 바로 이러한 이유 때문이다. 단군신화에는 이들 외에 환인(桓因)으로 대표되는 천신(天神)도 등장한다. 환인의 아들 환웅(桓雄)이 이들 기후의 신을 거느리는 것을 볼 때 천신이 최고의 신으로 인식되었음을 알 수 있다. 천(天), 즉 하늘은 한없이 넓고 커서 끝이 없다. 해, 달, 별을 모두 품고 있으며, 변화무쌍한 기상을 표출하기도 한다. 그러므로 천신은 절대적인 위엄과 권위를 지닌 지고신(至高神)으로 숭배되었다.

고대 사람들의 이러한 사유체제를 샤머니즘이라 한다. 샤머니즘이란 '초자연적 존재와의 직접적인 교류가 가능한 샤먼을 중심으로 한 종교현상'으로 정의된다. 샤머니즘은 세상에 비물질적인 부분이 존재한다는 믿음인 애니미즘에서 출발하며, 그 초자연적 존재들이 인간과 사회를 움직인다는 인식을 바탕으로 한다. 따라서 '샤먼(shaman)'을 통한 초자연적 존재들과의 소통을 통해 인간 사회에 일어나는 이상한 현상 및 문제를 해결하고자 하였다. 고대 사람들이 중요하게 여긴 인물은 바로 '샤먼'이었다. 그렇다면 어떤 사람이 샤먼이 되는가?

고대국가의 시조는 샤먼왕이었다

천신을 지고신으로 숭배했던 만큼 고대국가의 시조는 천신과 같은 존재로 받들어졌다. 환인의 손자인 단군이나 천자 해모수(解慕漱)의 아들인 고구려 주몽처럼 시조왕은 천신의 혈통을 이어받거나, 혁거세나 알지(閼智)처럼 하늘에서 내려온 알에서 탄생하는 등 천신의 세계와 관련이 있어서 신들과의 교류가 가능한 존재로 인식되었다.

이에 단군은 샤먼이라는 뜻으로, 단군왕검은 샤먼왕을 의미한다. 신라의 제2대 남해왕은 차차웅(次次雄)이라고도 하였는데, 차차웅은 무(巫)의 방언으로 왕이 귀신을 섬기고 제사를 모셨기 때문에 이러한 칭호로 불렸다. 샤먼은 퉁구스족에서 주술사·종교가를 의미하는 사만(saman)에서 유래한 말로, 중국이나 우리나라 기록에는 '무(巫)'로 등장하므로 샤먼왕은 '무왕(巫王)'이라고도 한다. 이렇게 초기 고대 왕들은 천신과 관련된 존재로 샤먼의 성격을 지니고 있어 천(天)과 소통하는 제천의례(祭天儀禮)를 거행하였다. 국가 차원에서 거행하는 제천의례는 천신에 대한 제사이기도 하지만, 천신과 연결된 조상신(시조신)을 제사 지내는 것이기도 하였다. 천신과 조상신을 제사 지내면서 왕의 영적 능력과 권위를 보여줌으로써 국가 통치의 정당성을 얻었던 것이다. 고대 각 국가는 건국신화를 가지고 있는데, 제천의례에서 건국신화를 재현하여 왕의 권위의 기원을 확인시켜 주었다.

샤먼왕이었던 만큼 왕이 제천행사를 주관하기도 하였으나 또 다른 제의 담당자로 샤먼, 즉 무가 존재하였다. 고대 중국에서 무는 하늘에 제사 지내는 일을 담당하였다고 하므로, 고대 한국에서도 무가 제천의례를 진행했을 가능성이 있다. 예컨대 삼한에서는 천신의 제사를 주관하는 천군(天君)이 따로 존재하였다. 그뿐만 아니라 건국신화에 보면 왕을 도와주는 존재들이 있는데, 예컨대 고구려 주몽과 동행한 오이(烏伊)·마리(摩離)·협보(陝父)나 신라 탈해왕을 키워 준 해척지모(海尺之母), 알영을 발견해 거둔 노구(老嫗) 등은 무로 여겨지고 있다. 이렇게 왕을 돕는 무 세력이 제사를 거행했을 가능성이 크다.

신라 남해왕은 시조묘를 건립한 후 여동생 아로(阿老)에게 제사를 주관하도록 하였다. 제사와 정치의 분리가 일어나기 시작한 것이다. 무도 그들의 역할에 따라 다양하게 분화하였다. 《삼국사기》, 《삼국유사》 및 금석문에서 무 외에 점인(占人), 약사(藥師), 일자(日者), 일관(日官) 등이 확인되는데, 이들은 각각 어떤 역할을 담당했을까?

무가 직능에 따라 분화하다

고구려 초기 기사에 무라는 용어가 많이 보인다. 2대 유리왕(瑠璃王)이 병이 났는데, 무는 발병의 원인이 왕이 이전에 죽인 탁리(託利)와 사비(斯卑)의 원한 때문이라고 하였다. 무의 말대로 왕이 무를 시켜 이들에게 사죄하도록 하였더니 병이 나았다. 또한 7대 차대왕(次大王)은 사냥하던 중 흰 여우가 나타나 이를 잡으려 했으나 놓친 일이 있었다. 이 일에 대해 무는 '괴이한 일'이라 풀이하고 왕이 덕을 닦으면 화(禍)가 복(福)으로 변할 수 있다고 건의하였다. 그러나 차대왕은 '흉하면 흉하고, 길하면 길한 것이지 흉했다가 길하다는 것은 무엇이냐?'며 결국 무를 죽였다. 차대왕의 말을 통해 샤머니즘은 원인이 명확하게 제시되어야 하고 그에 대한 해결방안 또한 즉각적이고 현실적이어야 함을 알 수 있다. 그런데 무가 제시한 덕을 닦으라는 해결책은 즉각적이지도, 명확하지도 않았던 것이다.

고국천왕의 왕비 우씨(于氏)는 왕이 죽자 왕의 동생인 연우(延優, 후의 산상왕)에게 가서 왕비가 되었고, 죽은 후에는 산상왕과 합장하였다. 이에 고국천왕이 화가 나기도 하고 백성들 보기도 부끄럽다며 무에게 자신을 가려 달라고 요청하였고, 이에 고국천왕릉 앞에 소나무를 7겹 심었다.

이처럼 고구려 초기에 보이는 무는 사건의 원인을 찾아주고, 왕의 치병, 하늘이 보이는 징계의 조짐[구징(咎徵)] 및 죽은 자와의 소통 등 매우 다양한 문제를 해결하는 능력을 가지고 있었다. 특히 이들 무가 왕의 측근에서 자문 역할을 담당하고 있어 고대국가에서 정치세력의 한 축을 차지했음을 짐작할 수 있다.

백제의 경우 1대 온조왕 때 왕궁의 우물이 갑자기 넘치자 일자(日者)는 이를 왕이 흥기할 징조라고 풀이하였고, 기러기 100여 마리가 왕궁에 모이자 이 또한 먼 곳에서 사람들이 올 조짐이라고 하였다. 이렇듯 일자는 자연 현상을 통해 미래를 예언하였다.

신라에서는 8대 아달라왕 때 해와 달의 빛이 없어지는 이변이 일어나자 일자가 해와 달의 정기가 일본으로 갔기 때문이라고 원인을 알려주었고, 이에 왕은 사신을 일본에 보내 해결책을 마련할 수 있었다. 한편 무열왕 때 성부산(星浮山)에 괴성(怪星)이 나타났다고 난리가 나자 왕이 이 괴변을 없앨 사람을 공모하려 하였다. 그러자 일관(日官)이 큰 변괴가 아니라 아들이 죽어 아버지가 울 징조라고 하며 괴변을 없애는 비법을 행하지 않았다. 사실이 괴변은 어느 아버지가 아들을 시켜 성부산에 횃불을 들고 있게 해서 발생한 것이었으며, 왕이 괴변을 없앨 사람을 공모하려 했을 때 이 아버지가 지원하려 했던 것이다. 그러나 일관이 자연에 의한 괴변이 아님을 알고 공모를 못하게 하였고, 횃불을 들고 있었던 아들이 산에서 내려오다 호랑이에게 변을 당했다. 즉 일관이 말한 아버지가 아들을 잃고 울 징조라고 한 것이 맞아떨어진 것이다. 이처럼 일자와 일관은 일월이 사라지고 이상한 별이 나타나는 천문의 변이에 대해 해석하고 그 해결 방법을 제시하는 일을 맡고 있었다. 일자와 일관은 같은 성격의 존재임을 알 수 있다.

신문왕 때 동해에서 작은 산이 생겨나더니 감은사를 향해 떠왔는데, 해룡이 된 문무왕과 33천의 아들인 김유신이 나라를 지킬 보물을 내려 주려고 하므로 왕이 해변에 행차하면 큰 보물을 얻을 것이라고 일관이 일러 주었다. 일관의 말대로 신문왕은 국보인 만파식적을 얻게 되었다. 백제 온조왕 때의 일지와 마찬가지로 여기 일관도 '바다에 작은 산이 생긴' 자연 현상을 풀이하였다. 또한 사후의 존재인 문무왕과 김유신의 의도를 전달해 주는 역할도 하였는데, 이러한 일관의 역할은 고구려에 보이는 무의 역할과 일치하는 점이기도 하다. 이후 효소왕 때 혜성이 동방에 나타났다 서방에 나타났다 하자 일관이 현금(玄琴)과 신적(神笛)에 봉작을 하지 않았기 때문에 이러한 현상이 일어난 것이라고 하였다. 이에 신적에 봉작을 내려 만만파파식적이라 했더니 혜성이 사라졌다. 천문 관찰이라는 일관의 역할이 후대에 갈수록 더 명확해졌다.

무는 치병, 이상한 동물 출현에 대한 해석, 죽은 자와의 소통, 미래에 대한 예언 등을 담당하였고, 일자나 일관도 천문 변이, 자연 현상에 대한 해석, 죽은 자와의 소통 등에서 능력을 보여 주었다. 이렇게 보면 무와 일관의 능력이 유사한 듯하지만, 무에게 있는 치병 능력이 일관에게는 보이지 않으며, 일관의 주요 능력인 천문 변이에 대한 관찰은 무에게서 찾아보기 어렵다. 일관이라는 명칭에서 보듯이 이들은 천문 현상에 대한 전문인으로 관직 체계에 편입된 존재들이었다. 고구려와 백제의 경우 무와 점복 관련 기사가 1~2세기에 집중된 것은 무의 역할이 아직 분화·전문화되지 않았기 때문이다. 신라의 경우 초기에서 후기까지 전시기에 걸쳐 일관이 등장하며, 후대에 더 집중되어 있다. 그러므로 무의 활동은 다방면에 걸쳐 행해지고 있었으나 일관의 경우 점차 천문을 비롯한 천재지변에 집중되었다. 농업 사회에서 농사에 직접 영향을 줄 수 있는 기상과 천문의 중요성이 더욱 강조되었기 때문에 관직으로 발전해 갔다.

《삼국사기》에는 천문에 대한 기록이 많다. 이는 천문 현상을 관측하고 기록으로 남겨 놓았기 때문이다. 중국에서 최초 사관(史官)의 직무가 역(曆)·일월·음양·도수 등을 관장하는 것이었다는 점에서 사관 또한 무에서 갈라져 나온 것임을 알 수 있다. 신라의 각 관부에 사(史)가 두어졌고, 후대로 가면 사의 수가 증가한다. 기록이란 정보의 독점이기 때문에 권력과 무관할 수 없다. 그러므로 사 또한 관직 체계 속에 편입되었던 것이다. 그뿐만 아니라 진흥왕의 순수(巡狩)에 동행했던 점인이나 약사도 대사(大舍)라는 관등을 소지하고 있었다. 이들 샤먼의 직능이 정사(政事)에서 중요한 비중을 차지하고 있었기 때문에 고대국가에서 정치권력의 중요한 운영자로서 지위를 가지고 있었던 것이다.

한편 의료 기술이 발달하지 않은 고대사회에서 질병 또한 죽음과 연결되는 공포의 대상이었다. 고구려 유리왕의 병을 무가 낫게 해 주었듯이, 병의 치료도 무의 능력이었다. 〈아도본비(我道本碑)〉에서 공주가 병이 들었는데 '무의(巫醫)'가 효험이 없어 사방으로 의사를 구했다고 하고, 진흥왕의 순행에 약사가 동행했다는 것으로 보아 치병을 담당한 '무의'는 일찍부터 무에서 분화되었음을 알 수 있다.

기록에는 국가의 흥망, 왕이나 귀족의 치병 등에 대한 내용이 남겨져 있지만, 일반 백성들도 병이 나면 무의를 찾아갔을 것이고, 불행이 생기면 무에게 가서 원인을 묻고 해결 방법을 찾았을 것이다. 샤머니즘은 고대국가의 통치 이념으로 작동했을 뿐 아니라 고대 사람들의 삶을 움직이는 원리이기도 했다.

샤머니즘 세계관과 불교적 세계관이 공존하다

〈아도본비〉에서 무의(巫醫)가 공주의 병을 치료하시 못한 것처럼 무의가 치료하지 못한 병을 치료하는 새로운 존재가 등장하였다. 그들이 바로 불교 승려였다. 승려가 공주의 병을 치료함으로써 불교가 신라 왕실에 전해지게 되었다.

소지왕 때 일관이 왕에게 봉투를 열어 보도록 하여 사통하던 분수승과 궁주를 죽도록 하였는데, 이는 일관을 비롯한 무(巫)의 지위와 권위가 점차 불교 승려들에게 밀려나고 있는 것에 대한 저항이었다. 이러한 활동들이 일시적으로 불교 수용을 늦출 수 있었으나 불교라는 큰 흐름을 막을 수는 없었다.

경덕왕 때 두 해가 나타나 열흘 동안 사라지지 않은 적이 있었다. 이에 대해 일관은 승려를 정해서 산화공덕을 지으면 재앙을 물리칠 수 있다는 해결 방안을 제시하였고, 월명사가 도솔가를 부르자 괴변이 사라졌다. 헌강왕은 개운포에서 놀다 왕궁으로 돌아가려 하었는데 낮인데도 구름과 안개가 자욱해 길을 잃게 되었다. 일관은 동해 용이 조화를 부린 것이므로 좋은 일을 베풀어야 안개가 걷힌다고 하였다. 이에 왕이 용을 위해 절을 짓도록 명하자 구름과 안개가 걷혔다. 이전에는 일관이 천문, 기상의 이변을 진단하고 문제를 해결까지 하였다. 그러나 불교 수용 후 천문 관찰은 일관이 하지만 괴변에 대한 해결은 승려에게 맡기거나 부처의 힘에 의지하게 되었다. 경덕왕은 아들을 얻고자 승려 표훈에게 하늘의 상제(上帝)를 만나 아들을 낳게 해 달라고 부탁한다. 표훈이 상제를 만나 경덕왕의 소원을 말하자 상제는 아들을 얻으면 나라가 위태로워질 것이라고 전한다. 그럼에도 경덕왕은 아들을 고집하였고 그렇게 해서 태어난 이가 혜공왕이다. 하늘에 있는 상제의 뜻을 인간에게 전하는 역할을 '승려'가 하였다.

그뿐만 아니라 소판 무림은 천부관음을 조성하고 자식 하나 낳기를 빌어 아들 자장(慈藏)을 얻었고, 경덕왕대 우금리의 가난한 여인 보개는 아들 장춘이 장사하러 나간 지 오랫동안 연락이 없자 민장사의 관음보살에게 기도하였더니 장춘이 무사히 집으로 돌아왔다. 불교 수용 전에는 무를 찾아가 해결하거나 천지신명께 기원했을 일들이 이제 사찰이나 불상 앞에서 '스스로' 기도함으로써 이루어졌다. 또한 호랑이에게 다친 상처에는 흥륜사의 장(醬)을 바르면 낫는다고 하였는데, 사찰이 백성들의 치병도 담당하고 있었음을 볼 수 있다. 이렇듯 신라 사람들의 일상생활에도 불교가 자리 잡게 되었던 것이다. 치병처럼 승려나 사찰이 무의 역할을 대신하기도 했으나, 불교 수용 후 업이 강조되면서 개인의 행동, 공덕·보시 등이 중요하게 여겨졌고 이로써 천지신명과의 매개자였던 무가 더 이상 필요하지 않게 되었다.

그러나 이렇게 불교가 중심 사상이 되었다고 해서 샤머니즘이 사라진 것은 아니었다. 흥덕왕대 손순은 집이 가난한데 어머니의 음식을 어린 자식이 빼어 먹자 어머니 봉양을 위해 자식을 버리기로 하였다. 산에 가서 땅을 팠

더니 돌종이 나와 들보에 달아 놓고 두드렸더니 그 소리가 왕궁에까지 알려져 후하게 상을 받았다. 곽거라는 사람도 아들을 묻으려 하자 하늘에서 금솥이 내려왔다고 한다. 손순이나 곽거의 효행에 '천지신명'이 감복하여 보답해 준 것이다.

헌강왕 때에는 남산의 산신과 북악 귀신, 그리고 터 귀신들이 나타났는데, 이들 신이 오직 왕의 눈에만 보였다. 신들이 나라가 망할 것임을 미리 알려 주려고 몸을 드러낸 것이었는데, 오히려 이를 좋은 조짐으로 해석하였다. 비록 해석은 틀렸으나 왕이 신과 교류한다는 것은 샤머니즘적 세계관이 여전히 남아 있음을 보여 준다.

또한 〈김현감호〉 설화를 보면, 탑돌이 때 김현은 호랑이처녀를 만나 부부의 연을 맺었고, 호랑이처녀의 희생으로 김현은 호랑이를 잡은 공을 인정받아 벼슬에 나갈 수 있었다. 단군신화에서 환웅과 웅녀가 결합하였듯이 김현과 호랑이처녀의 혼인은 이류(異類)의 사랑으로 신화적이며 샤머니즘적 세계관을 담고 있다. 그뿐만 아니라 김현이 호랑이처녀 집에 갔을 때 수컷 호랑이들에게 들킬 뻔했는데, 이때 '하늘[天]'에서 오빠 호랑이를 꾸짖는 소리가 울렸다. 이 천은 불교에서 말하는 육도 윤회의 하나인 천이 아니라 샤머니즘 세계에서의 지고신이다. 이 설화는 전체적으로 불교적 세계관을 바탕으로 하지만 그 속에 샤머니즘의 세계관도 담겨 있다.

7세기 이후 신라에 '점찰법회'가 유행하는데, 이는 간자(簡子: 패쪽)를 이용해서 각자의 선·익업 및 과보 등을 섬쳐 보는 의식이다. 점이라는 친숙한 형식을 활용하여 업과 윤회를 이해하고, 참회하도록 하여 불교를 널리 전파할 수 있었다. 사찰 등 신성한 장소를 정할 때도 간자를 던져 점치기도 하였다.

이렇듯 불교 수용 후 샤머니즘이 사라진 게 아니라 불교와 공존하였다.

사람은 누구나 풍요롭고 안정된 일상을 살기를 바란다. 사후 세계에 앞서 현실적 행복을 얻기 위해 끊임없이 노력하며 산다. 고대 사람들뿐 아니라 지금의 우리들도 마찬가지다. 그러므로 현세의 삶을 중시하고 현실을 충족하는 삶을 바람직한 삶이라 생각하는 샤머니즘은 다른 종교들과 공존하며 현재까지 지속되고 있는 것이다.

박미선 _명지대 객원교수

왜 불교를 받아들였을까?

조경철

꼬리를 무는 의문

528년 이차돈의 순교를 통해 신라 불교가 공인되었다. 왜 이차돈은 불교를 전하기 위해 목숨을 바쳐야 했을까? 이차돈이 목숨까지 바쳐 가면서 자기 나라 신라에 불교를 전하고자 한 이유는 무엇이었을까? 고구려와 백제에 불교가 들어왔을 때 귀족들의 반대가 그렇게 심하지 않았다. 왜 신라 귀족들은 죽음을 불사하면서 그렇게 불교를 반대했을까?

하사와 증여

고구려는 372년 중국의 전진으로부터 불교를 받아들였다. 전진은 사신과 함께 승려 순도를 보냈다. 소수림왕은 감사의 표시로 사신을 보내고 공물을 바쳤나. 백제는 384년 9월 중국의 동진의 호승(서역 승) 마라난타로부터 불교를 받아들였다. 침류왕은 친히 나가 맞이하였다. 고구려는 순도, 백제는 마라난타로부터 불교를 받아들였지만 그들의 뒤에는 당시 중국을 대표하는 두 나라 전진과 동진이 있었다. 고구려와 백제의 불교 수용은 자신의 의지라기보다는 전진과 동진의 황제가 고구려와 백제의 왕에게 하사한 불교이므로 감히 귀족들이 반대할 수 없었다고 한다.

반면 신라의 경우는 중국의 황제가 하사한 불교가 아니라서 귀족들이 대놓고 반대할 수 있었다고 한다. 일본에는 백제가 불교를 전해 주었는데 하사가 아니라 대등한 관계에서 증여했다고 보았다. 북쪽은 고구려, 서쪽은 신라의 압박을 받는 상황에서 백제 성왕은 일본의 원조를 얻기 위해 불교를 일본에 전해 주었다고 보았다. 그래서 일본 천황은 불교 수용에 있어서 중립적일 수 있었고 신하들 가운데 믿고 싶은 사람은 믿어도 된다고 선택권을 줄 수 있었다고 한다. 이때 일본에서는 소아씨 가문이 불교를 받아들였다.

한중일 삼국의 불교 수용을 하사와 증여의 관계로 설명한 위와 같은 견해는 한때 일본학계에서 주장한 것이지만 중국과 한국은 하사, 한국과 일본은 증여의 관계로 보는 역사 인식은 아직까지 남아 있다고 생각된다. 하지만 기본적으로 문화는 전해 주는 쪽의 입장도 중요하지만 보다 더 중요한 것은 받아들이는 쪽의 입장이다. 역사와 풍토가 다르기 때문이다.

이런 물건은 어디에 쓰는 물건?

삼국은 왜 불교에 관심을 가졌을까? 불교에는 어떤 장점이 있을까? 불교란 무엇인가에 대한 철학적인 이야기에 앞서 실제적으로 사람들은 승려에게 어떤 것을 요구했고 승려들은 그러한 요구에 어떻게 대응했을까? 중국이나 중국 너머 서역에서 여러 가지 진귀한 물품들이 나라에 들어왔다. 그 가운데 사람들의 관심을 끌었던 물건이 의복과 향(香)이었다. 향은 지역마다 독특한 냄새와 효능을 지니고 있어서 한번 마음에 들면 빠져드는 경향이 있다. 사람들은 진귀한 향이 들어올 때마다 이 향의 출처와 쓰임새가 궁금했다. 이러한 궁금증을 풀기 위해 승려를 찾았고 이것을 기회로 삼아 승려는 불교를 전파했다. 승려 묵호자는 향을 피우면 하늘의 신성한 기운에 도달할 수 있고 특별한 영험이 생긴다고 하였다. 특히 부처님께 향을 공양하면 곧바로 효과가 드러난다고 선전하였다.

하루는 성국공주가 병이 났다. 왕은 무당 의원[무의(巫醫)]을 불렀지만 효험이 없었다. 나라의 여러 의원을 찾았지만 소용이 없었다. 이때 묵호자가 궁궐을 찾아가 성국공주의 병을 낫게 하였다. 향을 피우고 불경에 나오는 주문을 외었다. 사람들은 병이 낫는 것을 보고 부처와 향의 효험을 믿게 되었다.

복 많이 받으세요

고구려, 백제, 신라 세 나라가 불교를 받아들이면서 한결같이 내세운 것은 '복(福)'이었다. 지금도 가장 많이 쓰는 말 가운데 하나가 '새해 복 많이 받으세요.'다. 고구려와 백제는 나라에서 정식으로 '불법을 믿어 복을 구하라.'라는 교서를 내렸다. 신라의 법흥왕은 불교를 받아들여 개인적으로 복을 닦고 죄를 없애거나 더 나아가 나라의 복을 빌고자 한다고 하였다. '복'은 특별히 부처만 주는 것이 아니다. 하늘의 신이나, 조상신에게도 복을 빌고, 별이나 달을 보고 복을 빌고, 그것들이 사람들에게 복을 준다고 여겼다. 그런데 불교는 구체적인 예배의 대상인 불상이 있고, 불교의 가르침을 체계적으로 적은 불경이 있고, 불상에 예배하고 불경을 읽는 전문적인 집단인 승려가 있었다. 불상이나 승려의 모습도 지금까지 보아 온 모습과 다르고 불경은 한자로도 되어 있지만 간간히 생전 보지도 못한 산스크리트어로 된 것도 있었다. 승려가 사르는 향도 지금까지 맡아 보지 못했던 기이한 것이었고 지금까지 들어보지 못한 지역에서 가져온 향이었다. 처음에는 이 모든 것들이 이상하게 보였지만 사람들의 병을 낫게 하는 효험이 발생하자 이상하게 여겼던 것들은 오히려 신비한 힘의 밑바탕이 되었다.

왜 신라만 그렇게 반대가 심했을까?

고구려와 백제의 불교 수용 과정에 대해서는 자세히 전하는 바가 없다. 신라의 경우 이차돈의 순교와 더불어 이차돈 이전 신라에 불교를 전했던 묵호자, 아도 등이 보이고 여자 신도인 모례에 대한 언급도 있다. 신라에도 불교가 알려지고 왕실에까지 불교의 효험이 알려지게 되었다. 급하게 된 건 귀족이었다. 귀족들은 자신들의 권위를 천신이나 조상신에서 찾았다. 그런데 어린아이의 머리처럼 까까머리에다 이상한 옷을 입은 사람들이 이상하고 기궤한 말로 사람들을 현혹시키고 있다고 생각하였다.

왕이 서출지란 언못에 행치했는데 연못 속에서 한 노옹이 나와 편지를 건네 주었다. 봉투에는 '열어 보면 두 사람이 죽고 열어 보지 않으면 한 사람이 죽는다'라고 쓰여 있었다. 왕은 그대로 묻어 두려고 했다. 그러자 한 사람은

왕이라고 하였다. 왕이 열어 보니 안에는 '거문고 갑을 쏴라'라고 적혀 있었다. 왕은 이상하다 생각하고 궁궐로 돌아왔다. 그런데 이상한 소리가 들려가 보았더니 거문고 갑에서 나는 소리였다. 왕은 거문고 갑을 향해 활을 쏘았다. 안을 보니 궁궐에서 향을 사르던 내전 분수승이었다. 승려가 궁주와 더불어 불미스런 일을 저지르고 있었다.

귀족들은 왕실까지 들어온 승려를 몰아낼 수 있었지만 그때뿐이었다. 언제까지 왕실에서 개인적으로 불교를 믿는 것까지 막을 수는 없었다. 민간에서도 불교는 점점 퍼져 나갔다. 이때 이차돈이 나서서 공공연히 절을 짓겠다고 나섰다. 법흥왕과 이차돈이 절을 짓는다고 해서 귀족들이 목숨까지 내놓으며 강력하게 저항한 계제가 아니었지만 이번 경우는 달랐다. 왜냐하면 이차돈이 절을 짓는 장소가 자신들이 하늘에 복을 빌었던 천경림이란 곳이었기 때문이다. 천경림에 절이 들어서면 자신들의 성스런 장소가 허물어질 뿐만 아니라 천신의 도움을 받아 세워진 신라에도 큰 해가 될 것이라고 하였다. 예상보다 강력한 귀족들의 반발에 부딪히자 사태를 수습하기 위해 이차돈이 책임을 지고 목숨을 바쳤다. 이차돈은 이러한 상황을 예견했는지도 모르겠다. 이차돈은 자신이 전하는 불교의 가르침이 결코 헛되지 않을 거라고 하였다. 이차돈의 목을 베자 흰 피가 솟구쳐 나왔다. 놀란 사람들은 부처의 힘을 다시 믿게 되었다. 이차돈의 순교를 계기로 신라는 불교를 공인하게 되었다.

이차돈 순교비(국립경주박물관 소장)

기괴하고 이상한 논의?

귀족들은 승려들의 겉모습이 이상하고 그들이 말하는 내용들도 기괴하다고 하였다. 머리를 깎고 인도나 서역풍의 옷을 입은 모습이 이상하다고 한 것은 쉽게 이해가 된다. 그런데 귀족들이 말하는 '기괴하고 이상한 논의'라는 것은 무엇을 말하는 걸까? 불교의 대표적인 가르침인 고집멸도의 사성제나 정견 정어 등의 팔정도 등은 일반적으로 사람들이 지켜야 할 윤리덕목으로 볼 수 있다. 사성제나 팔정도는 아닌 것 같고 아마도 귀족들은 '업'과

'윤회'를 받아들이기 어렵지 않았을까?

귀족들은 자신들의 지위와 권위가 천신이나 조상신으로부터 보장받았다고 생각하였다. 죽어서도 자신들의 지위나 권위는 그대로 이어지고 자신들의 후손에게도 이어진다고 생각하였다. 그런데 불교에서는 현재 모든 사람의 지위는 과거 각자가 지은 선한 행동이나 악한 행동의 결과인 업에 의해서 결정된다고 한다. 자신들의 현재 지위가 죽어서나 또는 자손들에게 그대로 이어지지 않을 수도 있다고 한다. 자신의 업에 따라 지옥, 아귀, 축생, 수라, 인, 천의 육도를 왔다 갔다 할 수 있다는 가르침은 귀족들은 받아들이기 어려웠고 자신들의 지위와 권위를 영원히 빼앗길 수도 있다고 생각하였다.

물론 나중에 귀족들도 불교를 받아들였고 누구보다 열심히 불교를 믿었다. 업에 의한 윤회를 한다고 하더라도 현실적으로 겉으로 보기에 착한 일을 많이 할 수 있는 계층은 귀족이었기 때문이다. 업에 의한 윤회가 그렇게 불리한 가르침도 아니었다. 귀족들은 현재 자신들의 지위가 과거의 선업에 의해서 이루어진 것이라고 말하면서 그들의 기득권을 보장받을 수 있었다.

왕은 왜 불교에 우호적이었나?

왕도 귀족과 마찬가지로 자신의 권위를 천신이나 조상신으로부터 이어받았다. 고구려 주몽은 천제의 아들이고 하백의 외손이었다. 박혁거세는 하늘로부터 내려온 천마가 알려 준 알에서 태어났다. 굳이 불교를 받아들여 자신의 권위를 보장받을 필요가 없었다. 왕의 자손도 천신의 사손이므로 왕위 계승의 정당성도 보장받았다. 그런데 자신이 천신의 자손이라고 해서 다른 천신의 자손인 귀족들을 마음대로 할 수는 없었다. 서로 서로 천신의 자손이기 때문이다. 왕의 입장에서는 국가의 통합이 필요했기에 새로운 사상체계가 요구되었다.

그런데 불교는 왕에게 더욱 매력적인 종교였다. 불교의 창시자인 싯다르타는 왕족이었다. 싯다르타가 태어나자 점을 봤는데 출가하면 세상을 구하는 부처가 되고 출가하지 않았으면 세상을 다스릴 전륜성왕이 된다고 하였다. 곧 부처와 왕은 동전의 양면처럼 밀접한 관련이 있었다. 불교를 믿게 되면 믿는 사람들은 왕과 부처를 동일시하게 되었다. 경주 토함산의 석불사[석굴암]에는 수많은 불, 제자, 보살, 천, 신장 상들의 조각상이 배치되어 있다. 가끔 학생들과 석불사 조각 상들의 배역놀이를 하는데 한가운데 본존

▍ 경주 석불사 본존불상(경주시청)

불상의 배역은 나보고 맡으라고 한다. 신라 사람들도 신라왕이 본존불의 역할을 맡아야 한다고 생각했을 것이다.

나라가 정비되고 영토가 넓어지면서 왕이 점점 관심을 가졌던 계층은 일반 백성이었다. 백성의 입장에서 불만이 있을 수도 있을 것이다. 그 불만은 불교의 업과 윤회의 관점에서 누그러뜨릴 수 있었다. 반면 백성에게 희망도 줄 수 있었다. 선한 행동, 주로 그 선한 행동은 나라와 왕에 대한 충성과 부모에 대한 효도가 대부분일 것이다. 이러한 선업을 닦음으로써 백성들에게 다음 생에 보다 잘 살수 있다는 희망을 심어 줄 수 있었다. 이 또한 나라의 발전에 기여하는 일이기도 했다.

하사가 아니라 필요

종교를 믿는 사람은 보다 많은 사람과 자신의 종교를 공유하려고 한다. 자신이 믿는 종교에 대한 자신감이자 자기 확인이다. 인도에서 발생한 종교는 동쪽으로 중국 다시 동쪽으로 한국을 거쳐 일본까지 이어졌다. 받아들이는 입장에서 새로운 종교는 두려우면서도 새롭다. 문화의 흐름상 전해 주는 쪽의 압력이 알게 모르게 존재하지만 문화 수용이 오래 지속되고 주된 문화 현상으로 정착하기 위해서는 받아들이는 쪽의 준비와 직접적인 계기가 수반되어야 한다. 고구려와 백제의 경우 전해 주는 쪽의 기록만 남고 받아들이는 쪽의 기록이 남지 않아 중국의 일방적인 하사에 의한 불교 수용이란 살못된 오해를 낳기도 하였다.

낙랑과 대방이 멸망한 이후 고구려와 백제는 서로 국경을 마주하게 되었다. 둘의 전쟁은 점점 치열해졌다. 마침내 고구려의 고국원왕이 371년 10월 23일 화살에 맞아 전사하는 상황까지 이르게 되었다. 고구려와 백제의 왕 가운데 죽은 달과 날짜까지 전해지는 경우는 고국원왕이 유일하다. 그만큼 고국원왕의 전사는 고구려에게 충격적이었고 나라 분위기는 암울했다. 다음 왕위를 이어받은 소수림왕은 아버지의 명복을 빌고 국가 분위기를 다시 새롭게 하고자 했다. 이때 주목한 것이 그동안 고구려에 전해지고 있던 불교였다. 4세기 전반 중국의 승려 지둔 도림과 서신을 주고받은 고구려 승려의 존재로 볼 때 이미 고구려에 불교가 들어와 있었음을 알 수 있다.

당시 북중국의 새로운 패자로 떠오른 전진은 370년 고구려와 국경을 접하고 있던 전연을 멸망시키고 남쪽의 동진까지 밀고 내려갈 형국이었다. 소수림왕은 새로운 강자로 떠오르는 전진과 우호관계를 맺고 고국원왕의 전사로 침체에 빠진 국내 분위기를 일신하기 위하여 372년 전진으로부터 정식으로 불교를 받아들였다. 하사가 아니라 전진과 고구려의 이해관계가 맞아떨어진 것이다. 공식적으로 불교를 받아들이느냐 아니냐의 문제는 받아들이는 쪽의 필요가 우선적으로 작용하는 문제다.

백제도 고구려의 상황을 주시하고 있었다. 고구려가 전진으로부터 불교를 받아들인 372년, 그 해 백제는 동진과 정식으로 외교관계를 맺었다. 백제는 앞으로 전개될 중국 정세의 변화에 주목했다. 전진과 동진의 막판 싸움은 383년 비수에서 벌어졌다. 예상을 뒤엎고 동진이 대승을 거두었다. 백제도 발 빠르게 384년 동진으로부터 불교를 받아들였다. 호승 마라난타가 들어와 한산에 절을 짓고 10명의 승려를 두었다.

백제 내부적으로도 불교 수용에 적극적이었다. 백제는 왕비의 이름이 따로 전하지 않는다. 《삼국사기》에 왕비의 이름이 전하는 경우는 보과부인과 팔수부인이다. 보과는 대방왕녀이다. 그런데 불교를 받아들인 침류왕의 경우 왕비 이름은 보이지 않고 어머니 이름이 아이부인이라고 하였다. 그렇다면 아이부인은 침류왕의 아버지인 근구수왕의 왕비인 셈인데, 근구수왕의 왕비로 소개된 것이 아니라 아들인 침류왕의 어머니로 소개된 매우 특이한 경우이다. 아이부인이 침류왕 때 특별한 역할을 했기 때문일 것이다. 침류왕은 384년 불교를 받아들인 이듬해 385년 세상을 떠났다. 조선시대 권근은 침류왕이 복을 빌어 오래 살기를 바랐지만 불교를 받아들였는데 이듬해 오히려 죽었으니 부처는 믿을 만한 게 없다고 비난하였다. 침류왕이 어찌 불교 때문에 죽었겠는가. 아마도 건강이 안 좋았을 것으로 추정된다. 아이부인은 건강이 좋지 않은 아들 침류왕의 건강을 치료하고 기원하기 위해 불교 수용에 적극적으로 나섰던 것은 아닐까. 이런 이유로 아이부인이란 이름이 침류왕의 어머니로 역사서에 등장한 것은 아닐까.

신라는 법흥왕과 이차돈이 불교 수용에 적극적으로 나섰다. 고구려처럼 고국원왕의 전사나 백제처럼 침류왕의 병처럼 신라 내부적으로 불교를 꼭 이때 받아들여야 할 이유는 없었다. 고구려나 백제가 이미 불교를 받아들여 국제무대에서 활약하고 있는 것이 신라에게 큰 자극이 되었을 것이다. 법흥왕도 불교를 받아들여 이들과 보조를 맞추고 세계 무대에 진출하고 싶었다. 이때 나선 인물이 법흥왕과 뜻을 같이 한 이차돈이다. 어렸을 때부터 법흥왕과 가까이 지내왔던 이차돈은 비상한 때에는 비상한 사람이 나서야 된다는 각오로 천경림에 흥륜사를 짓는 모험을 강행한다. 자신의 의도가 관철되지 않더라도 자신의 몸을 던져 신라에 불교를 뿌리내리고자 하였다.

고구려, 백제, 신라가 불교를 받아들인 시기와 방법은 달랐지만 중국의 일방적인 강요에 의해 받아들인 것이 아니고 당시 급변하는 국제정세와 나라마다 처한 국내 사정의 필요성에 의해 불교를 받아들였음을 알 수 있다.

하사의 또 다른 변주

한국 고대 불교 수용의 주인공은 고구려의 순도와 아도, 백제는 마라난타, 신라는 묵호자와 아도다. 고구려의 아도와 신라의 아도는 동명이인이다. 모두 중국 사람이거나 서역 승려다. 신라의 아도는 어머니가 고구려 여인이고 아버지가 중국 위나라 아굴마라고 하는데 만들어진 이야기로 여겨진다. 이차돈만 순수 신라 사람이다. 한국 불교는 고구려에서 시작했지만 신라에서 꽃을 피웠고 고려, 조선을 거쳐 오늘에 이르고 있다. 한국의 불교 수용하면 떠오르는 인물이 이차돈인 것도 당연한 일이다. 한국 불교가 아도나 마라난타에 의해 전해졌다고 하더라도 이차돈의 순교가 있음으로 해서 인도 불교, 중국 불교가 아닌 한국 불교의 토대가 놓여졌다고 생각된다.

이차돈이 순교한 연대는 지금 527년으로 알고 있지만 528년이 맞다. 《삼국사기》에 528년이고 《삼국유사》에 527년으로 나오지만, 《삼국사기》 기록을 믿지 못한 건 1950년대 일본 학자들의 《삼국사기》에 대한 기본적인 불신에서 비롯된 것이다. 신라인 최치원이 남긴 〈봉암사 지증대사탑비〉에 528년이라 했고, 지금은 전하지 않지만 《삼국사기》에서 인용한 신라인 김대문의 《계림잡전》에도 528년이라고 하였다.

그럼 528년 이차돈의 순교 연대가 왜 《삼국유사》를 비롯한 불교계에서는

▍문경 봉암사 지증대사 탑과 탑비(문화재청 문화유산포털)

527년이라고 했을까? 신라 말 중국 선종이 전해지고 고려시대 선종이 널리 알려지면서 달마에 대한 관심도 높아갔다. 달마는 중국에 선종을 전한 인물로 당시 교종의 박해가 심했다. 전하는 이야기로는 독살을 당했다고도 한다. 그런데 달마가 중국에 선종을 전한 연대가 공교롭게도 527년이었다. 《삼국유사》를 편찬한 일연은 이차돈의 순교가 527년에 일어났다고 하면서 불교가 흥하고 쇠하는 것은 원근이 서로 상호작용하는 것이라고 하면서 중국 달마의 527년을 언급하였다. 《삼국유사》의 527년 설을 1950년대 일본 학자가 받아들였고, 이후 《삼국유사》의 열풍과 함께 이차돈의 순교 연대만큼은 승려 일연이 언급한 527년이 맞을 거라는 암묵적인 동의 아래 지금까지 이어져 오고 있다.

이차돈은 자신의 몸을 던졌다. 그건 달마나 누군가를 염두해 두고 한 일이 아니었다. 오직 불법과 신라만 생각했다. 부처님의 가르침이 신라에 널리 퍼져 사람들이 바른 도를 행하고 나라가 태평하기를 바랐던 것이다. 이차돈의 순교는 그 자체로 위대하고 한국 불교의 위대한 출발이었다. 그러나 우리는 그걸로는 뭔가 부족하다고 느낀 것일까. 적어도 중국 불교와 어깨를 나란히 해야 위대하다고 느꼈던 것일까. 이차돈의 순교연대 528년은 점차 달마의 중국 선종 전래 연대에 맞춰졌고 아직까지 우리는 이차돈의 순교연대를 527년이라 하고 있다.

불교나 유교나 기독교나 모두 외래 종교다. 그렇다고 해서 우리 종교가 될 수 없다는 말이 아니다. 밖에서 들어왔지만 우리가 본래의 종교 취지에 맞게 더 발전시킬 수도 있다. 종교뿐만 아니라 모든 문화가 그렇다. 이차돈의 순교는 불교를 우리 불교로 만들겠다는 최초의 시도였다. 528년이 소중한 이유가 여기에 있다.

조경철 _연세대 객원교수

고구려벽화고분으로부터의 초대

김근식

    고구려의 '무덤'하면 생각나는 장면이나 떠오르는 이미지는 무엇일까. 아마도 대부분의 사람들이 지안[集安]지역 너른 평야에 펼쳐진 수많은 적석총(積石塚)들과 '동방의 피라미드'라 불리는 장군총(將軍塚), 그리고 그 앞에 세워진 거대한 광개토왕릉비를 떠올릴 것이다. 이들은 고구려 무덤문화의 백미(白眉)로 손꼽힐 만큼 드넓고 거대하며 웅장하다. 그러나 평양천도(427)를 전후한 어느 시점부터인가, 정점(頂點)에 달한 적석총을 대신하여 새로운 무덤방식인 석실봉토분이 자리 잡기 시작한다. 이는 무덤 외형의 거대함이나 웅장함으로 자신들을 표출하는 시기를 지나 무덤 내부의 공간에 중점을 두는 방식으로 생각이 바뀌었음을 의미한다. 물론 고구려인들이 왜 그러한 선택을 했는지에 대해서는 우리는 정확히 알 수 없다. 하지만 고구려인들은 마치 그것이 궁금할 것을 알았다는 양, 벽화라는 수많은 초대장을 보내 주었다. 이제 그 초대에 응해, 고구려벽화고분의 세계를 방문해 보자.

방문하기 전에

벽화고분은 고구려 고유의 무덤 양식이 아니다. 그 기원을 거슬러 올라가 보면 당(唐) → 위진남북조(魏晉南北朝) → 한대벽화고분·화상석(漢代壁畵古墳·畵像石)까지 이어진다. 이는 무덤 안에 벽화를 그리는 것은 중국에서 아주 오래된 장례문화였으며, 그중 일부가 고구려로 전파되었음을 의미한다. 이렇게 본다면, 초기 고구려벽화고분은 중국 벽화고분의 제작과정과 크게 다르지 않을 것이다. 따라서 중국에 남아 있는 정보를 통해, 고구려벽화고분의 제작과정을 유추해 보면 다음과 같다.

1. 상주(喪主) 또는 가족들이 '명공(名工)' 혹은 '양장(良匠)'이라 부를 만한 훌륭한 장인을 고용하여 벽화고분 축조의 설계와 건조 업무를 맡긴다.
2. 주변 산지에서 벽화고분 제작에 필요한 석재를 고르고 이를 채석한다. 석공(石工)은 채석한 석재를 건축 설계에 따라 적정하게 재가공을 한다.
3. 화공(畵工)은 평평하게 간 석면 위에 회칠을 한 뒤, 그 위에 먹과 붓을 이용하여 확실한 선으로 벽화의 밑그림을 그린다. 이를 토대로 벽화를 선명하게 그린 뒤, 색채 효과가 나도록 채색한다.
4. 필요하다면 묘주(墓主)에 대한 정보는 묘지(墓誌)에, 그 외의 벽화에는 그림을 설명하는 방제(傍題)를 써 넣는다.

기원후 2~3세기 무렵 중국에서는 내분으로 큰 혼란이 발생했고, 이를 피해 고구려로 망명하는 자들이 대거 속출했다. 아무리 고구려행이 자발적이라 할지라도 서로 다른 문화를 가진 이들의 충돌은 어쩌면 당연한 것일지도 모른다. 특히 가장 보수적인 산물 가운데 하나인 무덤은 자신들이 알고 있는 상식과 너무 큰 차이가 난다는 것을 확인했을 것이다. 이들에 의해 전파된 벽화고분 문화는 이후 고구려에서 큰 히트(hit)를 치게 되는데, 점차 고구려만의 특색을 지닌 독자적인 방식이 등장했으며 벽화의 수준 역시 최고조에 다다르게 된다.

'핫스팟, 덕흥리벽화고분'

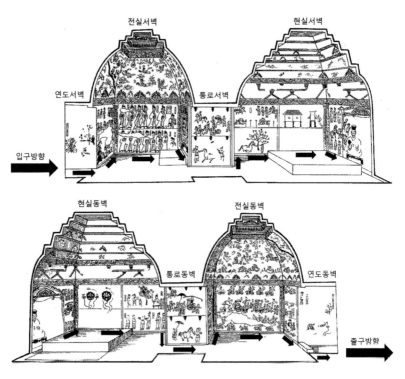

덕흥리벽화천정도상도
(출처: 조선유적유물도감 편찬위원회 편, 1990, 《조선유적유물도감》5 127쪽, 투시도를 편집.)

덕흥리벽화고분(德興里壁畫古墳)을 입장하면 연도(羨道) 양쪽에 있는 괴물 형상의 수문장을 가장 먼저 만나게 된다. 이 그림들은 사악한 기능을 막기 위해 그린 것이다. 연도를 지나 전실에 들어서면 왼쪽에는 막부 관리들과 손님을 맞이하는 접객 관리들, 그리고 13군 태수들이 자리하고 있다. 또한 오른쪽으로 눈을 돌리면 통로로부터 이어지는 거대한 행렬도가 보인다. 13 군태수도와 막부관리도가 상징하듯이 전실의 벽화 구성은 대체로 묘주가 고구려로 망명하기 이전 영광스러웠던 자신의 과거를 보여 주기 위한 공간 이라 생각된다. 묘주 이하의 중국계 망명인들이나 그들과 다른 방식으로 망 명해 온 인근 중국계 망명인들에게 현재의 권력이 이 과거 행적에서 비롯된 것임을 각인시키려는 정치적 의도가 엿보인다고 할 수 있다.

전실(前室)에서 현실(玄室)로 가는 통로로 이동하며 정면을 바라보면 현실 안에 묘주인 진이 관람자들을 맞이한다. 고개를 살짝 들어 올리면 통로 바 로 위에 묘주의 모든 이력을 남긴 묘지가 보인다. 쉽게 읽을 수 있는 높이에 적절히 배치되어 있다. 묘지 위쪽 천정에는 길하고 상서로운 의미를 지닌 온갖 기이한 동물들과 선인·옥녀·견우·직녀 등 상서로운 이들이 진의 새로 운 삶을 내려다보며 그의 승선(昇仙)을 맞이할 준비를 하고 있다.

통로를 지나 다시 왼편으로 돌면 왼쪽에 마구간과 외양간이 보이고, 그 옆에는 말을 타고 활을 쏘며 즐기는 마사희(馬謝戲) 장면과 그것이 끝나길 기다리는 시종이 말과 함께 대기 중이다. 창고를 지나 다시 정면에는 시종 들의 극진한 보살핌을 받으며 앉아 있는 묘주 진이 다시 관람자들을 맞이 한다. 원래는 부부가 함께 맞이해야 하지만, 아직 옆자리는 비어 있다. 부 부가 앉아 있는 장방 양 옆에는 각각 말과 우마차가 대기하고 있는데, 행렬에 나서기 위한 준비라고 여겨진다. 그 오른쪽에는 소위 칠보행사도(七寶行事圖)가 그려져 있는데, 고구려 왕실의 최측근인 중리도독(中裏都督)이 주관했던 행사로 진이 살면서 가장 기억에 남는 기억이었을 것이라 추측된다. 그 양 옆에는 연꽃이 핀 연못을 멋들어지게 표현했다. 이후 통로 인물의 방향을 기준으로 삼아 행렬도의 출발을 따라 나오면 다시 출구를 맞이하게 된다.

관람자는 누구인가?

덕흥리벽화고분 연도에는 흥미로운 내용을 가진 묵서 방제가 남겨져 있어 주목된다. 먼저 서벽에서는 '을유(乙酉)년 2월 2일 신유(辛酉)에 무덤의 문을 막는 일을 끝내니 아주 길하고 좋은 일이다.'라는 내용의 문구가 확인된다. 이는 무덤의 폐쇄에 관한 것인데, 무덤 묘지에 기록된 '무신(戊申) 12월 신유(辛酉) 초하루 25일 을유(乙酉)'라는 안장일(安葬日)에 대응시켜 보면, 덕흥리벽화고분은 안장일에서 폐쇄일까지 대략 40여 일의 시간이 걸린 것이라 볼 수 있다. 이 40여 일의 기간은 무엇을 의미하는 것일까? 이 해답은 바로 맞은 편 연도 동벽에 남겨진 묵서 내용에서 찾을 수 있다.

딕흥리벽화고분의 연도 동벽에서는 '보는 사람들이 탄복하지 않는 자가 없었다[觀者][莫][不]服嘆]'이라는 내용의 묵서가 확인된다. 이 중에서도 특히 '관자(觀者)'라는 용어를 주목할 필요가 있는데, 이는 '보는 자', 즉 관람자를 의미한다. 그러니까 이 '관자'의 존재는 덕흥리벽화고분을 완성하고 문을 폐쇄한 40여 일 동안 외부인들이 무덤 내부와 벽화를 구경했다는 추정을 가능

덕흥리벽화고분 연도묵서				백자촌한묘(百子村漢墓) 연도동벽묵서	
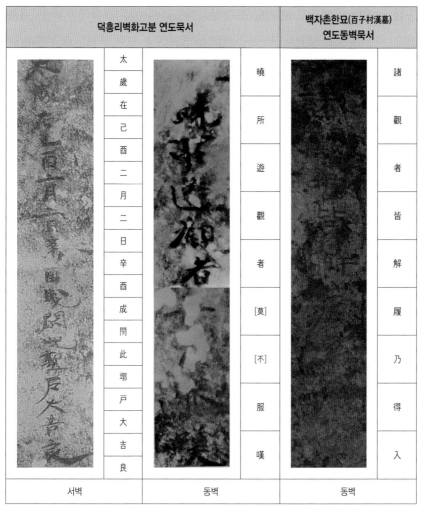	太歲在己酉二月二日辛酉成閉此堺戶大吉良		曉所遊觀者[莫][不]服嘆		諸觀者皆解履乃得入
서벽		동벽		동벽	

(출처: 손영종, 1999, 《고구려사》3, 삽도사진7 발췌 中國出土壁畫全集6-陝西 上, 106쪽.)

하게 해 준다. 게다가 이 '관자'는 한대화상석과 한·위진벽화고분(漢·魏晉壁 畫古墳)에서도 동일한 사례가 확인되는 만큼, 용어 자체가 가지는 의미는 명 확하다. 연도 동벽의 묵서가 무덤 완성 후에 무덤 안으로 온 구경했던 관람자들에 대한 총평이라 한다면, 고구려벽화고분에 대한 그간의 이해는 새로운 관점의 전환이 필요하다. 왜냐하면 고구려에 수용된 벽화고분이 단순히 외형적인 무덤 형식만이 아니라, 중국 장의절차의 방식까지 고구려에 받아들여졌음을 의미하기 때문이다.

특히 산시성 쉰이현 백자촌 한대벽화고분[陝西省 旬邑縣 百子村 漢代壁畵古墳]의 묵서에는 외부 '관람자'들의 출입과 관련된 상세한 내용이 확인된다. '여러 관람자는 모두 신발을 벗어야 들어갈 수 있다[諸觀者皆解履乃得入]'라던가, '보고자 하는 사람들은 모두 신발을 벗어야 들어가 이를 볼 수 있다[諸欲觀者皆當解履乃得入觀此]' 등이 그것이다. 이는 당시 무덤 내부로 들어가 구경했던 관람자의 존재를 명확히 설정할 수 있음을 물론, '제관자(諸觀者)'나 '제욕관자(諸欲觀者)' 등의 단어가 모두 복수라는 점에서 외부에서 무덤에 들어오는 관람자가 여러 명일 가능성이 있다.

그렇다면 덕흥리벽화고분의 관람자는 누구였을까. 첫째 묘주인 진과 함께 망명했거나 고구려에서 태어난 그 후손들로, 무덤 축조를 의뢰했던 가족과 친지를 들 수 있다. 둘째, 그 아래에 있었던 중국계 망명인들이나 그들과 다른 방식으로 옛 낙랑(樂浪)·대방(帶方)지역에 정착했던 중국계 망명인들을 들 수 있다. 셋째, 낙랑대방고지를 직접적으로 장악하기 위해 고구려 중앙에서 파견된 고구려의 실력자들도 간과할 수 없다. 무덤 축조를 의뢰했던 진의 후계자 및 가족들은 이들의 무덤 관람을 미리 예상하고 있었고, 관람이라는 장의절차를 통해 과거 진의 정치적 위상과 영광을 계속 유지하고 싶어했을 것이다. 이러한 욕망은 덕흥리벽화고분의 벽화와 방제 속에 대거 녹아들어 있는데, 그 일부는 눈에 띄게 표출되기도 한다.

무덤 주인을 기억하는 장치, 칠보행사도

이러한 관점에서 덕흥리벽화고분의 벽화구성을 재차 살펴보면 전실의 막부관리도(幕府官吏圖)나 13군태수도(13郡太守圖), 행렬도(行列圖) 등은 한·위 진벽화고분에서도 유사한 사례가 꽤나 확인된다. 그러나 현실의 마사희도(馬謝戲圖)나 칠보행사도(七寶行事圖) 등은 중국에서는 찾아볼 수 없는 고구려만의 독자 장면들이다. 더불어 방제의 내용도 막부관리도와 13군태수도는 실제보다 과거의 영화를 더 부풀려 표현한 정황이 포착되지만, 현실 방제의 내용은 과장되었다고 할 만한 것이 거의 없다. 현실 공간의 장면들은 진이 고구려로 망명한 이후의 기억을 되살려 구현한 것이지만, 관람자들을 염두에 두었기에 실제 있었던 일들을 그렸을 가능성이 높다.

이러한 면에서 현실 칠보행사도의 '이 사람은 중리도독이 되어 칠보행사를 맡아보았는데, 스스로 울리는 음악을 듣고 스스로 갖춰지는 음식을 먹었

飮	七	此
食	寶	人
有	自	爲
□	然	中
之	音	裏
燔	樂	都
□	自	督
□	然	典
□		知
□		

┃ 덕흥리벽화고분 현실 동벽 칠보행사도(부분) 묵서
┃ (출처: 조선유적유물도감 편찬위원회 편, 1990, 《조선유적유물도감》5 131쪽, 175쪽.)

는데 온갖 맛이 나는 구이가…[此人爲中裏都督 典知七寶 自然音樂 自然飮食 百味之燔 □□□□]'가 방제가 주목된다. 여기에 따르면 이 칠보행사는 '중리도독(中裏都督)'이라는 관직을 가진 인물이 주관했다고 한다. 중리도독의 중리(中裏)는 《신당서(新唐書)》의 기록에 보이는데, '리내(裏內)' 혹은 '금중(禁中)'의 의미를 지닌 용어로 확인된다. 따라서 고구려에서 중리를 포함한 관직이나 관등은 국왕근시직(國王近侍職)으로 이해된다. 여기서의 중리도독은 칠보행사를 주관하는 존재로 묘사되고 있는데, 고구려 왕실이 지원하는 불교행사였을 가능성이 높다. 이는 천도 이전 평양 지역에 안치되었던 중국계 망명인들에게 고구려왕의 권위와 통치의 정당성을 보여 주는 국가의례였을 것이다. 결국 이 칠보행사도는 진과 후계자들이 고구려 왕권과 밀접히 연결되어 있다는 것을 보여 주기 위한 장면으로 볼 수 있는 것이다.

한편 진의 후손들 관점에서는 진이 비록 중국에서 고구려로 망명했지만, 고구려 왕실과의 친연성을 계속 유지하며 이 지역의 유력자로 살아갔던 것을 강조하고 싶었을 것이다. 따라서 진의 후계자들은 다양한 벽화 중에서도 관람자들이 이 칠보행사도를 자세히 바라봐 주길 원했을 것이다. 이러한 바람은 도상배치에서도 드러나는데, 현실 동벽에는 칠보행사도를 제외하면 양 옆에 연지(蓮池)와 연꽃만 묘사되어 있다. 즉, 동벽을 보는 누구라도 칠보행사도가 가장 먼저 눈에 띄게끔 설정해 놓았던 것이다. 따라서 이 벽화고분은 묘주인 진이 자신의 무덤을 방문하는 관람자들에게 본인에 대한 기억을 불러일으키게 하는 장치이자, 자신의 후계를 위한 여러 바람들을 남기기 위해 제작한 것이라 생각된다.

김근식 _동국대 강사